Marie-Luise Kreisz

Heb' den Schleier!

EIN HUMAN DESIGN
PRAXISBUCH

Marie-Luise Kreisz

Heb' Den Schleier!

EIN HUMAN DESIGN PRAXISBUCH

tao.de

Impressum

© tao.de in J.Kamphausen Mediengruppe GmbH, Bielefeld

1. Auflage 2017

Autorin: Marie-Luise Kreisz
Gestaltung Umschlag: Markus Voll
Gestaltung Innenteil: Kerstin Fiebig

Printed in Germany

Verlag: tao.de, Bielefeld · www.tao.de · eMail: info@tao.de

Bibliografische Information der Deutschen Nationalbibliothek:
Die Deutsche Nationalbibliothek verzeichnet diese Publikation
in der Deutschen Nationalbibliografie; detaillierte bibliografische
Daten sind im Internet über http://dnb.d-nb.de abrufbar.

ISBN 978-3-96051-844-0 (Paperback)
ISBN 978-3-96051-845-7 (Hardcover)
ISBN 978-3-96051-846-4 (e-Book)

Das Werk, einschließlich seiner Teile, ist urheberrechtlich geschützt. Jede Verwertung ist ohne Zustimmung des Verlages unzulässig. Dies gilt insbesondere für die elektronische oder sonstige Vervielfältigung, Übersetzung, Verbreitung und sonstige Veröffentlichungen.

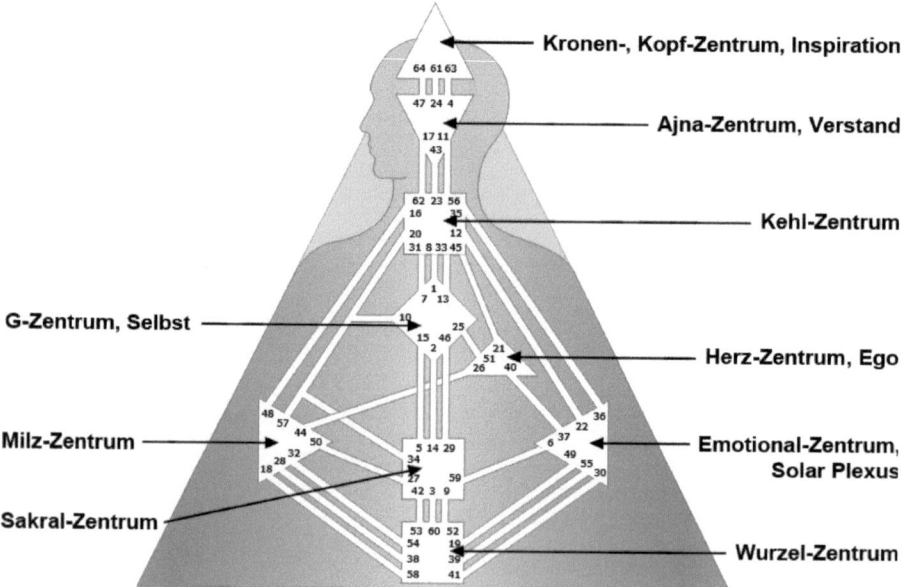

**Das Universum

wird in seiner gesamten Geschichte

niemanden mehr erleben,

der so ist wie Sie.**

[Vartan Gregorian]

Inhalt

Vorwort .... Seite 12

Teil 1 Grundlegendes zum Human Design .... Seite 18

1. Selbstliebe .... Seite 18
2. Die Typen .... Seite 19
    Die Unterscheidung der Typen .... Seite 19
    Im Reigen der Typen .... Seite 21
3. Die Zentren .... Seite 38
    Definierte und offene Zentren allgemein .... Seite 38
    Herz-Zentrum/Ego .... Seite 40
    Solar Plexus/Emotional-Zentrum .... Seite 47
    G-Zentrum/Selbst .... Seite 54
    Milz-Zentrum .... Seite 57
    Verstandes-/Ajna-Zentrum .... Seite 60
    Kopf-Zentrum/Krone/Inspiration .... Seite 64
    Wurzel-Zentrum .... Seite 65
    Sakral-Zentrum .... Seite 69
    Kehl-Zentrum .... Seite 73
    Die attraktivsten Zentren im Außen .... Seite 76
4. Sich selbst leben .... Seite 78
5. Baby-Gebrauchsanweisung .... Seite 82
6. Ereignis-Chart .... Seite 88

Teil 2 Die Beziehungsebenen .... Seite 94

1. Partnerschaft .... Seite 95

   Die verschiedenen Typen in der Zweierbeziehung .... Seite 96

   Die Kanal-Mechanik .... Seite 97

   Die Definition im Composit .... Seite 99

   Partneranalyse von Brad Pitt und Angelina Jolie .... Seite 103

   Mögliche Komplikationen in der Zweierbeziehung .... Seite 107

2. Gruppen-Dynamik .... Seite 110

   Die Kleingruppe .... Seite 110

   Die Großgruppe .... Seite 116

3. Beziehung zu Tieren und Pflanzen.. Seite 119

Teil 3 Die Variablen .... Seite 124

Was heißt Variable? .... Seite 124

Wie erhalte ich die individuelle Variable? .... Seite 126

Die aktive Vergangenheit und die passive Zukunft .... Seite 127

Was heißt es, einen aktiven Verstand zu haben? .... Seite 127

Was heißt es, einen passiven Verstand zu haben? .... Seite 128

Was heißt es, ein aktives Gehirn zu haben? .... Seite 130

Was heißt es, ein passives Gehirn zu haben? .... Seite 131

Was heißt es, einen aktiven oder passiven Ort zu haben? .... Seite 132

Was heißt es, eine fokussierte oder weite Sichtweise zu haben? ... Seite 135

Die korrekte Ernährung .... Seite 136

Welcher Lerntyp sind Sie? .... Seite 142

Der richtige Ort .... Seite 143

Die Motivation der Persönlichkeit ....Seite 146

Teil 4 Das Dream Rave .... Seite 156

Teil 5 Vom Werden und Vergehen .... Seite 162
Entstehung der Welt und des Lebens .... Seite 162
Was geschieht im physischen Tod? .... Seite 164
Die Stadien des Sterbeprozesses .... Seite 166
Die sechs Bardo-Stationen nach dem physischen Tod .... Seite 169

Teil 6 Vom Wandel der Zeit .... Seite 174
Die Mutation des Solar Plexus in 2027 .... Seite 174
Globaler Linienwechsel von der 1. zur 6. Linie .... Seite 194
Paradigmen-Wechsel .... Seite 198

Nachwort .... Seite 210

Dank .... Seite 212

Literatur .... Seite 214

Über die Autorin .... Seite 216

Vorwort

Weltweit gibt es inzwischen eine große Fülle und Bandbreite an Erfahrungen im Umgang mit dem Human Design System, das auf persönlicher, therapeutischer und wirtschaftlicher Ebene vielfältige Anwendung findet.
Seit rund 16 Jahren arbeite ich nun als Human Design Analytikerin und Seminarleiterin. Das Interesse an Analysen und Kursen zum Human Design nimmt stetig zu. Aus zahllosen Rückmeldungen und Begegnungen weiß ich, wie hilfreich es für die meisten Menschen ist, ihr eigenes Design zu kennen.
Ich selbst erfahre immer wieder, wie tief meine eigenen Prägungsmuster sitzen und darf stets neue Zusammenhänge erkennen und erfahren.

Ohne Ra Uru Hu, der im Januar 1987 auf Ibiza dieses außergewöhnliche Wissen von einer mystischen Stimme erhalten hatte, gäbe es das vorliegende Buch nicht. Ich bin sehr glücklich und dankbar, dass ich Ra so viele Jahre, genau genommen bis drei Tage vor seinem Tod im März 2011, als Lehrer erleben durfte.

Die persönliche Auseinandersetzung mit dem Human Design System beginnt mit dem Aufdecken und Erkennen der Konditionierungsmuster, die uns von Kindesbeinen an begleiten. Es sind die Automatismen und Gewohnheiten, die unser Überleben in einer scheinbar feindlichen und gefährlichen Welt sichern sollen. Diese Notlösungen kommen im sogenannten Nicht-Selbst zum Ausdruck. Die Fallen dieses Nicht-Selbst lauern auf uns in den offenen Zentren unserer individuellen Körpergrafik.
Durchschauen wir unsere Nicht-Selbst-Strategien, gelangen wir allmählich zu Selbstakzeptanz und Toleranz gegenüber anderen, so dass wir uns nicht länger mit

der Opferrolle identifizieren und Schuldzuweisungen loslassen können. Am wichtigsten ist es, den eigenen Typ kennenzulernen und zu verstehen und dann mit diesem Wissen zu experimentieren. Auf diese Weise können wir zu unserer individuellen Wesensart erwachen. Jenseits aller genetischer Vielfalt basiert HD auf vier Grundtypen, die in Energie- und Nicht-Energie-Typen unterteilt sind. Kein Typ ist besser und kein Typ ist schlechter. Die Welt braucht alle vier Typen. Lebt ein Mensch die korrekte Strategie entsprechend seines Typs und folgt er seiner inneren Autorität, ist er in der Lage, die richtigen Entscheidungen in seinem Leben zu fällen.

Natürlich sind unsere Mitmenschen nicht immer begeistert, wenn wir nicht mehr so funktionieren, wie sie es von uns gewohnt sind, aber das darf uns nicht stören. Es geht darum, dass wir nur dann ein erfülltes und selbstverantwortliches Leben haben können, wenn wir uns nicht länger belügen, indem wir vorgeben, der Mensch zu sein, der wir nicht sind.

Human Design spiegelt die Welt in all ihren Erscheinungsformen und beleuchtet immer die zwei Seiten einer Medaille, in der Sprache der östlichen Philosophie als Yin und Yang bezeichnet, als Schatten und Licht. So verkörpern die offenen Zentren Fluch und Segen in einem. Zum einen die von außen übernommenen Prägungen, die aber nichts mit uns zu tun haben und uns von unserem wahren Wesen wegführen, und zum anderen das riesige Lernpotential, das wir genau in diesen offenen Zentren zur Verfügung haben. HD ist einfach und praktisch. Wir brauchen uns gar nicht den Kopf zu zerbrechen. Es genügt zu wissen, welcher Typ wir sind und was die korrekte Strategie ist. Folgen wir dieser, läuft unser Leben mühelos. Spätestens wenn es unrund läuft, können wir im Nachhinein oft feststellen, dass wir nicht korrekt entschieden haben. In den meisten Fällen ist eine Fehlentscheidung kein Beinbruch. Selbstvorwürfe helfen dann nicht weiter. Jede neue Entscheidungssituation birgt eine neue Chance in sich, das Richtige zu tun.

Wie jedes geistige System hat auch HD seine Tücken. Es besteht nämlich die Gefahr, dass Menschen sich selbst und andere auf den jeweiligen Typ reduzieren, anstatt ihr Augenmerk auf die komplexe Einmaligkeit jedes Einzelnen zu richten. Andererseits kann Human Design auch zur übertriebenen Identifizierung mit dem eigenen Typ führen, so dass der eigene Typ zur Ausrede wird: „Ich bin nun mal ein Projektor und kann deshalb nicht anders."

Dieses Buch greift die Fäden meines Grundlagenbuches „Hilf dir selbst zur richtigen Entscheidung!" auf, führt diese weiter und vertieft sie.

Es beinhaltet eine Gegenüberstellung der vier Typen und der Zentren im definierten und offenen Modus. Auf die Bedeutung eines Baby-Readings wie auch der Tragweite eines Ereignis-Charts möchte ich außerdem eingehen. Im Buch bringe ich auch immer wieder Beispiele aus der Beratungspraxis und meinem persönlichen Erfahrungsschatz.

Die Beziehungsebene in Partnerschaft, in Kleingruppe, in Großgruppe und im Zusammensein mit Tieren und Pflanzen leuchte ich ebenfalls aus, da sie ganz eigenen Mechanismen folgt. Des Weiteren tauche ich in die Tiefenebene der Körpergrafik ein, die unter dem Begriff „Variablen" bekannt ist. Auf dieser Ebene wird deutlich, wie jeder Mensch eine andere Nahrung und eine andere Umgebung braucht, und auch, wie verschieden wir in unserer geistigen Aufnahme- und Verarbeitungsfähigkeit sind. Ebenso erfahren wir, was es mit unserer ureigenen Motivation im Leben auf sich hat.

Wir sind Aurawesen – inzwischen auch wissenschaftlich bestätigt von der neuesten Neutrinoforschung, die nicht nur feststellen konnte, dass wir pro Sekunde von rund 60 Milliarden Neutrinos, u. a. kosmischer Natur, durchströmt werden, sondern selber auch etwa 5-6 Tausend Neutrinos pro Sekunde aussenden. Wissenschaftlich anerkannt ist ebenfalls, dass die Neutrinos Informationsträger sind. (Dokumentation „Neutrinos" am 06.05.2017 auf ARTE). Als logische Schlussfolgerung erklären sich so unsere vielfältigen Prägungen. Da wir ebenfalls im Schlaf von Neutrinos durchdrungen werden, thematisiere ich auch das Thema Dream-Rave. Im Schlaf haben wir nämlich eine andere Körpergrafik, die genauso aussieht wie die der Säugetiere.

Da es im Human Design nicht nur um das korrekte Leben, sondern auch um das richtige Sterben geht, ist es mir sehr wichtig, auch darauf einzugehen. Es dürfte inzwischen jeder bemerkt haben, dass wir in ungewöhnlichen Zeiten leben, woran nicht wir als Menschheit „schuld" sind. Veränderungen sind der Evolution geschuldet.

Vorwort

Es ist mir ein großes Anliegen, das HD-Wissen weiterzugeben, um einen Beitrag zu vertiefter Selbst- und Fremderkenntnis zu leisten sowie Mut zu machen, zu sich selbst zu stehen, aber auch, um auf das Kommende hinzuweisen. Viele Menschen wollen nichts davon wissen, obwohl die Zeichen der Zeit überall wahrnehmbar sind. Der Weg geht vom logisch fundierten Machbarkeitsdenken im Rahmen von Gemeinschaften in Richtung größere Individualität und Unfruchtbarkeit. Die Zeit ab 2027 wird uns die neuen Menschen bringen, die Raves, die eine Weiterentwicklung von uns sind.

Und dann bekommt eine junge Familie so ein neues Kind, ein Rave, und das Drama ist riesengroß. Die Eltern haben nicht die leiseste Ahnung, dass sie ein ganz außergewöhnliches Kind haben, das ihnen selbst haushoch überlegen ist. Unsere Sprache werden die Raves nicht verstehen, aber aus Ton und Frequenz können sie Informationen entnehmen. Die Eltern können ermutigt und konkret unterstützt werden, dass sie ihr Kind mit anderen Rave Kindern zusammenbringen. Hat sich ein Penta (Gruppe von 3–5 solcher Kinder) gefunden, lassen sich die Kinder nicht mehr voneinander trennen.

Das kosmische Programm sieht vor, dass wir Menschen gleichgeschaltet, also konditioniert werden. Diese Prägung ist die genetische Voraussetzung für die künftigen Raves, die in ihrem Penta ihre Individualität aufgeben, indem sie in den anderen vollkommen aufgehen. Vielleicht hilft Ihnen dieses Wissen, mehr mit sich selbst im Frieden zu sein, angesichts all der Konditionierungsmuster, die Sie lebten und teilweise immer noch leben.

Menschen wie uns wird es weiterhin geben, so lange, bis alles Leben auf der Erde erlischt. Dem Menschen als Individuum, also jedem von uns, schadet es jedoch immer mehr, wenn er sich permanent dem Mainstream anpasst, anstatt der eigenen Strategie zu folgen.

HD ist dazu da, um auf den Wandel vorzubereiten und den künftigen Generationen, die in dieser veränderten Welt leben müssen, zu helfen, ihre eigene innere Autorität zu achten, um zu überleben. Die Zeit der Gurus und Weisheitslehrer wird vorbei sein. Nur das Funktionale, also das praktisch Umsetzbare wird gebraucht werden. Wir alle sind gegenüber dieser Entwicklung hilflos. Jetzt stehen uns noch Möglichkeiten offen, die wir ab 2027 nicht mehr zur Verfügung haben werden, denn 2027 schließt sich diese Türe, wie die Stimme zu Ra sagte, es bleibt also nicht mehr viel Zeit bis dahin.

Viele Menschen werden durch diese große Wende desorientiert sein und unnötigerweise leiden. Dabei ist jedes Leben in seiner Einzigartigkeit voller Anmut und Schönheit. Möge mein Buch einen Beitrag dazu leisten, dies zu erkennen.

Um der besseren Lesbarkeit willen verzichte ich weitgehend auf Anmerkungen und Fußnoten. Bücher, die mich inspiriert haben, führe ich am Ende an.

Sämtliche geschlechtsspezifischen Ausdrücke sind stets beidergeschlechtlich zu verstehen.

Ich wünsche Ihnen viele Inspirationen und gute Unterhaltung beim Lesen!

Teil 1 · Grundlegendes zum Human Design

*Es geht im Leben nicht ums Gewinnen,
es geht darum herauszufinden, wer du wirklich bist.*
[Bud Spencer]

1. Selbstliebe

Zum Thema Selbstliebe möchte ich mit einem Zitat von Ra beginnen: „Menschen hassen sich selbst, fühlen sich wertlos, realisieren nicht, welches Wunder es ist, Mensch zu sein."

Zwei Begebenheiten sind mir zu Ohren gekommen, in denen es um Selbstliebe geht bzw. darum geht, wie die meisten von uns vermutlich dazu stehen.
Ein Standbesitzer auf dem Münchner Oktoberfest machte den Versuch, Lebkuchenherzen mit folgendem Text zu verkaufen: „Ich liebe mich!" Die Reaktionen der neugierig Gewordenen gingen meist in die gleiche Richtung: „Auf dem Herz haben Sie sich verschrieben. Es muss doch heißen: Ich liebe dich!"
Lediglich ein Grüppchen älterer Damen war sehr amüsiert über die ungewöhnlichen Lebkuchenherzen und deckte sich damit ein.

Eckart von Hirschhausen berichtet auf seiner CD „Wunder wirken Wunder", wie er einem 4-jährigen Mädchen angesichts des bevorstehenden Geburtstags der Mutter des Mädchens das Lied: „Viel Glück und viel Segen", beibrachte. Bei genauem Hinhören fiel von Hirschhausen auf, dass die 4-Jährige immer sang: „Viel Glück und viel Segen auf all meinen Wegen." Er machte sie darauf aufmerksam, dass es „auf deinen

Wegen" heißen müsse. Worauf die Kleine entgegnete: „Am Geburtstag kann ich ja dann auf deinen Wegen singen!"

Das sind schöne Hinweise darauf, wie sehr wir mit Selbstliebe Schwierigkeiten haben, die jedoch immer Grundvoraussetzung für die Nächstenliebe ist.
  Dass das Thema Selbstliebe in der Gesellschaft vielleicht doch schon irgendwie angekommen ist, deutet der aktuelle Song von Robbie Williams an:

„I love my life, I am powerful, I am beautiful, I am free, I love my life, I am wonderful, I am magical, I am me, I love my life."
„Ich liebe mein Leben, ich bin stark, ich bin schön, ich bin frei, ich liebe mein Leben, ich bin wundervoll, ich bin magisch, ich bin ich, ich liebe mein Leben."

Passenderweise möchte ich hier auch den vietnamesischen Weisheitslehrer Thich Nath Hanh zitieren: „Um anzufangen zu lieben, brauchst du keine andere Person. Du kannst mit dir selbst beginnen." Leichter gesagt, als getan. Wie soll ich mich selbst lieben, wenn ich nicht einmal weiß, wer ich bin. Bei der Beantwortung dieser grundlegenden Frage kann Human Design sehr unterstützend sein.

2. Die Typen

Die Unterscheidung der Typen
Obwohl es unendlich viele Möglichkeiten gibt, wie wir Menschen genetisch „gestrickt" sein können, unterscheidet das Human Design vier Grundtypen und empfiehlt vier verschiedene Verhaltensstrategien, um mit Situationen des täglichen Lebens bewusster umzugehen. In meinem Vorgänger-Buch „Hilf dir selbst zur richtigen Entscheidung!" gehe ich auf die Beschreibung der Typen ausführlicher ein.

Die Generatoren und die Manifestierenden Generatoren
Etwa 70 Prozent der Bevölkerung gehören zu den Generatoren. Ihre große Stärke liegt im Reagieren aus dem Bauch heraus, aber ihre Schattenseite ist die Ungeduld. Warten sie nicht, verleugnen sie sich selbst, landen im Frust und ernten Widerstand

im außen. Mit ihrer offenen Aura können sie auf alles reagieren und hüllen die anderen ein. Sie stellen sich die Frage: Wer bin ich? Auf wen oder was reagiere ich? Ihre Aufgabe besteht darin, Dinge aus der vitalen Reaktion heraus zu erschaffen. Als Belohnung wartet die Erfüllung auf sie.

Die Manifestoren
Rund 8 Prozent lassen sich in die Gruppe der Manifestoren einordnen. Sie können als einziger der vier Typen aus sich selbst heraus jederzeit reden und handeln. Ihnen mangelt es jedoch an Interaktion. Wird ihr Aktionsradius eingeschränkt, werden sie zornig. Mit ihrer nach innen gerichteten Aura wirken sie abweisend.
Sie fragen sich: Worauf kann ich einwirken? Ihre Aufgabe besteht darin, in selbstbestimmter Tätigkeit ihr eigenes Ding zu machen und das mit klarer Ansage.
Als Belohnung wartet Frieden auf sie.

Die Projektoren
Sie machen etwa 20 Prozent der Gesamtbevölkerung aus. Die Projektoren sind kooperative Team-Leiter und können andere Menschen anführen, wenn sie dazu eingeladen werden. Bekommen sie nicht ausreichend Anerkennung, indem sie als das, was sie wirklich sind, erkannt werden, werden sie verbittert. Mit ihrer punktuell eindringenden Aura sind sie nehmend. Sie stellen die Frage: Wer bist du? Mit dem unbewussten Hintergedanken: Kann ich deine Energie gebrauchen? Ihre Aufgabe besteht aber darin, auf Bitte der anderen, die vorhandenen Energien zu leiten. Als Belohnung wartet Erfolg auf sie.

Die Reflektoren
Diese rund 1 Prozent sind die fühligsten und scheinbar wandelbarsten Menschen unter uns. Sie haben ein geradezu seismographisches Gespür für ihre Umgebung und sollten sich an den Mondzyklen orientieren. Sonst können sie leicht im Leben enttäuscht werden. Mit ihrer Teflon-Aura sind sie abwartend. Sie stellen sich die Frage: Wer sind wir bzw. welche Energien umgeben uns? Als Belohnung wartet Überraschung auf sie.

Generatoren und Manifestoren sind Energie-Typen. Der Manifestor besitzt Antriebskraft und der Generator hat Ausdauerkraft.

Projektoren und Reflektoren sind Nicht-Energie-Typen und deshalb auf die Energie der Energie-Typen angewiesen, wobei es in ihrem Leben in erster Linie um die Verwaltung der Energie der Energie-Typen geht.

Im Reigen der Typen
Vorausschicken möchte ich, dass alle Menschen einen bestimmten Typ verkörpern, auch diejenigen, die Human Design nicht kennen. Wer sein individuelles Design kennt, kann darauf achten, seinen eigenen Typ korrekt auszuleben, was aber selbst diesen Menschen nicht immer gelingt. Allerdings haben sie die Chance, sich schneller auf die Schliche zu kommen. Sie können lernen, daraus kein Drama zu machen und darüber grinsen, um mit sich selbst schlussendlich versöhnt zu sein.

In früherer Zeit waren den Typen ihre spezifischen gesellschaftlichen Rollen zugewiesen. Der Manifestor war der Chef, nicht selten der Diktator, der das große Heer der Generatoren ausbeutete und sie für sich und seine Belange arbeiten ließ. Somit wurde der Generator zum gehorsamen Befehlsempfänger. Projektoren und Reflektoren fielen durchs Raster, da sie nicht die Arbeitskraft mobilisieren konnten, um die Manifestoren zufriedenzustellen. Häufig starben sie jung. Doch manche Ausnahmen gab es auch schon zu jener Zeit. So machte der Projektor Thomas Alpha Edison unendlich viele Erfindungen, von denen wir heute noch profitieren. Als Projektor erkannte er aufgrund seiner genauen Beobachtungsgabe Muster, entwickelte sie weiter und konnte durch seine Erfindungen nicht nur sein Leben als Projektor effizienter, also mit weniger Kraftaufwand gestalten, sondern die Existenz aller. In einer zumeist bäuerlich und handwerklich geprägten Umgebung wurde das körperlich weniger belastbare Kind nicht selten ins Kloster geschickt. Dadurch wurde in vielen Fällen ein Studium ermöglicht, was dem Projektor in seiner mentalen Ausrichtung durchaus entgegenkam. Sonst wäre es dem Projektor Gregor Mendel nicht möglich gewesen, die nach ihm benannten und bis heute gültigen Mendelschen Vererbungsgesetze zu entwickeln.

Die Zeiten änderten sich, so dass die Allmacht der autoritären Führer respektive der Manifestoren zunehmend in den Hintergrund rückte und die Projektoren an Bedeutung gewannen, in einer Zeit, in der mehr oder weniger alle Menschen in den westlichen Zivilisationen Zugang zu Bildung erhielten. Dass sich Projektoren kräftemäßig übernehmen, kann trotzdem immer noch beobachtet werden. Dies geschieht nicht nur, weil sie sich von anderen dazu gedrängt fühlen. Ihr größter Antreiber sind sie meist selbst und ihr eigenes Ego. Häufig erledigen sie anstrengende Arbeiten, weil sie der Meinung sind, niemand könne sie so gut verrichten wie sie selbst. Auf der verzweifelten Suche nach Anerkennung lässt sich auch mancher Projektor zu Arbeiten hinreißen, die ihn überfordern. Da der Projektor in der Hauptsache auf die Außenwelt fokussiert ist, erkennt er die eigenen wahren Motive seines Tuns in den seltensten Fällen. Der Projektor, als schlauester aller Typen, ist der geborene Taktiker und versteht es besser als alle anderen, sich einzuschmeicheln und nach Möglichkeit gut zu verkaufen. Der Ratschlag an andere, der mit: „Sei doch schlau...!" beginnt, ist gar nicht so selten aus dem Mund eines Projektors zu hören. Im Miteinander wirkt der Projektor stets interessiert und offen, allein schon sein neugieriger und zugewandter Blick suggeriert Interesse. Auch beobachtet er genau und teilt seinem Gegenüber gerne die von ihm dabei gewonnene Erkenntnis mit, was wiederum als Interesse aufgefasst werden kann. Dabei wurde der Projektor mit der Gabe des genauen Hinsehens aus der Not heraus ausgestattet, in sich selbst keine ausdauernde Energie zu besitzen und nach dieser im außen zu suchen. Der Projektor klopft die Umgebung immer nach Energie ab. Das macht er ganz und gar automatisch. Er ist so designt, um die in ihm nicht vorhandene Kraft über die Aura der anderen zu bekommen. Aber sein wahrer Job ist es nicht, so zu tun, als sei er ein Energietyp. Wenn er aufhört, initiativ zu sein und auf die Einladung wartet, kann er zum Energieverwalter der Energietypen werden, was seine große Gabe als Projektor ist.

Generatoren bemerken oft erst sehr spät, wie sie zum Spielball eines Projektors geworden sind und bereitwillig das tun, was der Projektor will. Der Generator ist Arbeiten gewöhnt, so dass er das ganz in Ordnung findet, wenn er den Großteil der Arbeit übernimmt und dabei sogar noch nach der Pfeife des Projektors tanzt. Und glauben Sie mir: So schnell bemerken Sie das als Generator wirklich nicht. Denn Menschen, die uns nett und freundlich beggenen, haben wir doch nicht im Verdacht, dass sie möglicherweise nur an ihren eigenen Vorteil denken. Projektoren können mit den berühmt-berüchtigten Sirenen aus der griechischen Sagenwelt verglichen werden. Odysseus konnte den Lockgesängen der Sirenen nur deshalb widerstehen, weil er sich an den Mast des Schiffes festbinden und die Ohren seiner Matrosen mit Wachs verschließen ließ, so dass sie nichts hören konnten. Projektoren sind Meister im Verführen. Das Projektor-Kind kommt im Normalfall immer gut an. Es sind unsere Prinzen und Prinzessinnen. Projektoren sind genetisch so gebaut, dass sie bemerkt werden. Aber leider werden die Projektor-Kinder oft allzu bald wie Energie-Typen behandelt und aufgezogen.

Manche bezeichnen Projektoren als Energiesauger. Vom Verständnis des HDS ausgehend kann ich das so nicht sehen. Die Energie des Generators wird ja nicht geklaut, es bleibt immer noch genug Energie für ihn selbst da. Energetisch anstrengend wird es für den Generator nur dann, wenn er nur noch für den Projektor rennt und dessen Wünsche erfüllt oder wenn er sich von der übertriebenen hektischen Betriebsamkeit eines Projektors anstecken lässt. Ist der Generator korrekt unterwegs und hört auf seinen Bauch, kommt es gar nicht dazu. Glauben Sie mir, junge Projektoren überarbeiten sich in der heutigen Zeit nicht mehr so schnell wie das früher der Fall war. Sie wissen ihr Wehklagen meist so geschickt einzusetzen, dass sie ein Generator bestimmt hört und ihnen Arbeit abnimmt. Bleibt der Projektor dagegen still, ruft er die Einladung der anderen hervor. Sobald der Projektor lernt, der stillen Magie seiner Chemie zu vertrauen, kommen viele Gelegenheiten in Form von Einladungen auf ihn zu. Und dann kann er korrekt entscheiden, wenn er nicht aus Torschlusspanik die nächstbeste Einladung annimmt. Was kenne ich für wunderbare Geschichten von Projektoren, die einfach auf ihre Schlüsselworte „Einladung" und „sich willkommen fühlen" geachtet haben und dann genau den richtigen Job bekommen haben, in dem sie in ihrem Potential als Energie-Anleger für andere erkannt wurden. Nur so kann ein Projektor die für ihn richtige Anerkennung bekommen, die er so sehr braucht. Die korrekte Anerkennung ist immer diejenige, welche sich aus seinen Definitionen speist.

Projektoren können gute Mannschaftssportler sein. Als Fußballer sind sie filigrane, ausgetüftelte Techniker mit Überblick. Schnell erkennen sie Freiräume und nutzen diese. Da der Sport immer härter wird und die Beanspruchung der Spieler ständig zunimmt, haben die Projektoren gegenüber den Generatoren erhebliche Nachteile, was sich meist als Verletzungspech zeigt. Ich persönlich möchte gerade im Fußball nicht auf die Projektoren verzichten, bringen sie doch so viel trickreiches Können mit, was ein Spiel sehr sehenswert macht. Dass der Projektor im Mannschaftssport offensichtlich unverzichtbar ist, mag die Einschätzung des Dortmunder Fußballtrainers Thomas Tuchel unterstreichen: Nachdem der Projektor-Spieler Marco Reus nach längerer Verletzungspause im April 2017 wieder auf dem Platz stand, meinte Tuchel sinngemäß, dass mit Reus innerhalb der Mannschaft mehr Energie freigesetzt werde und das Zusammenspiel viel organisierter ablaufe.

Natürlich braucht der Leistungssportler eine gewisse Grund-Kondition, aber die sakral-offenen Typen sollten ihr Training nie übertreiben. Sonst kann es leicht zu Ermüdungsbrüchen und allerlei anderen Verletzungen kommen. Hier die richtige Mitte zwischen Beanspruchung und Pause zu finden, ist eine Kunst, die wohl am ehesten ein empathischer Trainer, aufgrund seiner Erfahrung, ausloten kann. Dem Projektor als Sportler spielen aber auch immer die Transite in die Karten. So erklärt sich mancher WM-Titel eines Projektors. Die Kunst zu wissen, wann es genug ist, beherrschen nur wenige Projektor-Sportler, anders die deutsche Biathletin Magdalena Neuner, die ihre sportliche Karriere mit jungen 24 Jahren beendete, nachdem sie alles gewonnen hatte, was man gewinnen kann. Im außen begegnete ihr ob dieses Schrittes großes Unverständnis, jedoch gebührt ihr höchste Anerkennung für diese kluge Entscheidung. Dem Fernsehen ist sie als erfahrene und umsichtige Co-Kommentatorin erhalten geblieben, womit sie ihrem Typ des Projektors besser Rechnung trägt als im aktiven Hochleistungssport. Ähnlich erfreuliche Beispiele für die exakte Beobachtungsgabe eines Projektors sind die einstigen deutschen Skispringer Sven Hannawald und Martin Schmitt. Sie arbeiten beide als Co-Kommentatoren fürs Fernsehen und treffen messerscharfe Analysen, woran der interessierte Zuschauer sehr viel Freude haben kann.

Manifestoren mit ihrer unberechenbaren Startenergie können natürlich auch ganz herausragende Sportler sein, allen voran in Mannschaftssportarten. Speziell für den jungen Manifestor ist Mannschaftssport eine wunderbare Charakterschulung. Er kann seine ungestüme Wildheit des augenblicklichen Loslegens innerhalb eines vorgegebenen Rahmens ausleben, wobei er schon auch lernen muss, Rücksicht auf die anderen Mitspieler zu nehmen. Fußballspiele ohne Manifestoren wären langweilig. Geht in gar ausweisloser Situation das Temperament mit ihnen durch, so dass der entscheidende Treffer dann aus unerwarteter Situation erzielt wird. So schoss der Innenverteidiger und Manifestor Mats Hummels im WM-Viertelfinalspiel 2014 im deutschen Trikot gegen Frankreich den Siegestreffer. Nicht selten spricht man im Fußball bei Manifestoren von sogenannten Führungsspielern, wie zum Beispiel bei Jerome Boateng, Thomas Müller und Mats Hummels. Aufgrund seiner Schnelligkeit ist der Manifestor der ideale Kurzstreckenläufer, natürlich auch auf dem Fußballplatz, wunderschön demonstriert von dem Manifestor-Spieler

Sokratis von Borussia Dortmund im Championsleague-Spiel gegen Real Madrid im Dezember 2016, der seinem portugiesischen Gegenspieler und mehrfachen Weltfußballer des Jahres Ronaldo davonlief. Natürlich darf ein Manifestorkind nicht zum Mannschaftssport gezwungen oder gedrängt werden. Beim Manifestor beruht alles Tun und Lassen auf absoluter Freiwilligkeit. Die Eltern können lediglich Vorschläge machen, nicht mehr und nicht weniger. Der Manifestor wirkt in einer Gruppe von Menschen eher unscheinbar. Er fällt erst dann auf, wenn er ungeachtet aller Umstände durchstartet.

Der Reflektor ist in der Rolle des Torwarts durchaus gut aufgehoben, wie das vor einigen Jahren der einstige deutsche Nationaltorwart Timo Hildebrandt eindrucksvoll demonstrierte. Ist es doch der große Überblick, der ihn auszeichnet. Auch ein Reflektor ist für sich selbst und für andere höchst unberechenbar, kann er doch jeden Tag ein anderer Typ sein. Im Mannschaftssport bekommt er die fehlende Kraft von den Generator- und Manifestor-Mitspielern. Wichtig ist auch bei ihm ein Maßhalten im Training, wie bei allen sakral-offenen Sportlern. In Gruppen kann man Reflektoren häufig als sehr powervoll erleben. Warum? Sie bedienen sich der anwesenden Energien! Allein im stillen Kämmerlein hätten wir bestimmt eine ganz andere Wahrnehmung von ihnen. Deswegen sind diese Menschen jedoch weder verlogen noch verschlagen. Sie arbeiten mit den vorhandenen Energien. Was soll daran schlecht sein? Dennoch hilft es ihnen enorm, wenn sie wissen, wie offen und wie abhängig sie von den Energien der anderen sind. Sonst meinen sie immer, sie seien krank, wenn sie den energetischen Absturz erleben, sobald sie aus der Aura der anderen heraustreten. Ein Stück weit kann man sich dabei als Gegenüber schon ausgenutzt oder überrumpelt fühlen, wenn man spürt, dass der andere mit den eigenen Energien auftrumpft, wobei der Offene immer ein Stück weit besser als der Definierte sein kann, weil er dort alles lernen kann und nicht auf bestimmte Eigenschaften fixiert ist. Gefährlich wird es, wenn die Menschen auf die Energien ihrer offenen Zentren bauen, das geht immer ins Auge. Unser Verstand spricht stets aus den offenen Zentren. Er will uns Dinge schmackhaft machen, die nicht die richtigen für uns sind. Das ist die Falle, in die wir alle immer wieder tappen. Und das ist dann das sogenannte Nicht-Selbst. Das kann kein Mensch wirklich abstellen, es sei denn, er ist wirklich erwacht. Wir haben durch HD den Vorteil, dass wir uns selbst auf die Schliche kommen und auch bei anderen durchschauen können, wenn das Nicht-Selbst in Aktion tritt. Aber abstellen können wir das zur Gänze weder bei uns noch bei anderen. Wir können es ansprechen, wenn uns jemand darum bittet. Ansonsten still sein! Andernfalls stellen wir uns mit den Missionaren auf eine Stufe und missionieren lässt sich niemand gerne. Durch die umfassende Offenheit des Reflektors braucht er es, die Dinge erst einmal auf sich wirken zu lassen und sich Zeit zu nehmen, bei wichtigen Entscheidungen einen ganzen Mondumlauf von 28 Tagen. Er darf sich von den anderen Typen niemals drängen lassen, sonst wird er vom Umfeld überfordert. Er ist der einzige Typ, der die Welt objektiv wahrnehmen kann. So kann er, wenn von den anderen gewünscht, seine Milieustudien in Form einer objektiven Situationseinschätzung abgeben. Aufgrund seiner großen Offenheit ist es für den Reflektor enorm wichtig, eine Umgebung für sich zu wählen, in der er sich wohlfühlt.

Reflektoren sind nicht die bemitleidenswerten, kraftlosen Wesen, als die sie sich selbst mitunter sehen oder von anderen betrachtet werden. Sie sind durch ihre Teflon-Aura geschützt, wobei sie sehr genau abwägen, wen sie nahe an sich heranlassen und wen nicht. Deshalb können sich Reflektoren besser schützen als Generatoren, die mit ihrer durchlässigen und offenen Aura auf alles reagieren können. Aus diesem Grund ist der Generator von anderen leicht zu beeinflussen. Sein einziger Schutz ist sein Bauch, der ihm die richtige Reaktion ermöglicht. Wenn der Generator auf ein Thema angesprungen ist, arbeitet er an diesem Thema weiter, auch wenn es nicht sein eigenes ist. Der Reflektor jedoch verliert seine Einfärbung, sobald er das jeweilige Milieu verlässt.

Diese Offenheit machte den Generator für so lange Zeit zum willigen Sklaven der anderen. Der Generator kann am besten seine beeindruckende Energie zum Ausdruck bringen, wenn er die Arbeit verrichtet, für die er brennt. Da die meisten Menschen Generatoren sind, ist der allgemeine Tenor, es sei nichts Besonderes, Generator zu sein. Dabei wird vergessen, dass sie die kreativen Erbauer der Welt sind. Alles, was uns in unseren Zivilisationen umgibt, wurde durch die sakrale Kraft geschaffen. Manifestoren können Projekte initiieren, aber es mangelt ihnen an Ausdauer. Projektoren können ihre reflektierten Vorstellungen zum Ausdruck bringen und Reflektoren können das Geschaffene einschätzen und Verbesserungsmöglichkeiten erkennen. Bleiben also lediglich die Generatoren, um die Arbeit, die die Manifestoren initiiert haben, weiterzuführen und zu einem guten Abschluss zu bringen. Weswegen zieht es die sakral-offenen Menschen so stark in die Aura der Generatoren und Manifestierenden Generatoren? Weil deren Energie für sie so anziehend und wertvoll ist. Der Generator hat die Kraft, Dinge zu schaffen, die nicht nur ihm, sondern auch dem Gemeinwohl dienen.

Aber der Generator braucht immer Pausen. Achtet er nicht auf Regeneration, ist Degeneration die Folge. Das kann auch bei vielen Hochleistungssportlern beobachtet werden, wie beispielsweise bei den früheren deutschen Tennisspielern Boris Becker und Steffi Graf, wobei die Generatoren am besten für Hochleistungssport geeignet sind, weil sie als einzige Typen Kraft und Ausdauer besitzen. Ein überzeugendes Beispiel ist hier der Schweizer Tennisspieler und Manifestierende Generator Roger Federer, der sich mit 35 Jahren wieder an die Spitze der Weltrangliste gesetzt hat. Der Generator kann ein Arbeitstier sein, heißt es ja – Wobei der Generator keine Arbeitsmaschine ist. Auch wenn er an seiner Arbeit Spaß hat, so kann er dennoch sehr leicht den richtigen Zeitpunkt zum Beenden einer Aktivität übersehen und bemerkt das oft erst, wenn sich bereits degenerative Leiden oder ein Burnout zeigen. Der Begriff Arbeit wird häufig einseitig mit körperlicher Arbeit assoziiert. Der Generator kann jegliche Arbeiten, natürlich auch geistige, verrichten, die mit Ausdauerleistung einhergehen, wie zum Beispiel auch das Schreiben eines Buches. Der körperliche Auslass ist für einen Generator im Allgemeinen wichtig, aber sein Körper muss lernen, zu den richtigen Dingen Ja zu sagen und auch Pausen einzulegen. Sonst kann es geschehen wie bei dem deutschen Musiker Roger Cicero, der als reiner Generator im jungen Alter von 45 Jahren überraschend starb, weil er die Zeichen seines Körpers nach einem Zusammenbruch ignorierte und wieder viel zu früh auf der Bühne stand. Die Pause hat für den Generator auch den Vorteil, dass er anschließend immer eine verbesserte Leistung an den Tag legt.

Wenn ab 2027 das Kreuz des Schlafenden Phoenix (siehe Teil 6) als weltumspannendes Thema am Horizont aufgeht, werden die Generatoren wichtiger sein denn je.

Betrachten wir die Tore des Kreuzes der Planung, unsere noch aktuelle Hintergrundmelodie, so haben wir als Typ einen emotionalen Projektor. Es war die Zeitphase, in welcher der Projektor aus seiner stiefmütterlichen Rolle herauskam, weil sein Potential endlich erkannt werden konnte. Der Schlafende Phoenix ist mit seinem Kanal 20-34 ein Manifestierender Generator. Widmet er sich der richtigen Arbeit, ist er charismatisch, weil er die Dinge wie im Schlaf erledigt. Die Zeit des großen Blabla, des verbalen Phrasendreschens, wird vorbei sein und das praktische Umsetzen eines Manifestierenden Generators wird allein schon aus überlebenstechnischen Gründen von großer Bedeutung sein. Über 400 Jahre lang ließen sich die Generatoren von sich weg konditionieren, indem sie den willigen Sklaven gaben. Sie können jetzt in die Rolle des ausgeschlafenen Generators schlüpfen. Denn sie verfügen über die beeindruckendste Energie, die es auf diesem Planeten gibt. Diese Kraft drückt sich durch die Stimme aus, die aus ihrem Bauch kommt, mit der sie unmittelbar auf das Leben reagieren können durch sakrale Laute wie Brummen und Grunzen. „M-hm" heißt Ja und „N-n" heißt Nein. Der Generator wird endlich gefragt werden und nicht mehr abgestraft, wenn er nicht tut, was von ihm erwartet wird, vorausgesetzt, er respektiert sich selbst mit seiner im Grunde einfachen Strategie. Sonst bleibt er weiterhin der Sklave der anderen. Generatoren können sich gegenseitig bestärken, indem sie sich Entscheidungsfragen stellen und dadurch allmählich zu ihrem Typ erwachen. Der Manifestierende Generator kann sich mühelos selbst fragen, ob er eine Sache jetzt machen mag. Die Rede ist hier von „mögen" und nicht von „wollen". Ra wiederholte stets: Der Generator ist von allen Typen mit der unglaublichsten Strategie gesegnet. Er braucht nur zu antworten. Dieser „sakrale" Motor ist ein „heiliger" Motor, weil er nicht aus dem manipulierbaren Verstand, sondern aus einem tiefen körperlichen Wissen heraus spricht, das immer authentisch ist. Er hat etwas Einmaliges, nämlich die für ihn typische „Soundmaschine", wie Hans-Werner Janssen treffend sagt. Der Motor gibt Geräusche von sich und die Palette dabei ist endlos, mit Motorrädern und Autos vergleichbar, die entsprechende Kubikzahlen aufweisen. Oft sind es gerade junge Männer, die besonderen Wert auf den Sound ihres Fahrzeugs legen. Und die Generatoren halten mit ihren einzigartigen Sounds hinter dem Berg? Das kann doch nicht sein! Die Generatoren brauchen ihr biogenetisches Fahrzeug nicht zu tunen, es genügt, sich einfach dem hinzugeben, was der Bauch sagt. Dann respektieren sie ihren sakralen Motor. Durch dieses sehr powervolle Kraft-Zentrum und die große Offenheit geschieht es beim Generator so mühelos, dass er vorschnell in Aktion tritt. Und genau das ist die große Falle für ihn, sich auf die falschen Dinge einzulassen, um dann im Frust zu enden. Indem Generatoren Initiative ergreifen, anstatt zu warten, verschleudern diese kraftvollen Menschen ihre wertvolle Energie. Deshalb machen Generatoren so viele sinnlose Dinge, die nichts mit ihnen zu tun haben. Was für eine Verschwendung!

Ra geht sogar noch weiter: Generatoren sind die gefallenen Engel voller Licht, die unfähig sind auf ihren Körper zu hören, obwohl es so einfach wäre. Sich ergeben, loslassen, das ist der Schlüssel für die Generatoren, um dem Macher-Modus zu entkommen. Das Loslassen kann nicht gemacht werden, es ist da oder nicht. Es ist

Gnade, ein Geschenk. Solange der Verstand das Leben kontrolliert, kommt der Generator nicht ins korrekte Reagieren. Nur der Generator kann sich dem Leben und seinen Prozessen mit Leib und Seele verschreiben. Auf diese Weise lebt er seine in ihm wohnende Lebendigkeit und Vitalität aus. Befriedigung ist dann der Indikator dafür, beim Richtigen gelandet zu sein. Es gibt Generatoren, die dem Trugschluss unterliegen, einmal Ja heißt immer Ja. Hat man beispielsweise einmal Nachbars Blumen gegossen, muss man dies nicht ein Leben lang machen.

Niemand braucht es mehr, seine körperliche Lebendigkeit zum Ausdruck zu bringen, als ein Manifestierender Generator mit Kanal 20-34. Diese Menschen sind nicht die Theoretiker, die den ganzen Tag am Schreibtisch sitzen können: und wenn, dann brauchen sie einen sportlichen Ausgleich. Es zieht sie am stärksten von allen Typen zum praktischen Tun hin. In Zukunft brauchen wir mehr denn je Menschen mit praktischen Fähigkeiten, wenn unsere gewohnten Infrastrukturen ins Wanken geraten. Graue Theorie allein war noch nie eine nachhaltige Lebensbewahrerin. Diese Menschen nehmen wahr, was jetzt gerade getan werden muss, und schon schreiten sie zur Tat, ohne viel Aufhebens davon zu machen.

Allerdings sollten sie ihre Bauchreaktion abwarten, um beim für sie Richtigen zu landen. Die Manifestierenden Generatoren sind wie Feuerwehrleute, nach dem Motto: Allzeit bereit! Sind sie vorschnell, wird Wichtiges übersehen und sie landen bei Zorn und Frust. Und dann sind es nicht die bösen anderen, die schuld sind, sondern die mangelnde Hingabe ans korrekte Reagieren. Eskalieren Streitsituationen, kann der klassische Manifestierende Generator mit seiner Power aus Tor 34 auf den Tisch schlagen und „Stopp!" schreien, als Warnung, zum eigenen Schutz und zum Schutz aller. Ein Manifestierender Generator kann schlagfertig sein. Dieses Talent wird von den beiden bayerischen (Stand-up) Comedians und Kabarettisten Monika Gruber und Michael Mittermeier auf ihren Bühnen-Shows wunderbar umgesetzt.

Der Generator mit offener Kehle tappt auch sehr leicht in die Falle des Initiators, ist es ihm doch so wichtig, wahrgenommen zu werden. Und der Generator, der vom Verstand her eine direkte Verbindung (Kanal) zur Kehle und eine Unterbrechung von der Kehle zum Sakral-Zentrum hat, neigt dazu, vorschnell den Verstand einzuschalten und mental zu entscheiden.

Manifestoren begegnen im außen oft großem Unverständnis nach der Devise: „Er ist doch Manifestor! Warum legt er nicht endlich los?" Der Manifestor legt aber nur dann los, wann er will, und nicht, wenn die anderen meinen: „Jetzt wäre der richtige Zeitpunkt!" Ist doch die Unberechenbarkeit eine der herausragenden Eigenschaften des Manifestors. Der mutativste aller Typen ist der Manifestor. Wo man ihm eine Nische einräumt, bleibt nichts beim Alten. Es können Veränderungen in alle Richtungen geschehen. Zieht ein Manifestor beispielsweise in eine WG, werden wenigstens die Möbel umgestellt, das Geschirr in der Küche umsortiert etc. Genau das ist es auch, was das Zusammenleben mit ihm zu einer großen Herausforderung macht: wenn er ungefragt seinem Tatendrang folgt. Aber der Manifestor kann auch in seinem Gegenüber Mutationen auslösen, und das nicht nur bewusst und beabsichtigt. Es geschieht einfach kraft seiner Manifestor-Aura. So finden wir mitunter erfolgreiche und ungewöhnliche Ärzte, Heilpraktiker und Heiler unter den Manifestoren. Aber auch Projektoren und Reflektoren haben in medizinischen Berufen ihre verborgenen Talente. Sind sie doch Spezialisten, was die Spürigkeit des Energielevels bei anderen angeht.

Unlängst sah ich in unserer Tageszeitung ein Gruppenbild von Preisträgern. Zu meinem Erstaunen entdeckte ich ein bekanntes Gesicht, einen früheren Mitschüler von mir, der Manifestor ist. Und was fällt an ihm auf? Er steht da in Schrittstellung, etwas sehr Charakteristisches für einen Manifestor, der allzeit bereit ist, loslegen zu können. Bei seinem Anblick erinnerte ich mich an einen jungen Manifestor, der wegen seiner Hyperaktivität bei einer Kinder-Psychotherapeutin zur Behandlung war, die ihm in vielen Therapiesitzungen diese Schrittstellung abtrainiert hatte, nach dem Motto: „Du kannst Vertrauen in die Welt haben und brauchst vor niemandem wegzulaufen!" So viel zu Sinn und Unsinn mancher therapeutischen Ambition! Und was für ein Segen, wenn das Human Design Wissen immer mehr Einzug in die psychotherapeutische Praxis hält. Dass Bruce Springsteen seine im Herbst 2016 veröffentlichte Biografie „Born to run" nannte, ist kein Zufall und passt ausgezeichnet zu ihm als Manifestor. Der Buchtitel kann gleichsam als grundlegendes Lebensmotto eines Manifestors betrachtet werden.

Kein anderer Typ kann so gnadenlos schimpfen und über andere herziehen wie ein Manifestor. Sie glauben mir nicht? Mein Tipp: Laden Sie sich einen jugendlichen Manifestor ein, aber bitte ohne jeglichen Zwang, und fragen Sie ihn: „Was ärgert dich?" In den meisten Fällen können Sie sich die Frage ersparen, weil er von alleine loslegt. Hat besagter Manifestor den Eindruck, Sie werden von jemandem ungerecht behandelt, können Sie auf einmal einen Mitstreiter an Ihrer Seite haben, der sich für Ihr Recht einsetzt. Auf diese Art und Weise ist mit dem Manifestor, auch dem jugendlichen, eine friedliche Co-Existenz möglich, denn Sie selbst sind dadurch aus der Schusslinie, zumindest kurzzeitig. Der Manifestor hat ein ausgeprägtes Bedürfnis nach ausgleichender Gerechtigkeit, das die Gestalt von Rachsucht annehmen kann. Dabei kann er diktatorisch und manipulativ vorgehen, wenn er den Eindruck hat, kontrolliert und eingeengt zu werden. Weil sich der Manifestor selbst ungerecht behandelt fühlt, hat er feine Antennen dafür, wenn andere (außer von ihm selbst!) ungerecht behandelt werden, und versteht sich oft als „Rächer der Enterbten".

Manifestoren haben einen ausgeprägten Beschützerinstinkt. Wenn es um die Verteidigung unschuldig Verfolgter geht, können sie sehr großzügig und engagiert sein.

Im öffentlichen Leben fallen Manifestoren nicht gerade durch verbale Zurückhaltung auf. Denken Sie nur an den Bayerischen Ministerpräsidenten Horst Seehofer, den SPD-Mann Sigmar Gabriel und den russischen Präsident Putin.

Auch möchte ich nicht hören, was Thomas Müller und Jerome Boateng während eines Fußballspiels so alles von sich geben. Ein Interview mit Thomas Müller nach der gewonnenen Fußball-WM in 2014 ging durch die Medien und ist für die verbale Schlagkraft des Manifestors Thomas Müller selbstredend. Eine kolumbianische Reporterin wollte von Thomas Müller wissen, ob er trotz seiner fünf Tore enttäuscht sei, nicht mit dem Goldenen Schuh des Torschützenkönigs geehrt worden zu sein. Müller antwortete auf die englisch gestellte Frage in deftigem bayerischen Dialekt: „Des interessiert mi ois net, der Scheißdreck. Weltmeister samma, den Pott hamma. Den Goidna Schua kannst da hinter d'Ohrn schmiarn." Grinst und geht. Die ratlose Reporterin bittet den Ohrenzeugen Schweinsteiger um Übersetzung. Der Generator Schweinsteiger übersetzt in dichterischer Freiheit: „Er hat gesagt, dass du hübsch aussiehst und dass er glücklich ist, den Titel gewonnen zu haben." Der Manifestor kann auftreten wie der Elefant im Porzellanladen. Manifestor-Politiker verschwinden während ihrer Karriere nicht selten von der Bildfläche, treten also von Posten zurück, doch sie tauchen immer wieder auf, wenn keiner mehr mit ihnen rechnet. So ist es geschehen bei Helmut Kohl und Horst Seehofer. Ein Manifestor ist nicht so schnell vom politischen Parkett zu verbannen, stellt er doch Führungsanspruch und kann sich schlecht in ein hierarchisches System einordnen. Kann er sich mit seinen Vorstellungen nicht durchsetzen, dann arbeitet er mit Erpressung und permanentem Wiederholen des Gleichen. Denken Sie dabei nur an die kompromisslose Haltung eines Horst Seehofer, was „die Obergrenze bei Flüchtlingen" angeht, und auch die

PKW-Maut, dann wissen Sie genau, was ich meine. Genauso wenig kann ich mit unserer „Katzendame" verhandeln, sie möge doch bitte meinen Schreibtischstuhl räumen und sich ein anderes Plätzchen suchen. Und es erstaunt wenig, wenn man dann liest, dass, nach Umfragewerten, Angela Merkel, selbst in der bayerischen CSU, beliebter ist als Horst Seehofer. Autoritäre Führer gehören nun mal für das Gros der Bevölkerung der Vergangenheit an. Auch sind es die Manifestoren, die am stärksten polarisieren können. Es gibt nur Liebe oder Hass, Freund oder Feind, Täter oder Opfer. Zwischentöne sind ihnen eher fremd. Häufig überzeugt eben diese Gangart der einfachen Lösungen immer noch eine bestimmte Anzahl des Wählervolkes.

Die Projektoren erobern in unseren Tagen immer stärker die Führungspositionen in Politik und Wirtschaft. Das ist wenig erstaunlich, aus verschiedenen Gründen. Projektoren sind von allen Typen am stärksten mit dem Verstand verbunden, denn sie machen die fehlende Körperkraft mit durchdachten Schachzügen wett. Und die mentale Ausrichtung entspricht unserem gegenwärtigen Zeitgeist, in dem das mentale Gedankenrad unglaublich hochgehalten wird. Es ist also eine Hoch-Zeit für Projektoren an entscheidenden Stellen der Macht. In einer immer unübersichtlicher werdenden Welt können die Projektoren vielleicht noch am ehesten von allen den Überblick bewahren, was natürlich auch in Zukunft wichtig sein wird. Dass Projektoren mehr Tiefgang haben sollen, wie oft angenommen wird – dem muss ich leider widersprechen. Ganz das Gegenteil ist der Fall: Wenn man sich um eine Struktur bemüht, also demnach um die äußere Form, dann geht es mehr um das Abchecken der Oberflächen und weniger um das Ausloten der Tiefen. In Zukunft wird es aber weniger denn je um Tiefgang gehen, wie wir jetzt schon sehr gut am aktuellen Zeitgeist ablesen können. Das ist auch ein Grund, warum die große Zeit für die Projektoren erst kommen wird.

Offenheit und Tiefe können Attribute des Generators sein. Ein Generator kann verzeihen, weil er selbstkritisch und ehrlich gegenüber sich selbst sein kann. Aber ein Projektor tut sich damit schwer. Er sieht primär das Außen und ist für sich selbst in den meisten Fällen blind. Fast alle geschiedenen Projektoren, die ich kenne, sind ihrem Ex-Partner gegenüber unversöhnlich. Projektoren können unglaublich nachtragend sein. Wer es einmal mit ihnen verscherzt, ist für immer und ewig unten durch, auch wenn vielleicht nach außen der schöne Schein gewahrt wird.

Projektoren sind sich ihrer Verbitterung und ihrer taktischen Vorgehensweisen häufig nicht bewusst, da ihnen ihr machtvoller Verstand so manches vorgaukeln kann. Aber sie ticken so. Sie können gar nicht anders, weil es ihr Naturell ist. Niemand darf ihnen deshalb böse sein. Lernen die Projektoren zu warten, bis die Einladung erfolgt, kommt das Richtige für sie, und die Bitterkeit hört auf, weil sie dann im Leben haben, was ihnen zusteht, nämlich ein Leben ohne schwere Arbeit.

Ich sehe das Problem in der Beziehung zwischen Projektor und Generator darin, dass der Projektor immer stärker im außen ist und der Generator mehr im innen. So erkennt der Projektor Mechanismen und Muster bei seinem Gegenüber, die möglicherweise auch für den Generator schädlich sind und verbalisiert seine Feststellung. Diese kann vom Generator angenommen oder abgelehnt werden. Mit Sicherheit wird sie abgelehnt, wenn der Projektor seinen Eindruck ungebeten geäußert hat. Deshalb sollte ein Projektor, bevor er das tut, den Generator immer fragen, auch auf die Gefahr hin, ein „Nein" zu bekommen. Projektoren neigen zum Befehlston. Denn sie können durch das Transitgeschehen oder die Umgebung zeitweise auch zu Manifestoren werden. Was Generatoren im Miteinander mit Projektoren oft ärgert, ist die Kritiksucht vieler Projektoren, die zwar die Mängel der anderen immer erkennen und aussprechen, dabei jedoch meist ihre eigenen Unzulänglichkeiten ausblenden. Bei vielen Projektoren ist das Glas eher halbleer als halbvoll, weil sie in den falschen Berufen und in den falschen Beziehungen sind, und dadurch bei ihnen die körperliche Überforderung an der Tagesordnung ist. Sie spiegeln den ganzen Frust der Welt, insbesondere der Generatoren, die ja die Mehrheit aller Menschen ausmachen mehr als irgendein anderer Typ. Das Verhältnis zwischen Generatoren und Projektoren kann ein Teufelskreis sein. Arbeitet der Generator im falschen, nämlich ungeliebten Job, überträgt er seine Missstimmung auf seinen Projektor-Partner, so dass sich beide Partner immer weiter hochschaukeln und dann letztlich um die Wette jammern. Durchschaut jedoch der Projektor die Not seines Generator-Partners, kann er ihm, wenn er denn dazu aufgefordert oder eingeladen wird, seine Einschätzung, woher die tiefe Unzufriedenheit rührt, mitteilen. So kann sich beider Leben grundlegend verbessern und damit allmählich das ganze Klima des menschlichen Miteinanders.

Die Reaktionen von Projektor-Frauen erlebe ich bei meiner Arbeit immer ganz anders als die Reaktionen von Projektor-Männern, wenn sie erfahren, was es heißt, vom Typ her ein Projektor zu sein. Die Frauen zerfließen nicht selten in Selbstmitleid und der Anmerkung, dass sie ihr ganzes Leben lang schon viel zu viel gearbeitet hätten. Im Zuge einer HD-Ausbildung habe ich so manche von ihnen die Scheidung einreichen sehen, was ihre familiäre Situation nicht unbedingt verbesserte. Frauen tun sich viel leichter damit, sich mit der Rolle des nicht-hart-arbeitenden Menschen zu identifizieren, entspricht diese Rolle doch immer noch mehr unserem traditionellen Frauenbild.

Projektor-Männer hören es gar nicht gerne, wenn sie gesagt bekommen, dass sie nicht so viel Kraft zur Verfügung haben, wie sie glauben. Denn die männliche Identität wird immer noch sehr stark über Leistung und Arbeit definiert. So muss der Projektor-Mann schon mal betonen, dass er Marathonläufe macht oder regelmäßig joggt. Männer mögen es im Allgemeinen nicht, wenn man ihnen eine körperlich schwache Rolle zuschreibt. Ist es doch der Mann, der sich in seiner traditionellen Rolle als körperlich stark sehen will, aus Angst, sonst unmännlich zu erscheinen. Ich kenne wenige Projektor-Männer, die zugeben können, dass sie nicht so kraftvoll sind, wie sie bisher sich selbst und anderen eingeredet haben.

Oft können Projektoren gar nicht glauben, kraftlos zu sein. Sind es doch gerade sie, die in der Aura von Generatoren scheinbar mehr Energie haben als irgendwer sonst.

Die Phasen der Kraftlosigkeit, die jeder Projektor kennt, wenn kein Generator als Tankstelle zur Verfügung steht, und allemal nach Überanstrengung Erholung notwendig ist, werden dann gerne ausgeblendet. Ist die Einsicht da, auf die Kraft der anderen angewiesen zu sein, dann haben sie aber wirklich verstanden, was es heißt, ein Projektor zu sein. Der Projektor hat seine Potentiale, aber es sind ganz andere: Er hat die beeindruckende Gabe, andere Menschen zu studieren, wobei er sich selbst und seine Abhängigkeit von der Energie der anderen immer besser kennen lernen kann. Wartet er auf die Einladung, kann er ein erfolgreicher Leiter und Organisator für andere sein.

Viele Projektor-Frauen kennen das Dilemma im Umgang mit guten Freundinnen, spätestens dann, wenn die Freundin einen Partner hat oder verheiratet ist. Die sakral-definierte Freundin weiß um die erotische Ausstrahlung ihrer Projektor-Freundin und minimiert künftig den Kontakt, aus Angst, ihren Partner an sie zu verlieren. Dabei hat die Projektor-Freundin in den seltensten Fällen Interesse an dem Partner der Freundin. Genauso kann es natürlich auch einem sakral-definierten Mann mit seinem Projektor-Freund ergehen, sobald er eine feste Partnerbeziehung eingeht.

Männer mögen es, Manifestor zu sein, indem sie jederzeit kraftvoll reden und handeln können. Denn dieses Bild entspricht den allgemeinen Vorstellungen von Männlichkeit. In einer Zeit der Gleichberechtigung von Mann und Frau spuken diese Bilder trotzdem noch in den Köpfen der Menschen herum. Frauen als Manifestoren sind uns da schon etwas unheimlich. Wer mag schon eine kraftvolle und unberechenbare Frau an seiner Seite haben? So tun sich Frauen schon etwas schwerer, wenn sie Manifestor sind. Aber im Zuge der Gleichberechtigung sind sie sich durchaus ihrer Kraft bewusst, die sie dann auch annehmen und aus der sie das Beste machen können, sobald sie wissen, was es heißt, korrekt als Manifestor durchs Leben zu gehen.

Als Generator kann man mit Manifestoren kurze, intensive Phasen des Kontakts erleben, aber sobald ihnen langweilig wird, weil der Generator ihrer Meinung nach nichts Interessantes mehr zu bieten hat, oder sie ihren Einfluss schwinden sehen, ziehen sie weiter. Das heißt jedoch nicht, dass sie nicht irgendwann doch wieder auftauchen. Der Alltag ohne Manifestor hat für den Generator Vorteile, weil dann wieder weniger Druck auf ihm lastet und mehr Ruhe einkehren kann. Der Generator kann dann machen, was er mag – ungestört. Die Manifestoren plagt von allen Typen am meisten die Ungeduld. Nach meinen Erfahrungswerten beenden nur die Wenigsten von ihnen die HD-Ausbildung. Für sie müsste man Human Design to go kreieren. Bleibt die Frage, ob das Sinn macht. Auch sind Manifestoren keine Fans von Selbsterkenntnis. Eigene Schwächen können und wollen sie nicht sehen. Es könnte ja bemerkt werden, dass sie über wenig Ausdauer verfügen. Deswegen sind sie von allen Typen am schwierigsten zu erreichen. Könnten Sie sich vorstellen, dass Putin ein Human Design Reading wünscht? Er müsste schon den Kopf unter Wasser haben und selbst da hätte ich noch meine Zweifel. Manifestoren in ihrer geschlossenen Aura öffnen sich nur dann ein wenig, wenn die Not sehr groß ist und wenn sie Vertrauen gefasst haben.

Der Generator ist von allen Typen am stärksten körperbezogen. Ich bin ja selbst Generator. Im Laufe der Jahre wurde mir klar, dass mir dieses Bauchgefühl immer schon bekannt bzw. vertraut war. Aber ich gab ihm selten eine Chance wahrgenommen zu werden, weil der Verstand mit seinen logisch nachvollziehbaren Argumenten jegliche Körperwahrnehmungen überrannte. Das sind zum Teil unsere eigenen Gedanken, von denen wir uns leiten lassen, aber es sind auch die logischen Schlussfolgerungen anderer, von denen wir uns überzeugen lassen, etwas zu tun oder nicht zu tun. Schon früh lernen wir zu denken, aber nirgendwo lernen wir, auf unsere Körperwahrnehmung zu achten, die allerdings in der frühen Kindheit noch sehr stark ausgeprägt ist, aber in der Außenwelt nie Wertschätzung findet und spätestens ab Kindergarten- oder Schuleintritt zugunsten des Mentalen immer mehr vernachlässigt wird. Die älteren Generationen unter uns waren noch im Sinne der Schwarzen Pädagogik in Elternhaus und Schule körperlichen Züchtigungen ausgesetzt, so dass früh gelernt wurde, körperliche Reaktionen, wie in diesem Fall den Schmerz, zu unterdrücken. Mir hilft es oft, wenn ich meine Hände auf den Bauch lege, um zu spüren, was er will. Sonst passiert es mir auch heute noch, dass ich mich von irgendwelchen Gedanken von mir selber wegbringen lasse. Wenn ich mich nach Fehlentscheidungen an die Situation der Entscheidungsfindung zurückbesinne, erinnere ich mich meist an das Bauchgefühl, das ich dabei hatte, dem ich aber trotzdem nicht gefolgt war, weil der Verstand mit seinen Argumenten mein Körpergefühl ignorierte. Übrigens kann es auch Patt-Situationen geben, dass der Bauch weder zustimmt noch ablehnt. Dann ist die Zeit noch nicht reif für die richtige Entscheidung. Unentschlossen zu sein heißt immer NEIN und Abwarten. Auch sollten wir uns angewöhnen, anderen Generatoren ebenfalls Entscheidungsfragen zu stellen, also Fragen, die man mit JA oder NEIN beantworten kann. Betrachten Sie während des Fragens ihr Gegenüber und glauben Sie mir, Sie können auf den ersten Blick erkennen, ob die Antwort aus dem Bauch oder aus dem Kopf kommt. Kommt sie aus dem Bauch, dann ist sie auch so gemeint. Wir alle können zu einer korrekten Fragekultur beitragen, was allen Generatoren und damit auch allen anderen Typen zugutekommt, weil somit der Frust in der Welt abnehmen kann. Aber seien wir ehrlich: Oft fragen wir aus Angst vor einem NEIN oder N-N nicht. Wir, als Generatoren, sollten jedoch nicht mit uns hadern, wenn wir wieder einmal keine Bauchentscheidung getroffen haben. Das ist menschlich und wir können daraus nur lernen. Wir alle fallen nur allzu leicht in alte Muster zurück. Je mehr der Generator seinem Bauch vertraut, umso mehr trifft er korrekte Entscheidungen. Das ist meist ein Prozess, der dauert, der nicht von heute auf morgen abläuft und schon gar nicht mit Hilfe unseres Verstandes, so nach dem Motto: Wenn ich das nächste Mal dieselbe Frage gestellt bekomme, reagiere ich gleich ganz anders!

Effizienz ist ein großes Thema in unseren Tagen: Wie kann Energie, die nicht grenzenlos zur Verfügung steht, eingespart werden? Wie kann mit wenig Aufwand viel erreicht werden? Wie komme ich mit Minimalaufwand von A nach B, ohne unnötig Ressourcen zu verbrauchen, ich, für mich, in meinem Leben, aber auch wir als Gesellschaft? Genauso funktioniert unsere spätkapitalistische freie Marktwirtschaft. Das Schreddern männlicher Küken gehört dazu wie auch das Einsparen von Arbeitsplätzen, indem die anfallende Arbeit genauso gut von Robotern oder billigen

Fremdarbeitern übernommen wird. Effizienz gehört zur Kernkompetenz der Projektoren. Der Projektor kann dank seines Überblicks schnell herausfinden, wie Arbeitsschritte vereinfacht werden und dadurch Energie eingespart werden kann, für sich und für andere. Im besten Fall kann er erkennen, wer welche Arbeiten am geschicktesten verrichten kann, was letztlich dem Allgemeinwohl zuträglich ist. Aber er ist kein Mensch, der Dinge schaffen bzw. erschaffen kann. Er optimiert die Umstände, so dass Generatoren zu ihrer Bestimmung finden, nämlich zu den Schöpfern der Welt zu werden. Hat der Generator Lust auf seine Arbeit, spiegelt ihm die Aura des Projektors die allergrößte Lust, und er muss aufpassen, dass er sich nicht übernimmt. Der Projektor merkt sehr genau, ob der Generator echte Lust verspürt und Kraft besitzt oder nur so tut, als ob.

Die wenigsten Projektoren und Reflektoren lieben es zu spielen. Ich meine nicht das sportliche Spiel, bei dem man gewinnen kann, sondern das Spiel um des Spiels willen, also Gesellschaftsspiele, rein aus Spaß an der Freude. Denn sie wissen ja in ihrem Innersten, dass sie mit Kraft gut haushalten müssen, um über die Hürden des Alltags zu kommen, also vermeiden sie Kraftanstrengung für Tätigkeiten, die nicht unbedingt sein müssen.

Der heutzutage viel strapazierte Begriff der Nachhaltigkeit hat mit Lebenswärme und Lebenserhaltung zu tun. Deshalb ist das ein Generator-Thema. Warum ist dann so wenig echtes Interesse in unseren Gesellschaften zu finden, Nachhaltigkeit zum Herzensanliegen zu machen, wenn ca. 70 % aller Menschen Generatoren sind? Das rührt daher, dass von den 36 Kanälen in der Körpergrafik die Projektor-Kanäle überwiegen. Hier muss zum einen auf die Einladung gewartet werden und es geht dabei auch immer um Effizienz, unabhängig davon, welcher Typ jemand ist.

Wir haben ganze drei Manifestor-Kanäle: 45-21, 35-36 und 12-22 und den Manifestierenden Generator Kanal 20-34. Nur wenn einer dieser Kanäle angelegt ist, natürlich auch im Umfeld oder im Transitgeschehen, kann aktiv gehandelt werden.

Alle Kanäle, die mit dem Sakral-Zentrum in Verbindung stehen, sind Generator-Kanäle. Das sind insgesamt 10 an der Zahl: 27-50, 59-6, 42-53, 3-60, 9-52, 29-46, 14-2, 5-15, 34-57 und 34-10. Hier kann reagiert werden, was zu einer konkreten Handlung führen kann. Dann bleiben schließlich 22 Kanäle von insgesamt 36 übrig, die Projektor-Kanäle sind. Das heißt, die absolute Mehrheit unserer Anlagen hat Projektor-Qualität. Wundern wir uns dann noch, dass so wenig vorwärtsgeht und so wenig Umsetzung stattfindet in unser aller Leben und Gesellschaft – Und dass Effizienz einen immer höheren Stellenwert einnimmt? Das hat nichts damit zu tun, dass wir Menschen böse, egoistisch oder rücksichtslos sind. Es liegt in unseren Genen begründet und gegen die können wir schlecht zu Felde ziehen. Im besten Fall können wir korrekt, entsprechend unseres Typs, unterwegs sein. Dann erweisen wir nicht nur uns selbst einen großen Dienst, sondern auch dem Gemeinwohl.

3. Die Zentren

Definierte und offene Zentren allgemein
In jeder Körpergrafik wirken definierte und offene Zentren zusammen. Dennoch kommen wir nicht umhin, jedes einzelne Zentrum in seiner Bedeutung des Angelegt-Seins und des Offen-Seins anzusehen. Um ein tieferes Verständnis für die jeweiligen Zentren zu gewinnen, halte ich es für angebracht, das definierte und das offene gleichzeitig zu betrachten. Auch ist es wichtig, in einem Partnerschaftsvergleich zu schauen, wie die offenen und die definierten Zentren aufeinander einwirken. Verfügt ein Partner über mehr angelegte Zentren als der andere, gibt er den Ton an und wird von seinem schwächer definierten Gegenpart nicht selten als Monstertruck erlebt, weil er von diesem leicht überrollt wird und immerzu nachgeben soll. Mit Partnerschaft ist nicht nur die Beziehungspartnerschaft gemeint, sondern jede Form des Zusammenseins von zwei Menschen sei es nun in Beruf, Freundschaft oder Familie.

Daraus nun die Schlussfolgerung zu ziehen, dass ein definiertes Zentrum „der Täter" und ein offenes „das Opfer" ist, wäre vermessen. Denn im Human Design geht es gerade auch darum, mit dem althergebrachten Opfer-Täter-Denken zu brechen. Sind wir doch alle Opfer und Täter in einem bzw. nichts von beidem. Und ist es nicht so, dass ein Mensch, der viele offene Zentren hat, mit der von ihm in Übertreibung ausgelebten Fremdenergie die Definierten geradezu plattdrücken kann? Es ist also nicht besser oder schlechter, ob ein Zentrum offen oder definiert ist. Achtgeben müssen wir aber auf unsere offenen Zentren, weil wir hier leicht in Fallen tappen und Dinge ausleben, die nichts mit uns zu tun haben. In einer vom Verstand dominierten Zeit passiert das schnell, weil der Verstand immerzu Argumente für ein nicht korrektes Ausleben eines offenen Zentrums liefert und wir dahin konditioniert worden sind, Verstandesentscheidungen zu treffen. Besitzt das offene Zentrum eines oder mehrere hängende Tore, können genau die dort angesprochenen Themen maßlos übertrieben werden.

Das definierte Zentrum legt uns auf bestimmte Eigenschaften fest, die uns jederzeit unabhängig von anderen zur Verfügung stehen. Hier erleben wir Beständigkeit und Verlässlichkeit aus uns selbst heraus. Das sind auch jene Seiten unseres Wesens, mit denen wir uns korrekterweise identifizieren können.

Das offene Zentrum ist verletzlich und nicht verlässlich (heute so, morgen so), dabei aber flexibel und lernfähig.

Das definierte Zentrum beeinflusst das offene, meist ungewollt, aber durchaus auch gewollt, durch Manipulation. Das offene Zentrum übertreibt in den Themen, die es von außen aufnimmt, und kann sich damit über jedes gesunde Maß hinaus identifizieren, womit es wiederum das definierte Zentrum nerven kann. Denn das definierte Zentrum spürt, dass diese Aufgeblasenheit keine Substanz hat.

Wer seinen Fokus nur auf die Themen der offenen Zentren richtet, verliert sich im außen und will immer mehr, so dass sich in ihm bald große Unzufriedenheit breitmacht. Dabei übersieht er, dass sich die Wahrheit in ihm selbst befindet.

Je bodenständiger und ruhiger jemand äußerlich erscheint, umso wahrscheinlicher ist es, dass dieser Mensch viele Zentren und Kanäle angelegt hat.

Je offener jemand angelegt ist, umso lebendiger und temperamentvoller erscheint er im außen.

Mögen Sie bitte meine manchmal etwas schnoddrige Ausdrucksweise entschuldigen, wenn ich beispielsweise nur von der offenen Milz oder vom definierten Ego spreche. Der Einfachheit und der besseren Lesbarkeit halber benutze ich häufig diese verkürzte Formulierung. Natürlich meine ich damit immer einen Menschen, der ein offenes Milz-Zentrum oder ein definiertes Ego-Zentrum hat.

Wenn ein definiertes und ein offenes Zentrum aufeinandertreffen, können sie sich gegenseitig hochpushen, was im alltäglichen Umgang für beide anstrengend sein kann.

Herz-Zentrum/Ego (65 % offen)

Definierte Egos sind starke Motivatoren und De-Motivatoren für das offene Ego. Falls Sie ein offenes Ego-Zentrum haben, schauen Sie einmal nach, wer in Ihrem frühen Lebensumfeld, aber auch in ihrem jetzigen, über ein angelegtes verfügt oder verfügte.

Als ich rückblickend schaute, welche Menschen mit definiertem Ego auf mich und mein Leben Einfluss nahmen, fand ich mich in meiner Vermutung bestätigt. Diese Beeinflussung kann sehr wertvoll sein, aber sie kann einen auch von sich selbst wegbringen. Bei mir fing es mit meiner Mutter an, der die Schulbildung und die finanzielle Unabhängigkeit ihrer Tochter „am Herzen" lag, im wahrsten Sinne des Wortes. Ebenso war es ein Mensch mit definiertem Ego, der mich zum Human Design brachte, und eine Vielzahl definierter Egos hielten mich im Laufe meines bisherigen Lebens bei der Stange.

Als ich mein erstes HD-Buch schrieb, begegnete ich anfangs einem De-Motivator mit definiertem Ego, der meine ersten Seiten abtippte und dabei unaufgefordert seinen Kommentar wiederholt dazu abgab, wie zum Beispiel: „Wer liest denn einen solchen Scheiß?" Dass es sich dabei um einen pubertierenden Manifestor handelte, mag Verständnis wecken. Aber diese Kommentare reichten aus, dass meine ersten Buchseiten über Jahre in der Schublade ruhten – bis schließlich ein Verlagsleiter, ebenfalls mit definiertem Ego, auftauchte und mich ermutigte und motivierte, das Buch fertigzuschreiben. Für mich war das ein großer Glücksfall, aber wie leicht kann man in der Aura definierter Ego-Menschen im Falschen landen, dort, wo man nicht hingehört.

Warum motiviert ein Mensch mit angelegtem Herz-Zentrum andere? Weil er das, was andere machen, für wertvoll und wichtig erachtet. Aber auch, weil er diese Arbeit dann nicht selbst erledigen muss, denn ein definiertes Ego braucht immer Pausen unabhängig davon, welcher Typ dieser Mensch ist. Ein materieller Vorteil für ihn kann ein weiterer Anreiz sein, andere zu motivieren. Effizienz ist ein wichtiges Thema für ein definiertes Herz-Zentrum: Viel erreichen, mit möglichst wenig eigenem Kraft-Aufwand. Man bedenke: Das Herz-Zentrum ist das schwächste Motor-Zentrum. Hier kann allzu leicht Willenskraft dazu benutzt werden, um einem mentalen Konzept zu folgen. Dabei wird der eigene Körper überfordert, was Gesundheit und Leben des Menschen in Gefahr bringen.

Ein definiertes Ego motiviert immer nur so lange, bis es vom anderen nicht überrundet wird. Denn es ist konkurrenzorientiert, natürlich auch gegenüber einem anderen definierten Ego-Zentrum. Menschen mit definiertem Ego mögen keine Konkurrenz im eigenen Haus. Treffen zwei definierte Egos aufeinander, sind sie so lange auf Augenhöhe, wie sie die gleichen Ziele verfolgen. Werden sie zu Kontrahenten, können sie zu erbitterten Feinden werden.

Der Satz „Geld regiert die Welt" passt zu ihnen. So können zum Beispiel auch Produkte verkauft werden, nicht, weil sie für gut befunden werden, sondern weil sie Geld bringen. Von dem Geld wird dann gekauft, woran das eigene Herz hängt. Für Außenstehende kann das absurd anmuten; auch werden beispielsweise Handtücher im Billigladen, weil sie als notwendiges Übel betrachtet werden, Handtaschen aber im teuren Lederspezialgeschäft gekauft. Das heißt, einerseits wird gegeizt und andererseits wird das Geld mit beiden Händen aus dem Fenster geworfen. Die definierten Egos sind auch die großen Schnäppchenjäger.

Wollen Menschen gemeinsam wirtschaftlich erfolgreich sein und reich werden, als Paar oder als Betrieb, brauchen sie ein definiertes Ego, entweder, dass es einer von seinem Geburts-Chart her mitbringt, oder sie geben sich das Ego gegenseitig, indem der eine die eine Hälfte eines Kanals und der andere die andere Hälfte des Kanals hat, der zum Ego führt.

Ein definiertes Ego kann sich an Abmachungen und Versprechen halten und sollte dies auch tun. Sonst verliert es sein Selbstwertgefühl und das Vertrauen der anderen.

Hat jemand sein Ego angelegt, ist das äußerlich fast immer wahrnehmbar, denn diese Menschen verfügen über eine ausgesprochen aufrechte Körperhaltung. Wenn man so will, sie sind mit stolzgeschwellter Brust unterwegs. Versucht ein Mensch mit offenem Ego diese Körperhaltung nachzuahmen, kann er mitunter Rückenprobleme bekommen, weil sie für ihn unnatürlich ist. Meine Ego-definierte Mutter kritisierte immerzu meine in ihren Augen lasche Körperhaltung mit Worten wie: „Setz dich aufrecht hin!"

Das offene Ego versucht seine Statements zu beweisen. So zum Beispiel Angela Merkel mit ihrem: „Wir schaffen das!" Sie setzt alle Hebel in Bewegung, ohne Rücksicht auf Verluste, um zu beweisen, dass sie mit ihrer Behauptung Recht behalten wird. Sie dient sich sogar zwielichtigen Staatenlenkern an, um am Ende Recht zu haben.

Menschen lassen sich Vieles einfallen, um ihre Minderwertigkeitskomplexe durch Überkompensation auszublenden. Im Internet finden wir heute eine gigantische Spielwiese für die Lust am Sich- Beweisen-Wollen der offenen Ego-Zentren. Was wollen die Menschen nicht alles unter Beweis stellen? Im Netz wimmelt es von selbsternannten Propheten und selbstverliebten Künstlern. Es wird anonym beleidigt, um sich selbst zu erhöhen. Die absurdesten Behauptungen werden mit logisch anmutenden Argumenten hinausposaunt. Wie einseitig und brüchig diese vermeintliche Logik ist, werde ich noch an anderer Stelle ausführen. Es wird bis zum Erbrechen argumentiert, um im Endeffekt auch wieder nur eine Meinung oder ein Produkt zu verkaufen.

Der Preis ist hoch, wenn ein offenes Ego nach Perfektion strebt. Niemand könnte ein bequemeres und angenehmeres Leben führen als diese Menschen, denn sie brauchen sich nichts zu beweisen. Das täte der Geisteshaltung dieser Menschen und unserer Gesellschaft enorm gut und plötzlich hätte man wieder ein Auge und einen Sinn für all die Schönheit, die uns tagtäglich umgibt und könnte dafür dankbar sein.

Besonders anfällig für persönliche Selbsterhöhung scheinen mir Projektoren mit offenem Ego zu sein, weil sie mehr Anerkennung brauchen als alle anderen Typen, so dass ihnen fast jedes Mittel recht ist, Lob und Anerkennung zu bekommen.

Ein beliebtes Ausagieren dieser Suche nach Anerkennung ist in unseren Tagen der Hochleistungssport. Der Projektor ist ein Bewegungstalent, weil er durch seine gute Beobachtungsgabe Bewegungsabläufe studieren kann und diese dann kopiert, ja, durchaus auch optimiert, aber dabei schnell in die Übertreibung kommen kann, ohne Rücksicht auf die eigene, nicht vorhandene körperliche Ausdauerkraft. Nicht selten sind das die Fußballspieler, die immer wieder verletzt sind.

Im Buch „Sportlerkind" von Tommy & Werner Krappweis wird sehr sympathisch erzählt, abwechselnd von Vater und Sohn, wie ein Vater aus seinem ältesten Sohn einen Radsportprofi machen möchte, so wie er selber einer ist. Dabei spielt der Junge lieber mit Lego-Bausteinen. Der Vater meint, das sportliche Desinteresse des Sohnes rühre daher, dass er als Vater bei der Geburt nicht dabei war.

Die definierten Egos sind selten die Superreichen, weil sie darauf achten, das zu tun, was für Sie von Wert ist. Auch arbeiten sie sich meist nicht zu Tode. Wer um seinen Selbstwert weiß, muss sich und auch anderen nichts beweisen. „Ich will Geld scheffeln, damit ich Geld habe, und zwar möglichst mehr als die anderen!" sagt nur ein offenes Ego im Nicht-Selbst. Ein offenes Ego besitzt kein beständiges persönliches Wertesystem, mitunter tut es so, als ob, wie möglicherweise Bill Gates.

Angeber können beide sein, der Definierte und der Nicht-Definierte. Aber mit ihren Storys andere beeindrucken, das können nur die Definierten. Was sie können oder glauben zu können, vermögen Ego-Definierte in derart schillernden Farben darzustellen, dass sie im außen große Begeisterung auslösen und Nachahmer finden. Ein definiertes Ego stellt sein Licht nicht unter den Scheffel. Bei der Erzählung eines offenen Egos schwingt meist ein Hauch Selbstbeweihräucherung mit, nach dem Motto: „Schau nur, was ich alles kann und schon alles geleistet habe!" Solchen Leuten hört man im Allgemeinen nicht gerne zu und denkt sich im Stillen: „So ein Wichtigtuer!"

Eine übertrieben positive Selbsteinschätzung haben wohl alle Menschen, sowohl die mit dem offenen wie die mit dem angelegten Ego. Interessant wäre die prozentuale Verteilung. Ein wunderbares Feld für eine empirische Untersuchung! In der Sozialpsychologie spricht man vom „Above-Average-Effekt", wonach 90 % aller Autofahrer sich für überdurchschnittlich gute Fahrer halten. Auch halten sich 80 % aller Menschen für intelligent. In einer Reihe von Versuchen konnte jedoch nachgewiesen werden, dass Selbstüberschätzung in vielen Fällen wie eine selbsterfüllende Prophezeiung funktioniert, die der jeweiligen Person Erfolg brachte, also praktisch wie ein Motivator wirkt. War nicht doch auch die Triebfeder für die Erfolgsstory von Christopher Columbus ein gewisses Maß an Selbstüberschätzung?

Man könnte meinen, die beliebtesten Mobbing-Opfer sind Menschen mit offenem Ego. Eher nicht! Denn ein definiertes Ego kann von einem offenen an die Wand gespielt werden. Dies wird überzeugend in der Biografie des schwedischen Fußballstars Zlatan Ibrahimovic geschildert, der über ein definiertes Ego verfügt. Er spielte unter Trainer Pep Guardiola, der ein offenes Ego hat, beim FC Barcelona. Nachdem Ibrahimovic das Gespräch mit dem Trainer suchte und Vorschläge machte, wie er sich optimal ins Spiel einbringen könne, überging Guardiola Ibrahimovic, indem er ihn fortan links liegen ließ. Er grüßte ihn nicht mehr und er sprach nicht mehr mit ihm. Ibrahimovic bezeichnet das Verhalten Guardiolas absolut zutreffend als Mobbing. Der Superstar, der dafür brannte, auf dem Feld sein Bestes zu geben, saß dann nur noch auf der Bank. Ibrahimovic, der mit großem Selbstvertrauen gesegnet ist, litt wie ein Tier und setzte alle Hebel in Bewegung, um den Verein zu wechseln. Die folgende Saison lief er für den AC Mailand auf. Man mag sich fragen, was spielte sich in Pep Guardiola ab? Hatte vielleicht ein Elternteil oder ein Geschwister das definierte Ego, so dass er sich von klein an vornahm, echter Willensstärke im außen den Kampf anzusagen? Dieses persönliche Machtspiel kostete den FC Barcelona 50 Millionen Euro. Ibrahimovic wurde für 70 Millionen Euro eingekauft und ein Jahr später für 20 Millionen Euro verkauft. Nicht genug damit! Guardiola trainiert derzeit Manchester City und schickte den Stammtorwart Joe Hart, der zugleich englischer Nationaltorhüter ist, in die „Verbannung" zu Juventus Turin. Drei Mal dürfen Sie raten! Ja, auch Joe Hart verfügt über ein definiertes Herz-Zentrum.

Wir können nur vermuten, dass diese Geschichten keine Einzelfälle sind. In Führungsetagen von Wirtschaft und Politik sind Machtkämpfe an der Tagesordnung, wodurch vermutlich Unsummen an Geld sinnlos verschleudert werden.

Bezeichnenderweise entschied sich Ibrahimovic damals aus sportlichen Gründen für einen Wechsel zu AC Mailand, obwohl das Gehaltsangebot von Manchester City wesentlich höher dotiert war. Ein definiertes Herz-Zentrum tut nämlich das, wofür sein Herz schlägt, und nicht das, was finanziell am reizvollsten ist.

Es kann auch leicht passieren, dass ein offenes Ego, das durch die Motivation eines definierten seine Selbstzweifel verliert und selbstsicherer wird, bei seinem Höhenflug in die Falle der Selbstüberschätzung tappt und dabei den Wert des Motivators außer Acht lässt. Dann werden vorschnell Schritte ergriffen, die denjenigen wieder in seine alten Gefühle der Minderwertigkeitskomplexe zurückkatapultieren. So ist es geschehen bei dem Fußballspieler Henrich Michitaryan, der bei BVB Dortmund unter dem Ego-definierten Trainer Thomas Tuchel innerhalb eines Jahres eine stabile Hochform verbunden mit gesundem Selbstbewusstsein erreichte und dann in der neuen Saison vorschnell nach Manchester City wechselte, wo er jetzt ein weitgehend trauriges Fußballerdasein auf der Bank fristet – und ihn gar sein neuer Trainer Jose Mourinho öffentlich kritisiert.

Das offene Ego jagt nach Rekorden und Titeln. Ohne offenes Ego gäbe es kein Guinness-Buch der Rekorde und auch keine Weltmeisterschaften in was weiß ich nicht alles, keine Oscar- und keine Bambi-Preisverleihung etc. Manche Menschen haben ihre persönlichen Rekordlisten. Der eine führt meinetwegen darüber Buch, wie viele Länder der Welt er bereits bereist hat und der andere listet auf, wie viele Sexualpartner er bisher beglücken konnte. Wem es gefällt!

Wie wichtig es in der heutigen Zeit ist, Erster zu sein, demonstriert die Titelseite einer Tageszeitung: „Der FC Bayern München ist nur noch Zweiter. Das löst Krisenalarm aus." Das war die Schlagzeile, als im November 2016 überraschenderweise der Fußball-Bundesliga-Aufsteiger Leipzig auf den ersten Platz rutschte. Was für ein Drama für den FC Bayern! Sonst alles gut?

Meines Erachtens gibt es sie, die echten Vorbilder im Sport, die mit dem Erreichten mehr als zufrieden sein können, aber es auch sind und trotz offenen Egos den Mut haben, in jungen Jahren ihre Sportlerkarriere an den Nagel zu hängen. Dazu gehören einer der erfolgreichsten Wintersportler Österreichs, der Skispringer Thomas Morgenstern, und der aktuelle Formel 1 Weltmeister aus Deutschland Niko Roßberg.

Das offene Ego kennt das Thema der blinden Loyalität. Loyal sein kann im Grunde nur ein definiertes Ego, weil es nicht so leicht ablenkbar ist. Aber das offene tut alles, um anderen seine Loyalität zu beweisen. Dazu könnte ich viele Geschichten aus meinem eigenen Leben liefern. Dabei merkt das offene Ego lange Zeit nicht, wie es für das definierte Ego buckelt und rennt.

Im Stamm geht es immer um das materielle Haben, das im Ego-Zentrum verkörpert wird. Deshalb wollen die Menschen mit offenem Ego immer beweisen, was für ein wertvolles Familien- bzw. Sippenmitglied sie sind, und leisten für die Sippe lieber zu viel als zu wenig, selbst wenn Lob, Anerkennung, angemessene Bezahlung und Erholung ausbleiben. Viele rackern weiterhin für die Familie, obwohl sie schon lange nicht mehr dazu gehören.

In der Zweierbeziehung schaut das definierte Ego auf das offene gerne ein wenig herab. Deshalb nahm Donald Trump Hilary Clinton nicht wirklich ernst. Und Angelina Jolie sah mit ihrem angelegten Ego in Brad Pitt mit dem offenen Ego nie den Mann, der ihr das Wasser reichen konnte. Dabei fühlt sich ein offenes Ego im Kielwasser des definierten durchaus wohl. Färbt doch die Selbstsicherheit des definierten etwas auf das offene ab. Gehen Sie einmal mit einem definierten Ego und einmal mit einem offenen Ego zum Einkaufen, wenn Sie selbst ein offenes Herz-Zentrum haben, und dann schauen Sie, wie es Ihnen jeweils damit ergeht.

Wer sich im Windschatten eines definierten Egos bewegt, ist immerzu bemüht, ein besserer und perfekterer Mensch zu sein bzw. zu werden.

Dieses endlose sich bewerten und vergleichen mit anderen rührt vom offenen Ego her, das gewöhnlich an mangelndem Selbstwertgefühl leidet. Warum verfallen so viele Menschen dieser ungesunden Gewohnheit des permanenten sich Vergleichen-Wollens? Weil die große Mehrheit der Menschen, das sind ca. 65 %, über ein nicht angelegtes Ego-Zentrum verfügen. Ein offenes Ego vergleicht sich einfach gerne mit anderen und sitzt nur allzu schnell der Irrmeinung auf, nicht genug getan zu haben, selbst wenn es mehr arbeitet und schuftet als all die anderen. Solche Angestellten sind beliebt, solange, bis der Burnout kommt.

Falls Sie ein nicht angelegtes Herz-Zentrum haben, bitte ich Sie darum, einmal eine Zeitlang eine Liste darüber zu führen, was Sie alles für andere machen und was die anderen für Sie machen. Ich vermute, die Waage ist nicht im Gleichgewicht. Tragisch dabei ist, dass Ihnen diese Disbalance normalerweise gar nicht auffällt, weil Sie Ihr Tun und Ihre Arbeiten als nichtig einschätzen und das Werk der anderen überbewerten.

Noch ein kleiner Tipp für ein offenes Ego: Hängen Sie die Messlatte nicht so hoch, indem Sie sich unglaublich viel vornehmen. Mir persönlich fiel das einmal so richtig auf, als ich in einem Jahr nur vier verschiedene Sorten Weihnachtsplätzchen gebacken hatte. Nach vollendetem Werk fühlte ich mich genauso erfüllt wie ein Jahr zuvor, nachdem ich mindestens doppelt so viele Sorten Plätzchen gemacht hatte. Und was meinen Sie, wie viele ich im darauffolgenden Jahr gebacken habe? Kein einziges! Und ich überlebte.

Von Frauen mit definiertem Ego höre ich häufig:" Ich bin nicht selbstbewusst und habe Probleme damit, Rechnungen auszustellen." Nicht selten verfügen diese Frauen über Tor 63 im Kopf-Zentrum, das nicht nur Zweifel, sondern auch Selbstzweifel kennt, oder das Tor 18 im Milz-Zentrum ist angelegt, das nicht nur Kritik im außen übt, sondern auch selbstkritisch ist. Oft spielen bei einem offenen Kopf und Verstand auch Konditionierungsmuster aus frühester Kindheit hinein, wenn es mehr Herabsetzung und Tadel als Lob und Anerkennung gab. Und ist es nicht auch heute oft noch so, dass Frauen, in ihrer traditionell untergeordneten Rolle, ihre Talente bevorzugt im Verborgenen zeigen?

Mir begegnen auch immer wieder Frauen der älteren Generation, die eine anerzogene, falsch verstandene Höflichkeit an den Tag legen und dabei selbst über ein definiertes Ego verfügen. Wird ihnen etwas angeboten, lehnen sie ab, obwohl sie im Grunde liebend gerne Ja sagen würden. Da ein definiertes Ego stark auf ein offenes einwirkt, versucht das offene nicht, das definierte zu überzeugen. Solche „wohlerzogenen" Menschen mit definiertem Ego haben verständlicherweise immer das Gefühl, zu kurz zu kommen.

Jüngere Menschen kennen das Problem der anerzogenen Höflichkeit weniger, sind sie doch viel freier aufgewachsen als frühere Generationen. Was für ein Glück für sie!

Abschließend ein paar heitere und aufmunternde Gedanken für Menschen mit offenem Ego, die immerzu irgendwelchen Zielen hinterherlaufen aus Tommy Jauds Buch: „Einen Scheiß muss ich"; allein schon der Buchtitel kann für ein offenes Ego zum Lebensmotto gemacht werden.
„Ziele nicht zu erreichen ist viel schlimmer als keine zu haben!"
„Ziele sind mutwillige Glücksverschiebung."
„Wer keine Ziele hat, kann auch nicht scheitern!"
„Wenn das beste Ziel kein Ziel ist."
Jaud spricht von der „Wochenend-ADHS", weil am Wochenende zwanghaft etwas Angesagtes nach der Devise: „Machste was, biste was!" gemacht wird. Und „ständige Rausgehbereitschaft", mache uns Deutsche nach Tommy Jaud „zum Notarzt auf Abruf": „Wer, würden Sie sagen, ist weniger (...) gestresst derjenige, der unabhängig vom Wetter das macht, was er ohnehin vorhatte, oder die armselige Kreatur, die beim ersten Sonnenstrahl aus dem Haus springt wie ein Stuntman? Wer ohne Not alle seine Pläne über den Haufen wirft, nur weil die Sonne scheint, ist nicht bessergestellt als ein Notarzt auf Bereitschaft."

Auch und gerade die offenen Egos sind nicht dazu auf der Welt, um immer perfekter und heiliger, sondern um authentischer und bewusster zu werden.

Solar Plexus/Emotional-Zentrum (50 % offen)

Das definierte Emotional-Zentrum hat seinen eigenen Wellenmotor. Wie lange eine Welle dauert, ist nicht vorhersagbar. Sie kann mal schneller und mal kürzer durchlaufen werden. Ein emotional definierter Mensch weiß gewöhnlich um diesen in ihm wohnenden Mechanismus. Die emotional definierten Menschen machen in einer Partnerschaft und in einer Gemeinschaft, also in der Aura anderer, stets die Stimmung und sagen nicht selten gegenüber dem emotional Offenen: „Du bist heute schlecht aufgelegt!" Sie projizieren gerne ihre jeweilige Stimmungslage auf das Du und der emotional offene Mensch meint dann tatsächlich, dass er die schlechte, aber auch die gute Laune verbreite. Je mehr sich jemand seiner emotionalen Definiertheit oder Offenheit bewusst ist, umso eher bemerkt er, woher die Stimmung wirklich kommt.

Ein emotional angelegter Mensch ist emotional stabiler, denn er kennt seinen Wellenmotor und weiß aus sich selbst heraus, dass nach jedem Stimmungstief ein Stimmungshoch folgt und dann nach jedem Stimmungshoch der Weg wieder nach unten geht. Das hat etwas Verlässliches, worüber der Mensch mit offenem Solar Plexus nicht verfügt. Der Offene ist den Emotionen der anderen zunächst hilflos ausgeliefert. Insbesondere, wenn sehr unterschiedliche Stimmungen im Raum sind, kann das für den Menschen, und für ein Kind in hohem Maße, sehr verwirrend sein. Insbesondere dann, wenn die wahrgenommenen Gefühle beim offenen Solar Plexus eine Verstärkung erfahren. Euphorie und Panik können hier auftreten und die jeweilige Emotion fühlt sich für diesen Menschen so endgültig an. Hängt der Himmel voller Geigen, meint er, dieser Zustand wird ewig währen. Herrscht jedoch gerade Weltuntergang, sieht er kein Licht am Ende des Tunnels. Es fehlt die innere Gewissheit der sich abwechselnden Hochs und Tiefs von Emotionen. Kaum jemand kann Emotionen stärker spüren und zum Ausdruck bringen als ein emotional offener Mensch. Deswegen sind das die geborenen Schauspieler. Der emotional Definierte neigt unbewusst dazu, den Offenen emotional zu erpressen. Hier können Sätze fallen wie: „Wenn du nicht dies oder das tust, bringe ich mich um!" Oder: „Wenn du ..., dann verlasse ich dich!" Nichts ist leichter, als einen emotional offenen Menschen mit so etwas unter Druck zu setzen, will er doch nichts mehr, als möglichst konfliktfrei durchs Leben gehen. Seine Angst vor solch starken Emotionen wie Schuldgefühlen lassen ihn Entscheidungen treffen, die für ihn nicht korrekt sind.

Der emotional Definierte kann mitunter von den übertriebenen Gefühlsausbrüchen der Offenen stark genervt sein, spürt er doch genau, dass sie etwas Aufgesetztes haben. Sobald der emotional Definierte für seine persönlichen Emotionen Verantwortung übernimmt, ist das ein gesunder Weg zu einem angenehmeren Beisammensein zwischen emotional offenen und definierten Menschen. So erklärte mir eine junge Frau, die einen angelegten Solar Plexus hat, dass sie an Tagen, an denen sie schlecht drauf ist, weil ihre emotionale Welle gerade unten ist, ihrem Gegenüber zu sagen pflegt: „Heute habe ich meinen Schlechtfühltag. Das geht wieder vorüber und hat nichts mit dir zu tun!" Ein wunderbarer Beitrag zu einem von Verständnis geprägten Miteinander! Es ist auch immer eine gute Möglichkeit, sich gegenseitig aus dem Weg zu gehen, wenn die Gefühle des emotional Definierten im Keller sind.

Ganz besondere Belastungsproben gibt es zwischen Eltern und pubertierenden Kindern, wenn ein Teil im Solar Plexus definiert ist und der andere offen. Hier ist es mehr als legitim, sich immer wieder bewusst von den anderen zurückzuziehen, ohne dass diese Verhaltensweise persönlich genommen werden sollte.

Da ein emotional offener Mensch sehr unter der schlechten Laune des emotional definierten leidet, wird er alles, bis hin zur Selbstverleugnung, unternehmen, um dessen Stimmung aufzuhellen. Ohne Erfolg. Denn die Welle ist weder vom Definierten selbst noch von außen beeinflussbar. Der Solar Plexus-Definierte sollte einfach gelassen werden. Der Offene muss lernen, dass die momentane Stimmung des Definierten nichts mit ihm zu tun hat. Umgekehrt fürchtet der Definierte die zumeist heftige emotionale Entladung des Offenen, so dass er seine Emotionen bewusst zurückhält. Es tut ihm jedoch nicht gut, wenn er seinen Wellenmotor anhält. Denn das ist der direkte Weg in die Depression.

Der emotional Offene kann kalt sein. Wenn ihm sein Verstand einflüstert, Empathie wäre jetzt das Verkehrteste, was er an den Tag legen sollte, kann er eiskalt sein. Das Verdrängen der Emotion wird dann zu seinem persönlich auferlegten Überlebensmodus. Nicht selten klopfen die Emotionen dann irgendwann wieder an, zu den unpassendsten Momenten, oder sie tauchen als Sentimentalität auf, während eines Rosamunde-Pilcher-Films oder auf der Beerdigung des Nachbarn. Tränen, die dann fließen, sind stets heilsam und reinigend.

Wer einen angelegten Solar Plexus und schlechte Laune hat, weil seine Welle unten ist, sollte sich zurückziehen und das tun, was ihm Freude macht. Er kann sich zum Beispiel selbst mit einem Kräuterbad verwöhnen, oder mit einer heißen Tasse Tee oder Kaffee, oder er kann einen Spaziergang machen oder seine Lieblingsmusik hören. Er sollte das tun, worauf er Lust und Laune hat. Im Solar Plexus muss alles verdaut werden und der Verdauungsprozess braucht Zeit. Die gefühlte Nervosität ist für den Solar Plexus ein Schutz, keine vorschnellen Entscheidungen zu treffen.

Der emotional offene Mensch lässt sich sehr gerne von den Emotionen des definierten mitreißen, denn dadurch fühlt er sich so unglaublich lebendig. Solange die Welle oben ist, ist die Begeisterung enorm, aber wehe, sie geht nach unten, dann ist Trübsal angesagt. Die positiven, die angenehmen Gefühle mag der offene Solar Plexus sehr, aber nicht die negativen und deprimierenden.

Natürlich sollte der emotional Offene lernen, mit Gefühlen, die er mitunter wie der Teufel das Weihwasser fürchtet, umzugehen, sonst beugt er sich stets dem emotionalen Erwartungsdruck der anderen und erkennt nicht, was für ihn das Richtige ist. Spätestens, wenn er zwischen zwei Optionen entscheiden muss, kommt er nicht umhin, korrekt zu sein und das zu tun, was ihm entspricht, auch auf die Gefahr hin, einen der Beteiligten zu verärgern oder zu verletzen. Verbringe ich beispielsweise Weihnachten mit meinem neuen Partner oder aber mit meinem Ex-Mann und den Kindern?

Ich selber habe einen offenen Solar Plexus und weiß deshalb, wie schwierig es ist, in Konfrontationen zu gehen und Themen anzusprechen, die unangenehm sind.

Wenn ich dann endlich mal den Mut aufbringe, ehrlich und direkt nach außen zu gehen (viel zu selten), mache ich immer wieder die erfreuliche Erfahrung, dass Menschen meist dankbar sind, wenn ich heikle Themen zur Sprache bringe. Nicht selten werden offene Türen eingerannt. Es ist ja immer nur unser Verstand, der uns einredet, jedem Konflikt aus dem Weg gehen zu müssen. Lassen wir unseren Verstand einfach denken und folgen wir stattdessen unserer inneren Autorität, werden die mental aufgebauschten Problemberge zu kleinen, gut überwindbaren Hindernissen. Es ist wie mit den Muskeln: Es bedarf der Übung, sich unbequemen Themen zu stellen. Stecke ich wie Vogel Strauß den Kopf gewohnheitsmäßig in den Sand, lasse ich mich damit zum Spielball der Emotionen der anderen machen. Wird zu viel und zu lange geschluckt, erfolgt irgendwann die Explosion, häufig im ungeeignetsten Moment, so dass hinterher kein Stein mehr auf dem anderen liegt und der emotional Offene ewig an seinen Schuldgefühlen nagt und sich vornimmt, beim nächsten Mal, den Mund zu halten, was keine Lösung ist, sondern den Teufelskreis dauerhaft schließt, bis er erneut gebrochen wird.

Emotionale Entscheidungen sind weder für das definierte noch für das offene Solar Plexus-Zentrum empfehlenswert, weil Emotionen das Unbeständigste und Wechselhafteste sind, was in uns ist.

In diesem Zusammenhang möchte ich mit Ihnen einmal anschauen, was Emotionen bzw. Gefühle in Wirklichkeit sind. Ich denke, die meisten Menschen unterliegen hier einem großen Irrtum.

Beobachten Sie sich mal ganz genau, unabhängig davon, ob Sie nun emotional offen oder definiert sind! Wie ist das mit den Gefühlen und den Gedanken?

Fallbeispiel: Jemand sagt zu Ihnen etwas, was Ihnen widerstrebt, weil Sie sich dadurch meinetwegen an eine frühere Situation erinnert fühlen, was Ihnen aber nicht bewusst ist. In den meisten Fällen machen Sie dann innerlich dicht und fühlen sich verletzt. In der Folge malen Sie sich dann alle möglichen Geschichten aus, in denen Sie das Opfer sind. Sie leiden und bemitleiden sich grenzenlos: „Warum werde ich immer so schlecht behandelt?" Am Ende bezeichnen Sie sich als hypersensibel.

Ihr Leiden ist hausgemacht, da Sie, als Sie sich verletzt gefühlt hatten, in den Kopf gingen, unser vertrautes, gängiges Procedere, und dort gibt es keine Lösungen, um verletzte Gefühle zu heilen. Heilung kann nur dort stattfinden, wo die Verletzung liegt, nämlich auf dem Gebiet des Fühlens. Fühlen Sie hin und gehen Sie durch die Emotion durch – das ist immer leichter gesagt als getan. Aber es gibt keine andere Lösung. Sie lassen sich auch nicht den Blinddarm herausoperieren, wenn sie eine eitrige Mandelentzündung haben. Es wäre das Gleiche. Die emotionale Verdrängung gibt es bei den emotional Definierten genauso wie bei den emotional Offenen. Deshalb ist es so wichtig, ganz und gar ehrlich mit sich selbst zu sein, was einem Generator immer leichter fällt als den anderen Typen, weil er einen besseren Zugang zu sich selbst hat.

Toben im Körper starke Emotionen wie Angst, Nervosität, Verzweiflung, Hass, Wut, Ablehnung, Neid, Eifersucht, Trauer, usw., wird zumeist ganz automatisch, um damit klarzukommen, der Verstand eingeschaltet, der dann zwanghaft nach Gründen für die starken Emotionen sucht. Wir müssen uns damit abfinden, dass wir das Warum nicht wissen. Können wir uns unser Nicht-Wissen selbst eingestehen, sind wir für die emotionale Erfahrung offen. Der Verstand will unangenehme Gefühle ausblenden und bedient sich deshalb gewisser Vermeidungstaktiken. Das Einreden rührender Geschichten ist eine davon. Korrekt wäre es, die Geschichten wegzulassen und die blanke Emotion zu spüren, wo immer sie im Körper spürbar ist. Wer sich so in sich selbst hineinfallen lässt, erfährt irgendwann die Veränderung, die als große Erleichterung und innere Freiheit erlebt werden kann.

Eine weitere Verdrängungstaktik des Verstandes ist Sentimentalität. Wird das zu Grunde liegende „Sentiment" verleugnet, entstehen Ressentiments. Wir pumpen uns voll mit Sentiments und Ressentiments, nur, um nicht wirklich fühlen zu müssen. Der Definierte wie auch der Offene will meist nicht zum eigentlichen Gefühl vordringen. Denn, wenn er sich wirklich öffnet, müsste er sein Weltbild ändern und dafür seine Vorurteile und Hirngespinste opfern. Wir müssen uns dem jeweiligen Gefühl stellen, um es umzuwandeln, da Gefühle bewusst wahrgenommen werden wollen.

Passend dazu möchte ich mit Ihnen eine Geschichte teilen, die mich persönlich sehr berührt hat. Sie berichtet darüber, welche Wunder geschehen können, wenn wir uns der Emotion, die gerade in uns aufsteigt, ohne Wenn und Aber stellen. In einem TV-Jahresrückblick sah ich die junge Pariserin Isobel Bowdery, die den Terroranschlag im November 2015 im Konzertsaal Bataclan in Paris überlebt hatte. Sie lief nicht weg, sondern stellte sich tot und damit auch ihrer Angst. Sie blieb ganz bei sich und ergab sich ihrer Hilflosigkeit. Sie habe an alle Menschen gedacht, die sie liebt, verbunden mit dem tiefen Glauben an das Gute im Menschen, so erzählte sie. Wäre sie weggerannt, wie so viele andere, wäre das ihr sicherer Tod gewesen.

Ginge es bei uns um Leben und Tod, würden wir uns möglicherweise eher dem momentan hochkommenden Gefühl stellen. Die junge Frau hatte keine andere Wahl, wenn sie überleben wollte, und sie machte genau das Richtige. Das wirklich Großartige an dieser Erfahrung wurde in dem Gespräch meines Erachtens nicht erkannt und daher auch nicht gewürdigt. Diese einzigartige Erfahrung wurde in dem üblichen verstandesgesteuerten Mainstream-Gerede ertränkt.

In diesem Zusammenhang möchte ich auch auf die große Bedeutung echter Trauerarbeit hinweisen, was besonders in Deutschland ein zutiefst verdrängtes Thema ist. Anne Bode bringt in ihren Büchern bewegende Beispiele dafür, wie die kollektive Traumatisierung der deutschen Kriegskindergeneration bis in die heutige Enkelgeneration hinein ihre Spuren hinterlässt. Angesichts der Nazi-Gräueltaten im Dritten Reich wurden die Deutschen nur als Täter gesehen und das Thema „Die Deutschen als Opfer" war kulturell unerwünscht. Echte Trauerarbeit konnte von den wenigsten geleistet werden, weil alles verdrängt wurde und weil es nur um Schuld ging. Erst im neuen Jahrtausend konnte allmählich öffentlich gesehen werden, wie sehr die Deutschen, insbesondere die Kinder, im Krieg und in der Nachkriegszeit unter Kälte, Hunger, Verlust und Leid gelitten hatten. Bleibt zu wünschen, dass aus den Versäumnissen der Vergangenheit gelernt wurde und die vielen Flüchtlingskinder, die derzeit u. a. auch in Deutschland weilen, angemessene Gelegenheiten bekommen, ihre traumatischen Erlebnisse emotional zu verarbeiten.

Im Folgenden möchte ich Ihnen von einem besonderen Fall berichten: Die Mutter hat, als einzige der Familie, Schwierigkeiten im Umgang mit der Tochter. Vater,

Bruder und Großeltern kommen mit dem Mädchen wunderbar zurecht. Was ist da los? Die Tochter hat einen definierten Solar Plexus wie die restliche Familie mit Ausnahme der Mutter. Allerdings hat die Tochter den am stärksten angelegten Solar Plexus in der Familie mit gleich drei Kanälen, die Mutter dagegen hat einen ganz offenen Solar Plexus. D. h., sie spürt die Emotionen ihrer Tochter mit doppelter Wucht, was die Mutter irritiert und immer wieder aus der Bahn wirft, so dass sie mit der Tochter viel streitet. Die Mutter bietet für den Solar Plexus der Tochter eine starke Projektionsfläche. Was für eine Entlastung ist es dann für die Mutter, wenn sie erfährt, dass es die Gefühle der Tochter sind, die sie verstärkt spiegelt, und dass diese nichts, aber schon gar nichts, mit ihr selbst zu tun haben.

Ra Uru Hu, der ein offenes Emotional-System hatte, betonte immer wieder, dass seine früheren Beziehungen an den definierten Solar Plexen seiner Ex-Frauen scheiterten, und wie froh er schließlich war, dann mit einer Frau zusammen zu sein, die den Solar Plexus ebenfalls offen hatte so wie er. Das konnte ich gut nachvollziehen, da ich auch in einer Beziehung mit einem Mann lebe, der genauso wie ich ein offenes Emotional-Zentrum hat. Ra sagte aber im gleichen Atemzug, dass wir dennoch als emotional offene Menschen nicht meinen sollten, uns vor Menschen mit definierten Emotionen „schützen" zu können. Wie wahr! Denn dann bringt jemand die Emotionen durch die Hintertür herein. Bei Ra waren es seine beiden Söhne, jeder verfügt über einen definierten Solar Plexus; und auch in der Beziehung zwischen meinem Mann und mir kam die emotionale Herausforderung in unser Leben, personifiziert durch unseren Neffen, den wir eine Zeitlang bei uns aufgenommen hatten. Sie glauben kaum, wie oft mein Mann und ich in dieser Zeit brisante Themen auf den Tisch brachten, dabei stritten und auch weinten. Es war eine emotional anstrengende und aufwühlende Lebensphase, aber es konnte andererseits sehr viel emotionale Reinigung stattfinden.

Beim offenen Solar Plexus findet man häufig das Phänomen „Hausteufel – Gassenengel" oder umgekehrt, will heißen: außer Haus, mit Fremden, wird ein betont freundliches Wesen an den Tag gelegt und zu Hause, bei den nahestehenden Menschen, wird Kante gezeigt oder genau andersherum. Das sind dann die Kinder, die zu Hause ihr nettes Wesen zum Ausdruck bringen, und die Eltern wundern sich angesichts der aggressiven Zwischenfälle in der Schulklasse – oder die Eltern fürchten, dass die Kinder ihre garstige Art in der Schule genauso ausleben wie daheim.

Natürlich kennen wir dieses Phänomen auch bei Erwachsenen. So werden Mitmenschen in unterschiedlichen Umfeldern oft ganz anders erlebt. Den Betroffenen ist das aber in den seltensten Fällen wirklich bewusst.

Beim Solar Plexus definierten Menschen kommt es oft vor, dass er seine Gefühle immer wieder mental durchkaut, auch, indem er sie gegenüber Dritten neu aufwärmt. Er bewegt sich also in der Herz-Schmerz-Endlosschleife und erwartet dabei vom Gegenüber, egal ob im Solar Plexus offen oder definiert: „Wenn ich weine, musst du auch weinen! Wenn ich traurig bin, musst du auch traurig sein!" Dieses Verhalten fällt unter emotionale Vergewaltigung. Hier kann der andere nur eines machen, nämlich nicht darauf einsteigen. Es ist anmaßend, die eigenen Gefühle zum Maßstab für die Gefühle aller machen zu wollen.

G-Zentrum/Selbst (54 % offen)

Ein offenes G-Zentrum kennt das Gefühl der Verlorenheit, wenn es nicht weiß, zu wem es gehört und wo es Liebe finden kann. Deshalb fühlt es sich ganz besonders zum definierten G-Zentrum hingezogen, das aber immer nur mit einer ganz bestimmten Art von Liebe und Richtung aufwarten kann. Dadurch kann das offene G-Zentrum stark von seinem Partner abhängig sein. Nur allzu gerne öffnet es sich den Interessen und Hobbys des definierten Partners und kann sich dabei so sehr hineinsteigern, dass es dem definierten Partner mitunter zu viel wird.

Ein offenes G-Zentrum ist sehr anfällig für Du-Botschaften, die man ihm verpasst. Zum Beispiel: „Du bist aber dumm!" oder „Was bist du fleißig!" Unbewusst gibt der Mensch sich dann alle Mühe, diesem Bild zu entsprechen. Je mehr das Umfeld den Menschen in diese Schublade steckt, umso mehr meint er diesem Bild entsprechen zu müssen. Oft kokettiert er sogar mit diesem Label. Ich kannte einen älteren Herrn, der das Etikett „Unglücksrabe" trug. Sobald er mit seiner Lebensgefährtin auftauchte, eröffnete sie oftmals das Gespräch mit der Aufforderung an ihn: „Erzähl doch mal, was dir in der letzten Woche wieder alles passiert ist!"

Ein definiertes G-Zentrum ist auf bestimmte Wege und bestimmte Lieben fixiert und dadurch unflexibel. Es probiert keine neuen Wege aus, wenn der altvertraute Weg genauso ans Ziel führt, selbst dann, wenn er ein Umweg ist.

Das offene G-Zentrum kann nach dem direktesten und kürzesten Weg suchen, weil es solange ausprobiert, bis es den optimalen Weg gefunden hat.

Ein definiertes Selbst ist narzisstisch. Es ist verliebt in sein Selbst, weil es sich im offenen spiegelt. Dem offenen Selbst kann das dann schon mal auf die Nerven gehen, so dass es sich vielleicht irgendwann angewidert von diesem selbstverliebten Narzissten abwendet.

Ein angelegtes Selbst weiß in seinem tiefsten Inneren, was es braucht. Es kann sein, dass es das unterdrückt, um anderen zu gefallen oder um dazuzugehören.

Stellen Sie sich vor, Sie sind Fußballfan von BVB Dortmund und stehen im Spiel gegen Bayern München in der Allianz-Arena unter Bayernfans und jubeln jedes Mal, wenn die Bayern ein Tor schießen. Damit leugnen Sie Ihre wahre Richtung, Ihre wahre Anhängerschaft. Wer sich mit definiertem G-Zentrum immer wieder verstellt und seine wahre Richtung verleugnet, der schadet seinem Selbst und damit auch seiner Gesundheit, selbst wenn es um so banale Dinge wie Fußballanhängerschaft geht.

Einem offenen Selbst wird im Zweifelsfall immer unterstellt, ein liebevoller Mensch zu sein, was aber wiederum nichts anderes als die Projektion des definierten G-Zentrums ist. Einem offenen G-Zentrum unterstellt man nichts Böses. Man verleiht ihm bevorzugt einen Heiligenschein. Das kommt daher, dass im G-Zentrum die vier Tore der Liebe sind.

Meine Mutter hatte ein offenes G-Zentrum, meines ist angelegt. Wenn ich mich an die Mutter aus meinen Kindertagen erinnere, sehe ich immer nur die liebende Mutter vor meinem geistigen Auge. Dass sie auch anders konnte, besagen Geschichten aus meiner Kindheit, die mir ebenfalls im Gedächtnis geblieben sind.

Ein offenes G-Zentrum ist auch deshalb für ein definiertes attraktiv, weil es den Weg des definierten mühelos erkennen kann. Nicht umsonst finden wir hier die guten Lehrer und Trainer. Der deutsche Fußballbundestrainer Jogi Löw verfügt über ein offenes Selbst, das es ihm leichtmacht, die Positionen seiner Mannschaft optimal zu besetzen.

Menschen mit offenem G-Zentrum werden zur Projektionsfläche vielfältiger Identifikationsbedürfnisse. Sie werden in ihrer Glorifizierung zu Kultfiguren und Mythen erhoben wie beispielsweise Prinzessin Diana und John F. Kennedy.
Die in der Öffentlichkeit gezeichneten Bilder der Personen haben mit den realen Personen aus Fleisch und Blut, die auch menschliche Schwächen haben, nichts gemein.

Heb' Den Schleier

Ein offenes Selbst identifiziert sich gewöhnlich mit seiner Umgebung. Ist es für diesen Menschen die falsche Umgebung, funktioniert gar nichts mehr in seinem Leben.

Eine Klientin, der ich Jahre zuvor ein Reading gegeben hatte, rief mich eines Tages an und beklagte sich, dass in ihrem Leben seit einigen Wochen alles schieflaufe: den Job habe sie verloren, mit den Nachbarn habe sie Streit, der Sohn werde in der Schule gemobbt etc. Zuerst versuchte ich bei der Ursachensuche mein Glück bei den laufenden Transiten, wurde aber nicht fündig. Dann fiel mir ihr offenes G-Zentrum ins Auge, so dass ich sie fragte, ob es in den letzten Wochen bei ihr einen Ortswechsel gegeben habe. „Ja?" entgegnete sie erstaunt. „Wir sind umgezogen, in das Haus meines geschiedenen Mannes." Ich fragte weiter: „Seit wann geht bei Ihnen alles schief?" „Wenn ich so überlege, seitdem wir in dem Haus wohnen", antwortete sie. Hiermit war der „Übeltäter" gefunden. Diese Geschichte ist kein Einzelfall.

Nichts ist wichtiger für einen Menschen mit offenem Selbst, als an dem Ort zu leben, wo er sich wohl fühlt. Auch und gerade Kinder müssen gefragt werden, bevor die Eltern umziehen, auch, was die Zimmeraufteilung und die Möblierung ihres eigenen Zimmers angeht. Sich Wohlfühlen an einem Ort ist für ein offenes G-Zentrum das Wichtigste.

Durch die starke Identifikation mit jedem Ort, an dem das offene Selbst sich aufhält, sollte es auch Plätze meiden, an denen sehr viel Leid versammelt ist, wie beispielsweise in Kliniken und Arztpraxen. Ein offenes Selbst ist nämlich wie ein Chamäleon. Es nimmt die Schwingungen und die Energie eines Ortes auf und identifiziert sich damit.

Ein offenes G-Zentrum kennt seine Rolle in größeren Gruppen nicht und versucht hilfesuchend herauszufinden, in welche Richtung das Ganze geht. Es identifiziert sich gerne mit dem Mainstream, weil es ihm vermeintliche Sicherheit suggeriert. Sobald es aber seine eigene Offenheit richtig begreift, kann es hochsensibel sein und dabei erkennen, ob die Richtung die falsche ist. Es kann die Gruppe warnen, wenn diese wie die Lemminge auf den Abgrund zurast. Hört das offene Selbst damit auf, sich zu identifizieren und folgt es seiner zarten inneren Aufmerksamkeit, dann sind solche Menschen große Geschenke für die ganze Gemeinschaft.

Milz-Zentrum (47 % offen)

Ein definiertes Milz-Zentrum weiß im Allgemeinen, was ihm guttut und was nicht. Denn die Milz ist nicht korrumpierbar. Hier gibt es nur Wohlfühlen oder Unwohlsein. Das Milz-Zentrum kennt keine Zwischenstufen. Menschen mit definiertem Milz-Zentrum sind deshalb stark wertend. Es gibt nur Schwarz oder Weiß. Das mag ich, das mag ich nicht. Das schmeckt mir, das schmeckt mir nicht. Den kann ich riechen, jenen kann ich überhaupt nicht riechen. Aus diesem klaren instinktsicheren Erkennen für sich selbst heraus wird vom Gegenüber angenommen, dass es den gleichen Geschmack besitzt. Doch jedes Milz-Zentrum hat seinen völlig eigenen Geschmack, weil es seinen ganz individuellen Wohlfühl- und Überlebensmodus in sich eingebaut hat, der sich von anderen Milz-Zentren unterscheidet. So kann auch ein Mensch mit offenem Solar Plexus und definiertem Milz-Zentrum extrem übel gelaunt sein, wenn das, was er gerade erlebt, überhaupt nicht seinem Geschmack entspricht. Aber im Gegensatz zum Solar Plexus gibt es bei der Milz keine Wellen, entweder trifft es den Geschmack oder nicht. Das Milz-Zentrum ist ein Körper-Wahrnehmungszentrum. Gesundheit bedeutet aber auch immer mehr als nur das Körperliche.

Die Milz hat die Bewusstheit im Jetzt und fragt immer: Was ist für mein System kompatibel und was nicht? Was nicht passt, wird rigide aussortiert und muss draußen bleiben. Sie erkennt beispielsweise augenblicklich, dass ein Erreger in den Körper eindringt. Sie erinnert sich, ob sie ihn schon einmal abgewehrt hat, und erwidert aus dem Körper heraus mit einer Gegenwaffe, um das System zu schützen. Dies läuft völlig unbewusst ab.

Die definierte Milz kann das Gefühl der Unverwundbarkeit haben, was in der Folge zur Überforderung des Körpers und zu gesundheitlichen Problemen führt.

Dem definierten Milz-Zentrum erscheint das offene sehr anziehend, denn es nimmt seine Vor- und Ratschläge leichter auf. Auch lässt sich das offene zu allerlei verleiten, so auch zu Spontaneität, was dann für ein offenes ungesund ist.

Umgekehrt kann ein definiertes Milz-Zentrum auf Empfehlungen des offenen sehr ablehnend reagieren, nach dem Motto: „Nur ich weiß, was mir guttut!" Was in der Sache korrekt ist. Der ganze Bereich der Fürsorge ist davon betroffen. Ich erlebe es immer wieder, dass es Menschen mit definiertem Milz-Zentrum gar nicht mögen, wenn ich sie mit meinem offenen Milz-Zentrum bediene. Nicht selten höre ich dann sinngemäß Sätze wie: „Du weißt ja gar nicht, wie viel ich von was essen möchte, also überlass mir die Auswahl!" Diese Menschen kennen meist das Human

Design und ihre individuellen Anlagen nicht. Aber sie spüren, dass meine Fürsorge für sie nicht authentisch ist und dass nur sie es sind, die sich selbst korrekt mit Essen versorgen können.

Das definierte Milz-Zentrum will das offene allerdings überzeugen: „Was für mich richtig ist, ist für alle richtig, also auch für dich!" Deshalb finden wir hier auch gerne den missionarischen Eifer für eine bestimmte Lebens- oder Ernährungsweise, aber auch für eine bestimmte logisch untermauerte politische oder weltanschauliche Einstellung.

Die offene Milz macht sich gerne von der definierten abhängig und lässt sich zu Aktivitäten verführen, die ihr schaden. Sie fürchtet nichts so sehr wie das Alleinsein und Verlassenwerden. Deshalb dürfen Kinder mit einem offenen Milz-Zentrum von den Eltern niemals zur Strafe alleine aufs Zimmer geschickt werden. Ihr Verlassenheitsgefühl ist nämlich unerträglich, da sie sich aufs Tiefste abgelehnt fühlen.

Die offene Milz lässt sich von der definierten gerne mitreißen, Dinge zu tun, die ihr nicht guttun, weil sie Angst hat, die Zugehörigkeit zur definierten zu verlieren und damit das Gefühl der Geborgenheit aufs Spiel zu setzen.

Eine offene Milz besitzt eine gewisse Inflexibilität, denn sie kann sich immer schlecht von Menschen, Situationen und Beschäftigungen im Alltag loseisen. Für sie reicht es nicht, kurz Tschüss zu sagen und dann zu gehen. Nein, sie ist ein wahrer Meister der Verabschiedungsfloskeln und ihr fällt immer noch etwas ein, was sie sagen wollte, wenn sie in der Türe steht. Kurze Telefongespräche sind bei Menschen mit offenem Milz-Zentrum auch eher die Ausnahme. Hat ein Partner das Milz-Zentrum angelegt, kann er überhaupt nicht verstehen, warum das Verabschieden immerzu ein solcher Akt sein muss, und er fühlt sich dadurch verständlicherweise genervt. Loslassen ist einfach ein großes Thema für das offene Milz-Zentrum, im Kleinen wie im Großen. Man will dem anderen immer ein gutes Gefühl zurücklassen, denn die Konfrontationsbereitschaft einer offenen Milz ist gering. Man hat Angst, Zugehörigkeiten zu verlieren, und sagt lieber ein nettes Wort mehr, so dass der andere einen in guter Erinnerung behält. Nicht nur, dass ungesunde Gewohnheiten schlecht losgelassen werden können, man kann auch schlecht von Tätigkeiten lassen, obwohl man schon lange nicht mehr sitzen oder stehen kann. Dieses Beharrungsvermögen der offenen Milz lässt sie meist länger verweilen als richtig wäre, so dass auch Pünktlichkeit ein großes Thema ist. Die notorischen Zuspätkommer sind in den meisten Fällen Menschen mit einem offenen Milz-Zentrum. Unpünktlichkeit kann im täglichen Miteinander von Menschen mit offener und definierter Milz ein fortwährender Streitpunkt sein.

Die Milz ist ein Bewusstheits-Zentrum. Wer sie angelegt hat, verfügt über einen natürlichen Stabilitätsfaktor in seinem Körper. Dieser ist an die leise innere Stimme gekoppelt, die sich aber nur einmal pro Situation meldet. Diese leise innere Stimme ist die Art und Weise, wie sich eine definierte Milz artikuliert. Hört der Mensch auf sie, entscheidet er so, wie es für ihn und seine Gesundheit zum Besten ist. Da diese Menschen innerlich unabhängiger sind, gehen sie nicht automatisch jeder Auseinandersetzung aus dem Weg, und sie können Streitsituationen meist mühelos austragen und aushalten.

Das offene Milz-Zentrum gilt als treu und anhänglich, was geschätzte Eigenschaften sind. Der Schatten davon ist Abhängigkeit. Das kann so weit führen, dass man sich nur dann lebendig fühlt, wenn der geliebte Mensch, der einem das Milz-Zentrum definiert, zugegen ist. So jemand kann dann sagen: „Ich lebte nur, wenn mein Partner am Wochenende da war." Aber ein solcher Mensch kann den Wert des Alleinseins erlernen und auch die befreiende und bestärkende Kraft erleben, wenn er alleine in der Natur unterwegs ist.

Ein häufiges Muster zwischen offener und definierter Milz, aber auch zwischen zwei angelegten Milz-Zentren, ist die Co-Abhängigkeit. In jedem Fall gilt (für die offene Milz im Besonderen): Wann immer Sie jemand schlecht behandelt, zurückweist oder verletzt, dürfen, und müssen Sie sogar, gehen. Aber was machen Sie stattdessen? Sie pumpen noch mehr Fürsorge und Energie in den anderen hinein. Wieder und wieder setzen Sie sich derselben Situation aus. Dabei schwingen Sie sich zum Retter auf und verleugnen sich selbst mehr und mehr. So machen Sie sich zum Spielball der Bedürfnisse des anderen. Das ist Ihnen wahrscheinlich genauso wenig bewusst wie dem anderen. Sie bekommen hier keine Liebe, keine Heilung und keinen Trost. Sie befinden sich nämlich in Co-Abhängigkeit zum anderen. Sie geben all ihre Fürsorge für diesen krankmachenden Mechanismus und entwickeln dabei Suchtverhalten (Essstörungen, Alkohol, Drogen), um die Gefühle Ihrer Ohnmacht und Selbstaufgabe nicht spüren zu müssen. Co-Abhängige neigen dazu, sich selbst so zu verbiegen, dass sie ihre eigene Wahrheit nicht mehr spüren. Sie können für die Situation anderer so viel Verständnis aufbringen, dass sie völlig vergessen, dass sie selbst auch eine Wahrheit haben.

Bevor Sie wie ferngesteuert dem anderen etwas geben, kann es sehr unterstützend sein, sich selbst zu fragen: „Will ich das wirklich?" Die Betonung liegt auf „ich". Andernfalls verausgaben Sie sich über Gebühr, weil Sie in Ihrem gewohnten Muster feststecken.

Ein offenes Milz-Zentrum hat ein extrem lernfähiges Immunsystem, aber nur dann, wenn man sich die Zeit nimmt, Krankheiten auszukurieren. Von Natur aus ist der Mensch mit definiertem Milz-Zentrum der gesündere und robustere, was dazu verleitet, seinen Körper überzustrapazieren und die leise Warnstimme des definierten Milz-Zentrums zu überhören. An dieser Stelle kann das definierte Milz-Zentrum tatsächlich der sicheren Wahrnehmung des offenen Milz-Zentrums vertrauen, das ein guter Körperdiagnostiker ist.

Die Milz hat das Talent zu spüren, woher der Wind weht. Die Milz ist auch auf die kollektive Zukunft ausgerichtet, weil zwei ihrer Kanäle logisch-kollektive Qualitäten haben (18-58 und 16-48). Die kleinste Verschmutzung kann das ganze System verschmutzen mit weitreichenden Folgen für die Zukunft. Hat etwa damals das kollektive Massenimmunsystem versagt, um einen wie Hitler hochkommen zu lassen?

Wie gehen wir jetzt mit der Bedrohung der Demokratie um? Mit Populismus? Davon wird unsere Zukunft abhängen.

Verstandes-/Ajna-Zentrum (51 % offen)

Ein offener Verstand kann alles denken und ist von daher eher flexibel als der definierte, so heißt es. Aber wenn diese Menschen an einer bestimmten Meinung oder Vorstellung Gefallen finden, können sie diese mit Klauen und Zähnen verteidigen. Ist ein offenes Ajna-Zentrum von einem Konzept überzeugt, wird es bis aufs Blut verteidigt. Bei diesen Menschen können wir geistigen Fanatismus finden. Hören Sie sich die Reden von Hitler an – oder das Hörbuch „Er ist wieder da", das auch verfilmt wurde, in dem Schauspieler Hitler mimen, dann wissen Sie, was ich meine.

Die Definierten spüren, dass sie gar keine Chance haben, den Offenen umzustimmen und sagen dann oft nicht mehr viel. Sie verzichten darauf, ihre persönliche

Einstellung zum Ausdruck zu bringen. Sind noch andere Zentren beim nicht-definierten Verstand offen, sind diese immer ein Verstärker für das Nicht-Selbst des offenen Verstandes. Dann kommt es durch die von außen zusätzlich aufgenommene Energie zu imposanten Auftritten, so dass sich das Gegenüber fürchtet zu widersprechen. Natürlich ist es in dem Fall immer die Fremdenergie, die beim nicht-definierten Verstand dann zur Wirkung gelangt. Deswegen kommen einem solche Darbietungen bei genauem und distanziertem Hinsehen lächerlich vor, vergleichbar mit einem Puter, der sich aus Imponiergehabe aufplustert. Aus diesem Grund erscheint ja auch Hitler so grotesk und wird bevorzugt parodiert.

Was Menschen mit offenem Verstand denken, ist davon abhängig, wie sie durch ihre Herkunft sozialisiert sind, und zusätzlich davon, was ihr aktuelles Umfeld denkt.

Beim offenen Verstand können wir auch auf den „geistigen Kurzzeit-Fanatiker" treffen, der seine augenblickliche Meinung mit großer Vehemenz vertritt, sie aber sehr schnell wieder vergisst. Wird er Tage später darauf angesprochen, weiß er oft gar nicht mehr, wovon die Rede ist, nach dem Motto: Was interessiert mich mein Geschwätz von gestern?

Konnte der definierte Verstand seine Meinung verbalisieren, kann es vorkommen, dass der offene Verstand irgendwann später das bereits Gesagte als seine neueste Erkenntnis zum Besten gibt. Dass sich ein definierter Verstand dabei verschaukelt fühlt, ist selbstredend. Menschen mit definiertem Verstand tun gut daran, die Worte von Menschen mit offenem Verstand nicht allzu wörtlich zu nehmen – was nicht leichtfällt, wenn beispielsweise auch noch das Emotional-Zentrum und/oder die Kehle bei den Menschen mit dem nicht-definierten Verstand offen sind. So bekommt das Gesagte eine emotional übertriebene Brisanz, der man sich nur schwer entziehen kann.

Ich, mit meinem definierten Verstand, empfinde solche Situationen als illoyal, kann aber inzwischen damit umgehen, weil ich weiß, dass der offene Verstand nicht aus böser Absicht heraus derart agiert.

Als ich meinen Mann, der über einen offenen Verstand verfügt, ein paar Wochen lang kannte, zeigte er mir eines Tages eine Flasche Champagner und meinte: „Weißt du, was? Den trinken wir gemeinsam zu einem besonderen Anlass!" Einige Zeit später besuchte ich ihn überraschend und fand ihn mit einer früheren Freundin im Wohnzimmer plaudernd vor, den besagten Champagner trinkend. Ich war schockiert, denn was sich meinen Augen bot, empfand ich als Verrat. Wir hatten anschließend unseren ersten wirklich großen Streit. Immer wieder beteuerte er mir, dass er sich gar nicht mehr an seine Worte erinnern könne und mich damit nicht verletzen wollte.

Mittlerweile kam Human Design in mein Leben, was mein Verständnis für die Mitmenschen, auch die mit offenem Verstand, erweiterte. Ähnliche Situationen passieren mir auch heute noch mit meinem Mann, aber eher selten. Wie sagt mein Mann dann immer so rührend: „Weißt du, ich bin halt flexibel!" Er hat damit Recht. Im Gegensatz dazu beharrt ein definierter Verstand auf seiner Meinung und kann nur selten davon abgebracht werden, was ihm natürlich eine gewisse Zuverlässigkeit gibt in dem einmal Gesagten und Gemeinten, aber auch eine gewisse Schwerfälligkeit.

Ein definierter Verstand kann missgestimmt sein, selbst dann, wenn die beiden anderen Bewusstheitszentren, Solar Plexus und Milz, offen sind. Wird er in seinen individuellen Einsichten (61-24, 43-23) oder seinen logisch untermauerten Meinungen (63-4, 17-62) oder seinen sinnführenden Ideen (64-47, 11-56) nicht gehört bzw. respektiert, kann seine Stimmung massiv in den Keller rutschen. Natürlich finden wir auch beim definierten Verstand den Missionierungseifer, den keiner mag. Am besten kann ein solcher Mensch von anderen gehört und ernst genommen werden, wenn er gefragt oder eingeladen wurde, sein Statement darzulegen. Denn die angesprochenen Kanäle haben alle Projektor-Qualität.

Der offene Verstand versucht händeringend, sich eine Meinung zu bilden, um nicht als dumm angesehen zu werden, falls er nach seiner Meinung gefragt wird. Solche Menschen lesen bevorzugt Zeitungen oder Zeitschriften oder bestimmte Seiten im Internet, die Meinungen mitliefern. Möge diesen Personen zum Trost gesagt sein, die richtige Meinung gibt es nicht. Nicht selten übernehmen sie die Meinung der Gruppe, zu der sie gehören wollen.

Um es mit den Worten Tommy Jauds zu sagen: „Es gibt einfach Dinge in dieser Welt, zu denen muss man keine Meinung haben." Legen Sie dennoch Wert auf eine eigene Meinung, möchte ich Sie ebenfalls auf Tommy Jaud verweisen. In seinem Buch gibt er Ihnen eine Anleitung, wie man sich in 10 Schritten eine Meinung bildet.

Möglicherweise ist mein Mann inzwischen von mir mit meinem definierten Verstand mehr genervt, als ich von ihm mit seinem offenen. Denn ich bringe Themen auf den Tisch, die mich geistig beschäftigen, jedoch ihn oft nur peripher interessieren. Er kann auch leichter als ich von mentalen Inhalten Abstand nehmen, so dass er im Allgemeinen über einen ruhigeren Schlaf als ich verfügt.

Niemand sollte mit seinem Verstand Entscheidungen treffen, unabhängig davon, ob er einen offenen oder definierten Verstand hat, denn der Verstand kann alles denken und führt uns dadurch zwangsläufig in die Irre. Der Verstand, ob offen oder definiert, versucht alles, um unsere mühsam aufgebauten Weltbilder und Auffassungen aufrechtzuerhalten, selbst wenn sie noch so absurd sind. Der Philosoph Michel de Montaigne erkannte schon in der Renaissance: „Von nichts sind wir fester überzeugt als von dem, worüber wir am wenigsten Bescheid wissen."

Der Verstand liebt es zu bewerten. Er kann sich bei den vielen gewünschten (oder gar geforderten) Internet-Bewertungen regelrecht austoben. Auch kann er dogmatisch seine Meinung vertreten, um dann keinen Millimeter davon abzurücken. Die meisten Menschen bevollmächtigen ihren Verstand, die Welt in Gut und Böse einzuteilen, indem sie als verbale Scharfrichter urteilen und verurteilen. Die sogenannten sozialen Netzwerke bieten diesbezüglich ungeahnte Möglichkeiten. Mögen Sie Eichhörnchen? Sind diese possierlichen Tierchen etwa böse, weil sie Jungvögel fressen, um ihre eigenen Jungen zu ernähren?

Der Verstand hat auch die Eigenschaft, sich gedanklich stark festbeißen zu können, was als Sorgen wahrgenommen wird und für den einzelnen Menschen sehr belastend ist. Die mentalen Probleme, die im Kopf herumspuken und gar nicht real sind, werden bis in die Nacht hinein hin- und hergewälzt, so dass nicht selten Schlaflosigkeit die Folge ist. Wir können unser Hirn mit Vorstellungen zermartern, wie wir es hätten besser machen können, und mit Zukunftsszenarien, die einem Horrorfilm gleichen. Meist versuchen wir auch, aus den Erfahrungen der Vergangenheit Lösungen für die Zukunft zu finden, und übersehen dabei, dass Menschen immer und überall in vielfältigster und nicht nachvollziehbarer Weise miteinander interagieren. Die Komplexität der Welt erzeugt Unvorhersehbarkeit und Chaos, nicht nur bei der Wettervorhersage und den Aktienmärkten, sondern in allen unseren persönlichen Lebensbereichen. Mit dem Verstand können wir die Unwägbarkeiten des Lebens nicht in den Griff bekommen. Jeder, der das behauptet, ist blind für die Realität und belügt sich selbst.

Was kann konkret unternommen werden, um aus dem mentalen Gedankenrad herauszukommen? Auf keinen Fall sollten Sie sich zurückziehen und grübeln. Gehen Sie unter Leute! Die brauchen Sie nicht einmal persönlich zu kennen. Wenn Sie in der Aura anderer sind, zum Beispiel im Kino oder in einem Café, kommen Sie, aufgrund der aurischen Anschlüsse, die dort möglich sind, auf andere Gedanken. Auch tut es sehr gut, in die Natur zu gehen, entweder in den Wald oder in den Garten, so dass Sie mit den Füßen Kontakt zum Boden haben. Pflanzen verfügen über ein Milz-Zentrum und können uns erden und ins Jetzt bringen. Um die gedankliche Tretmühle zu stoppen oder in eine andere Richtung zu bringen, hilft es sehr, Musik zu hören. Je unberechenbarer dabei die Tonfolge ist, umso besser, wie das bei der Obertonmusik der Fall ist, aus der sich Rock-Pop und Jazz entwickelt haben. Das Ohr geht nach innen und das Auge nach außen. Der Hörende ist also bei sich, im Hier und Jetzt. Joachim-Ernst Berendt betont: „Wir könnten Radioempfänger sein, nicht nur Scheinwerfer."Probieren Sie es einfach aus! Auch wenn Ihr Verstand zunächst protestieren wird, so ist das bedeutungslos, denn das macht er immer, weil er unser interner Besserwisser ist.

Übrigens, sobald wir uns korrekt entschieden haben, gibt der Verstand Ruhe. Also ist er durchaus belehrbar.

Kopf-Zentrum/Krone/Inspiration (71 % offen)
Wer ein definiertes Kopf-Zentrum hat, der kann immer denken. Aber das, was gedacht wird, kann nur dann zum Ausdruck gebracht werden, wenn ein Anschluss an die Kehle da ist. Fehlt der Anschluss, kann das ewig laufende Gedankenrad anstrengend sein. In der Aura anderer Menschen kommt man auf andere Gedanken. Das kann eine enorme Erleichterung für den Menschen sein. Doch solange der Mensch mit definiertem Kopf alleine ist, hört das Nachdenken nicht auf.

Ist ein offener Kopf in der Aura eines definierten, denkt er auch unentwegt über irgendetwas nach und kann dabei von Zweifel und Verwirrung überwältigt werden, was ebenfalls als belastend erlebt wird. Genauso kann der offene Kopf von den Sorgen und Fragen des definierten übermannt werden. Hier hilft es, aus der Aura des anderen zu gehen. Uns allen muss klar sein, dass wir durch Grübeln persönliche Probleme niemals lösen können. Wann die Lösungen kommen, können wir nicht steuern. Sie haben ihr eigenes Timing. Selbst wenn auf offene Fragen mentale Antworten gefunden werden, heißt das niemals, daraus eine Handlung abzuleiten. Der Kopf kann nicht handeln. Er ist kein Motor-Zentrum.

Der offene Kopf sollte sich fragen: Ist das jetzt für mein Leben und mein Überleben wichtig?

Wer ein offenes Kopf-Zentrum hat, der verliert sehr schnell den Fokus, weil er sich einfach für alles interessieren kann. In der heutigen Zeit, mit Internet, kann das ein großes Dilemma sein. Gesetzt den Fall, man sucht im Internet nach einer bestimmten Auskunft. Dann tauchen so viele Links zum Thema auf, dass sich der Sucher schnell im Dickicht der Informationen verirrt. Schlussendlich weiß er gar nicht mehr, nach welchem Suchbegriff er schauen wollte.

Natürlich kann ein definiertes Kopf-Zentrum von der leichten Ablenkbarkeit eines offenen genervt sein. Wenn der Offene die Problemthemen des Definierten zu seiner Chefsache macht, wird dem Definierten dadurch nicht geholfen. Seine Sorgen erfahren dadurch eine Dramatisierung, die keineswegs zu einer Lösung führt.

Mit einer offenen Inspiration wird Ihr Leben niemals langweilig werden, weil Sie sich für so Vieles geistig öffnen können. Ihr momentan favorisiertes Interessensgebiet wird natürlich immer von den Menschen beeinflusst, die in Ihrem Umfeld sind. Sie sollten aber nur für solche Inspirationen offen sein, die Ihnen guttun.

Wurzel-Zentrum (42 % offen)

Menschen, die ihre Wurzel angelegt haben, besitzen ein tief verwurzeltes Vertrauen in die Welt und in das Leben, was sie für Menschen mit offenem Wurzel-Zentrum attraktiv macht. Denn diese fühlen sich dann geerdeter, als wenn sie alleine sind.

Da das definierte Wurzel-Zentrum auch immer Stress ausübt, allein kraft seiner Aura, kann es auf Dauer als unangenehm erlebt werden, denn ein Mensch mit offener Wurzel mag das Leben am liebsten ohne Stress. Permanenter Stress würde ihm auch ganz schön zusetzen. Denn das offene Wurzel-Zentrum hat dann die Neigung, Dinge ganz schnell zu erledigen und dabei können sehr leicht Pannen und Missgeschicke passieren.

Während die definierte Wurzel sich selbst unter Druck setzen kann und dabei wunderbar in die Gänge kommt, springt die offene Wurzel dann los, wenn der Druck von außen kommt, entweder durch einen Menschen in der Nähe oder durch einen Planeten-Transit.

Immer, wenn langsam laufende Planeten in einem Tor im Wurzel-Zentrum stehen, so wie die letzten Jahre Pluto im Tor 38 und jetzt im Tor 54, ist der allgemeine gesellschaftliche Stresslevel sehr hoch, was übrigens gut spürbar ist, wenn man im Straßenverkehr unterwegs ist.

Ein definiertes Wurzel-Zentrum kann durchaus auch einem ebenfalls definierten Druck machen, wenn andere Kanäle angelegt sind als die eigenen, aber es kann besser als ein offenes Wurzel-Zentrum damit umgehen. Allerdings kann auch ein Offenes ein Definiertes durch seine Hyperaktivität in den Wahnsinn treiben, weil sie sich dann beide gegenseitig hochschaukeln. Hier hilft nur eines: aus der Aura des jeweils anderen herauszugehen. Deshalb winkt mir mein Mann nicht mehr hinterher, wenn ich mit dem Auto aus unserer Hofeinfahrt fahre. Ich fühle mich mit meinem offenen von seinem definierten Wurzel-Zentrum oft so irritiert, dass ich einmal schon fast den Begrenzungspfeiler der Einfahrt gerammt hätte, und wir haben wahrlich eine breite Hofeinfahrt.

Ein definiertes Wurzel-Zentrum suggeriert Sicherheit, das aktuelle Lieblingswort der Deutschen, und täuscht darüber hinweg, dass es die Sicherheit nicht gibt. In existenziell unsicheren Zeiten fühlt sich ein offenes Wurzel-Zentrum ganz besonders verunsichert. Von vielen Betrügern wird genau dieses weit verbreitete Gefühl der Unsicherheit schamlos durch den sogenannten Enkel-Trick ausgenutzt und manch anderen perfiden Betrug. Dabei werden Menschen unter Druck gesetzt, möglichst schnell geforderte Geldsummen zu überweisen oder an einen Boten zu übergeben, um dadurch etwas vorgetäuscht Schlimmes zu verhindern. Angst macht blind und verführt zu vorschnellen Handlungen, die sich im Nachhinein als katastrophaler Irrtum herausstellen. Dabei überschwemmt Adrenalin das System und erzeugt Stress, wodurch die innere Klarheit blockiert wird.

Definierte Wurzel-Zentren erwarten, dass andere demselben Druck standhalten können wie sie selbst, womit andere, insbesondere offene Wurzel-Zentren, überfordert werden. Ein definiertes Wurzel-Zentrum darf seinen inneren Druck nicht zurückhalten, sonst können physische und psychische Probleme die Folgen sein. Die Luft muss raus, sonst platzt der Reifen. Ein guter Weg, um innere Spannungsgefühle loszuwerden, ist immer die sportliche Betätigung.

Bei einem offenen Wurzel-Zentrum genügt schon ein Telefonanruf zur Unzeit, zum Beispiel während man auf dem Weg ins Bett ist oder in fröhlicher Runde mit Freunden zusammensitzt, um innerlich aufgebracht zu sein: „Wer will jetzt schon wieder etwas von mir? Wer stört mich jetzt?" Objektiv und wertfrei betrachtet klingelt gerade das Telefon, nicht mehr und nicht weniger. Aber das offene Wurzel-Zentrum fühlt sich gestört und nimmt diesen Sachverhalt persönlich. Es ist die Angst, jemand möchte mich aus der momentan gemütlichen Situation herausreißen. Das Unbekannte von außen wird zur persönlichen Bedrohung gemacht, ohne zu wissen, wer anruft und warum. Dieser selbstgemachte Stress ist absolut unnötig. Hier steigt der Adrenalinspiegel grundlos, was auf Dauer krankmacht. Dauerstress lässt das vegetative Nervensystem entgleisen und schwächt das Immunsystem enorm.

Leider haben wir alle gelernt, auf Dinge, die von außen kommen, wie ein Automat zu reagieren. Eine solche Verhaltensweise ist für Menschen mit offenen Druck-Zentren durchaus normal, aber keinesfalls wünschenswert.

Wie können solche Reaktionsmuster beendet und transformiert werden? Indem ich mich beobachte und ganz bei dem bleibe, was ich gerade erlebe. Indem ich meine Gedanken und die damit verbundenen Emotionen bewusst betrachte und ein paar ruhige Atemzüge mache. Erst dann vermag ich meiner korrekten Strategie zu folgen. Und wenn ich das Telefon zu spät erreiche oder erst gar nicht aufstehe, ist es auch kein Beinbruch. Dafür gibt es einen Anrufbeantworter. Wir können solche Erlebnisse vielleicht auch schriftlich festhalten, in Form eines Tagebuches. Und wir können uns auch gegenseitig solche Vorkommnisse erzählen, aber nicht, um uns gegenseitig zu bemitleiden und damit unsere Opferrolle zu zementieren, sondern um klarer zu sehen, welches Spiel wir mit uns selber treiben. Hören Sie sich selbst gut zu! Wie oft fällt bei Ihnen das Wort „schnell", ein Lieblingswort des offenen Wurzel-Zentrums? Maja Storch spricht davon, wie Sprache die Stimmung beeinflussen kann. Das Wort „schnell" bezeichnet sie als ein „Killerwort". Warum? Zum einen übt es Zeitdruck auf die Person aus, die es in den Mund nimmt und zum anderen wird übertastet agiert, weil die tatsächliche Zeit, die ein Projekt benötigt, nicht berücksichtigt wird. Und dann passieren natürlich Fehler.

Offene Wurzel-Zentren wollen alle anfallenden Arbeiten möglichst schnell erledigen, auch solche, die überhaupt nicht wichtig sind, um innerlich frei von Druck zu sein. Es sind die Menschen, die immerzu etwas müssen und To-Do-Listen aufstellen. Wie sieht Tommy Jaud das Thema? „Ist Ihnen eigentlich mal aufgefallen, dass ... das Wort Tod in ToD-o-Liste steckt?" Und weiter meint er: „To-Do-Listen führen zum Tunnel-Blick." Auch mit den folgenden Anmerkungen trifft er den Nagel auf den Kopf: „Je weniger Sie müssen, desto mehr können Sie!"

„Was du heute kannst besorgen, machste gar nicht oder morgen!"

Mark Twain hat sich ebenfalls mit dem Thema beschäftigt: „Verschiebe nicht auf morgen, was genauso gut auf übermorgen verschoben werden kann."

Berücksichtigen Sie, als Mensch mit einem offenen Wurzel-Zentrum, gemäß Tommy Jaud: „Sie können nur eine Sache auf einmal machen! Sie können zur gleichen Zeit nur an einem Ort sein!" Klingt alles vollkommen logisch und trotzdem tappen wir so schnell in die Falle des nicht-angelegten Wurzel-Zentrums.

Wenn Sie mit offenem Wurzel-Zentrum innerlich in Panik geraten und unangenehme Tätigkeiten schnell hinter sich bringen wollen, sollten Ihre inneren Alarmglocken läuten. Dann heißt es erst einmal: In Ruhe durchatmen und abwarten!

Diese Menschen sollten nicht in Firmen arbeiten, wo Zeitdruck zum Tagesgeschäft gehört.

Ein Taschendieb wurde einmal gefragt: „Woran erkennst du dein potentielles Opfer?" Seine Antwort: „Am Tritt!" Am Tritt kann man nämlich ablesen, wie geerdet und sicher jemand auf seinen Beinen und in seinem Leben steht. Der Mensch mit definiertem Wurzel-Zentrum haut seine Fersen in den Boden und erzeugt damit in seiner Umgebung Druck. Um ihn macht der Taschendieb einen großen Bogen.

Die Herausforderung für ein offenes Wurzel-Zentrum besteht auch darin, Lampenfieber zu akzeptieren. In Verbindung damit steht jedoch die besondere Gabe, vor Publikum auf einer Bühne, mit Hilfe der Adrenalinkraft der anderen, alle begeistert mitreißen zu können. Das offene Wurzel-Zentrum kann demnach die Stimmung anheizen.

Sakral-Zentrum (33 % offen)
Menschen mit definiertem Sakral-Zentrum können sich zu Tode arbeiten. Da der sakrale Motor 24 Stunden am Tag auf Bereitschaft steht, passiert es leicht, dass übersehen wird, wann es zu viel wird. Wenn nicht rechtzeitig gestoppt wird – das ist der Zeitpunkt, wenn man redlich müde ist – dann kann man so sehr überdreht sein, dass man schlecht zur Ruhe findet.

Ist ein offenes Sakral-Zentrum in der Aura eines definierten, treibt das offene an, denn das offene nimmt die Energie des definierten auf, übertreibt maßlos und zieht das definierte mit. Sie peitschen sich dann gegenseitig hoch. Das ist auf Dauer eine ungesunde Kombination für beide Beteiligten. Hier macht es großen Sinn, getrennte Schlafplätze zu haben und sich überhaupt immer wieder voneinander zurückzuziehen. Dies ist auch der Grund, wieso sich Generator-Eltern mit Kindern, die ein offenes Sakral-Zentrum haben, oft so sehr genervt und strapaziert fühlen. Sie unterliegen nämlich der Illusion, dass ihr Kind nie müde wird, und legen ungewohnte Nachtschichten gemeinsam mit dem Kind ein. Dabei ist es ganz normal, dass das Kind mit dem offenen Sakral-Zentrum nicht sofort einschlafen kann. Es braucht noch ein bisschen Zeit für sich, bevor es die Augen zum Schlafen schließt. Es kann etwas lesen oder ein Bilderbuch anschauen, bevor es langsam in den Schlaf hineingleitet. Das Kind muss aber dabei alleine gelassen werden, außerhalb der Aura sakral-definierter Menschen sein, damit es zur Ruhe kommen und einschlafen kann. Wenn Generator-Eltern von ihrem sakral-offenen Kind glauben, dass es grenzenlos Kraft zur Verfügung hat, besteht die Gefahr, dass dieses Kind permanent überfordert wird. Dabei projizieren die Eltern ihre eigene Ausdauerkraft auf das Kind. Selbst für die sakral-offenen Menschen fühlt es sich immer wieder so an, als ob sie unglaublich viel Energie hätten, wenn sie in der Aura von Generatoren sind. Als Folge davon sind sie dann bald völlig erschöpft und gezwungen, Pause zu machen. Eine Projektor-Frau, die beruflich selbständig ist, erzählte mir mal: „Ich arbeite eine Woche lang wie verrückt, die Woche darauf mache ich dann gar nichts und so geht es das ganze Jahr hindurch."

Die sakral-offenen Menschen müssen einfach Pause machen, weil sonst gar nichts mehr geht. Deshalb enden diese Menschen weniger im Burnout. Auch sind sie meist zu schlau, als dass sie sich arbeitsmäßig ausbeuten lassen.

Die klassischen Burnouter sind für mich die Generatoren und die Manifestierenden Generatoren, weil sie aus sich selbst heraus immer Kraft haben. Dabei wird die Überforderung oft erst zu spät registriert.

So manchen meiner Kursteilnehmer mit offenem Sakral-Zentrum habe ich sagen hören: „Der Generator ist doch zum Arbeiten da, weil er am meisten Kraft von allen besitzt. Warum soll ich mir dann ein Bein ausreißen?" Das mit der Kraft stimmt, aber die Generatoren sind die schöpferischen Erbauer der Welt, die nur dann ohne Frust arbeiten können, wenn sie die für sie richtige Arbeit verrichten und nicht die Arbeit erledigen, worauf die Menschen mit den offenen Sakral-Zentren keine Lust haben. Die ganze materielle Welt, die uns umgibt, in Form von Häusern, Parks, Straßen, Autos etc., geht auf das Konto der generierenden Kraft. Generatoren sind die Erbauer der Zivilisation, in der wir alle leben. Nur, weil wir unsere materielle Welt als selbstverständlich betrachten und nicht genauer hinschauen, wer die Schöpfer sind, gibt es so wenig Wertschätzung, auch von den Generatoren selbst, für ihr immenses Schaffenswerk. Ebenfalls bringen sie Fruchtbarkeit in die Welt, auch in Form von neuem Leben. Der Kanal der „Fruchtbarkeit", Kanal 59-6, ist ein Generator-Kanal wie auch Kanal 27-50, der die Fürsorge für die „Früchte" in sich trägt.

Die richtige Arbeit für Generatoren ist die Arbeit, die Spaß macht. Aber selbst dann brauchen sie Pausen. Wie das Wort schon sagt: Ein „Generator" braucht „Regeneration". Sonst ist „Degeneration" die Folge. Und wie leicht wird ein Generator von einem offenen Sakral-Zentrum im außen verführt. Um Energie zu sparen, entwickeln Manifestoren, Projektoren und Reflektoren allerlei Tricks, wie sie den Generator in Lohn und Arbeit bringen können. Dieser mag dann im schlimmsten Fall seine wertvolle Energie an Arbeiten verschwenden, die ihm zutiefst zuwider sind.

Die sakral Offenen sind oft übereifrig, weil sie es den Generatoren gleichtun wollen, aber sie können nicht verlässlich reagieren, weil es nicht in ihr Körpersystem eingebaut ist. Jedoch lernen sie häufig sehr schnell, wie sie effizienter arbeiten können, also in ihren Arbeitsabläufen Energie einsparen können. Stammen daher möglicherweise unsere allzeit beliebten Energiesparmodelle von sakral-offenen Menschen, allen voran von den Projektoren mit ihrer präzisen analytischen Beobachtungsgabe?

Auch durch die Zuhilfenahme technischer Neuerungen braucht ein sakral Offener weniger Kraft. Demzufolge müssen heutzutage die sakral Definierten nicht mehr zwangsweise als Arbeitssklaven herhalten. In großen Fabriken werden die gleichförmigen Arbeitsabläufe von Robotern erledigt.

Die Welt wird durch Menschen mit dem angelegten Sakral-Zentrum erbaut und am Laufen gehalten. Aber wie schnell verrutscht beim sakral Definierten „fruchtbar" in „furchtbar"! Immer dann, wenn nicht aus dem Bauch heraus reagiert wird und der Frust zunimmt, der dann wie bei einem Ozeandampfer als riesige Bugwelle vor sich hergeschoben wird. Sakral Definierte können sich gegenseitig in Ihrer Lust anstecken, wenn sie beim Richtigen gelandet sind und dabei tiefe Freude empfinden – aber auch in ihrem Frust, wenn Schluss mit *lust*ig ist. Frust zeigt sich häufig in Form von Schuldzuweisungen und Gereiztheit. Die Suche nach einem Sündenbock ist eine uralte Strategie, wodurch vorübergehend das Gefühl der Hilflosigkeit durch ein Gefühl der Kontrolle ersetzt wird. Wenn Sie dagegen genau hinschauen, was Sie gerade als „furchtbar" erleben, können Sie erkennen, dass Sie in etwas gelandet sind, was Ihrem wahren Wesen zutiefst gegen den Strich geht.

So kann die Grundstimmung von großer Heiterkeit und Begeisterung geprägt sein, aber ebenso von Überdruss und Lustlosigkeit.

Der sakral Definierte, der das Sagen hat (siehe Teil 2), bestimmt gerne den Lustfaktor in der Hoffnung, dass ihm die anderen folgen mögen. Dabei kann er übergriffig werden, so dass Sätze fallen wie: „Wir mögen das nicht!" Wenn es eigentlich heißen muss: „Ich mag das nicht!" Ein sakral Definierter kann niemals erwarten, dass ein anderer Mensch bzw. Generator für die gleiche Arbeit oder dieselbe sportliche Aktivität so brennt wie er.

Die Menschen mit offenem Sakral-Zentrum bewegen sich in den Extremen von energiegeladen und energielos. Die offenen Sakral-Zentren sind für die definierten gleichermaßen attraktiv, weil in sie alles Mögliche hineinprojiziert werden kann. So wird im offenen Sakral-Zentrum immerzu Sex-Appeal wahrgenommen. Dabei spiegelt der sakral Offene lediglich die sexuelle Anlage des sakral Definierten wider. Jedes Tor im Sakral-Zentrum beinhaltet eine bestimmte Art des Arbeitens, aber auch eine spezielle Weise, wie Sexualität gelebt werden will und zwar so, wie sich der Definierte im Offenen gespiegelt sieht. Wenn mein Gegenüber meine sexuellen Präferenzen widerspiegelt, dann nichts wie her mit ihm! – Das ist eine Mechanik, die uns aber in keiner Weise bewusst ist. Deshalb müssen wir Kinder mit offenem Sakral-Zentrum ganz besonders vor sexuellen Übergriffen schützen. Unsere in der Öffentlichkeit propagierten Sex-Idole sind fast ausschließlich Menschen mit offenem Sakral-Zentrum, wie zum Beispiel Marylin Monroe, Brigitte Bardot, Jennifer Aniston, Brad Pitt und George Clooney.

Da offene Zentren sehr verletzlich sind, müssen sakral-offene Menschen sehr achtsam in der Auswahl ihrer Sexual-Partner sein. Bei sakral Offenen können wir beides in Übertreibung finden: den Vamp und Aufreißer, genauso wie die Nonne und den Eunuchen. Nicht selten verwenden sakral Offene sexuell gefärbte Schimpfworte. Da wird die verhasste Frau dann zur „Hure" und der ungeliebte Mann zum „Wichser".

Zur Faszinationskraft eines offenen Sakral-Zentrums möchte ich mit Ihnen eine Begebenheit teilen, die im Herbst 2016 in den Medien zu hören und zu lesen war, nachdem sich Formel-1-Chef und Generator Bernie Ecclestone zu Wort meldete.

Als der Kampf um den Weltmeistertitel den Höhepunkt erreicht hatte, meinte Ecclestone, dass Lewis Hamilton ein würdigerer Weltmeister als Niko Roßberg wäre. Er begründete sein Statement damit, dass Hamilton die Formel 1 in die Welt trage, weil er in Talkshows gehe und auf roten Teppichen unterwegs sei. Der brav wirkende Teamkollege Roßberg wäre kein würdiger Weltmeister. Unter Marketinggesichtspunkten sei Hamilton unter den Fahrern die klare Nummer eins. So weit, so gut! Was dann folgte, klingt absurd: Sogar Kimi Räikkönen mache einen besseren Job als Roßberg, schob Ecclestone nach. Das klingt deshalb nicht nachvollziehbar, weil Räikkönen, im Gegensatz zu Roßberg, gänzlich auf Social-Media-Aktivitäten verzichtet.

Aufklärung über die Absurdität der Situation bringt hier lediglich der Blick auf die Körpergrafiken: Roßberg ist Generator, aber Hamilton und Räikkönen sind beide Projektoren. Ecclestone ist sich also durchaus der Außenwirkung dieser beiden Projektor-Fahrer bewusst, mit oder ohne roten Teppich. Wer weiß, vielleicht kommen beim Anblick dieser zwei jungen Männer gar die eigenen letzten Lebenssäfte des 86 Jahre alten Ecclestone in Wallung. Freundlicher ausgedrückt: Die Erwartungshaltung an offene Sakral-Zentren sind im außen sehr gut wahrnehmbar und die Träger derselben können deshalb hervorragend vermarktet werden.

Ein weiteres Beispiel für den Sex-Appeal eines Prominenten mit offenem Sakral-Zentrum: Als der einstige Skispringer Martin Schmitt, vom Typ her Projektor, seine sportlich erfolgreichsten Jahre hatte, hielten junge Mädchen im Zuschauerraum Plakate mit der Aufschrift hoch: "Martin, ich will ein Kind von dir!" Also reichte es nicht aus, weit zu springen, sondern er musste auch noch zur Spiegelfläche sexueller Vermehrungswünsche werden. Unlängst wurde Martin Schmitt bei einem Interview gefragt, wie dieses Verhalten der jungen Mädchen damals auf ihn gewirkt habe. Er meinte nur kurz, dass er sich überfordert gefühlt hätte, und wohl auch nicht wirklich habe nachvollziehen können, was das Ganze sollte.

Es ist Fluch und Segen zugleich, ein offenes Sakral-Zentrum zu haben. Die unausgesprochenen Erwartungshaltungen mögen mancherlei Wege ebnen, erzeugen aber auch viel Eifersucht und Neid bei den anderen und treiben den Sakral-Offenen leicht in die falsche Richtung, wenn er den Erwartungsdruck erfüllt und nicht der eigenen Autorität folgt.

Aber ähnlich ist es auch mit einem definierten Sakral-Zentrum. Es ist ein Segen, viel Kraft zu haben, aber die Falle besteht darin, die falsche Arbeit zu verrichten und sich zum Befehlsempfänger der Offenen machen zu lassen.

Wieder einmal mehr wird klar, es gibt kein besser und kein schlechter.

Kehl-Zentrum (29 % offen)

Das Kehl-Zentrum ist das Zentrum mit den meisten Toren, nämlich elf, ein Hinweis darauf, wie wichtig es für uns Menschen ist. Ohne Kehle geschieht nämlich nichts. Sie ist der große Umschlagplatz für Worte und Taten. Alle Kanäle enden in der Kehle, wo alles zum Ausdruck kommt.

Ist das Kehl-Zentrum angelegt, spricht und handelt der Mensch auf eine bestimmte Art und Weise.

Das Offene passt seine Sprechweise unbewusst seiner Umgebung an, ist also das Wiedergabemedium der definierten Tore und Kanäle in der Umgebung. Was das Definierte gerade sagen will, spricht mitunter das Offene aus. Auch machen sich die offenen Kehlen oft zum Sprachrohr für die anderen, weil keiner bereit ist, das Wort zu ergreifen. Wenn sie aber diejenigen sind, die unangenehme Themen zur Sprache bringen, machen sie sich mitunter unbeliebt. Auch bedeutet ihr Sprechen für die Gruppe keineswegs, dass sie dann auch zur Gruppe gehören.

Das offene Kehl-Zentrum buhlt um Aufmerksamkeit. Hier kann ihm so ziemlich jedes Mittel recht sein. Zum Beispiel tat Boris Becker viel, um gesehen zu werden, so auch Lady Gaga, der kein Outfit zu abgefahren ist, um Publicity zu bekommen.

Eine offene Kehle ist stark mit der Frage ihrer Außenwirkung befasst. Hier besteht die Gefahr, dass der Mensch sich inszeniert, anstatt er selbst zu sein. Die offene Kehle will um jeden Preis Aufmerksamkeit erregen. Zwei offene Kehlen machen sich gegenseitig zum Star. Das sind die Paare, die auffallen und aller Welt zeigen wollen, wie sie sich lieben und wie toll sie sind. Die beiden können sich so sehr an ihrem gemeinsamen Auftritt berauschen, dass sie Beziehungsprobleme lange Zeit nicht wahrnehmen.

Die Vielredner sind meist die offenen Kehl-Zentren. Sie tragen zu jedem Thema etwas bei und sind in ihrem Redefluss kaum zu stoppen. Auch können sie in vielen Sätzen und Ausschmückungen etwas sagen, wofür ein definiertes Kehl-Zentrum mit wenigen Sätzen auskommt. Mit ihrem Wortschwall können sie oft mehr Menschen als eine definierte Kehle erreichen, weil jeder Mensch auf andere Worte anspricht. Das ist durchaus ein Talent der offenen Kehl-Zentren, die begabte Redner sein können. In vielen Berufen, ganz besonders in Politik und Wirtschaft, ist das durchaus erwünscht und willkommen. Auch können sie ihre Worte so artikulieren und betonen, dass sie die Aufmerksamkeit im außen erreichen. So betrachtet ist es nie Dasselbe, wenn zwei Menschen das gleiche sagen.

Da sie meist das ausdrücken, was gerade an Themen vorhanden ist, und nicht das, was sie sich vorgenommen haben, können offene Kehlen sehr verunsichert sein.

Andererseits können offene Kehlen im Sprechen gut improvisieren, aber erst dann, wenn sie zu sich selbst Vertrauen gefasst haben, dass sie immer das Richtige sagen werden, nämlich das, was jetzt gerade gesagt werden muss. Ein wunderbares Beispiel für ein offenes Kehl-Zentrum ist für mich der Vatikan-Korrespondent und Romanautor Andreas Englisch, der des Öfteren Talk-Gast bei Markus Lanz war und scheinbar ohne Luft zu holen spricht. Er trägt nicht grundlos den Spitznamen das „Maschinengewehr Gottes". Die Show-Qualitäten eines offenen Kehl-Zentrums sind meist unübersehbar, wenn man beispielsweise Thomas Gottschalk und die Kabarettistin Luise Kinseher erlebt. Bei diesen Menschen gewinnt man den Eindruck, dass sie unbedingt auf die Bühne gehören.

Jedes offene Zentrum ist verletzlich, so sind es bei der offenen Kehle die Stimmorgane. Sänger mit offener Kehle wissen um drohendes Stimmversagen, das wie ein Damoklesschwert über ihnen hängt. Die Opernsängerin Maria Callas und der Popsänger Michael Jackson wussten durchaus darum.

Das Internet ist natürlich auch eine beliebte Spielwiese für Menschen mit offenem Kehl-Zentrum, ganz besonders natürlich auf YouTube und in den „sozialen" Netzwerken. Die Möglichkeiten der Selbstdarstellung, die sich hier auf unvergleichliche Weise bieten, sind geradezu ein Paradies für Sprücheklopfer, aber durchaus auch für begnadete Performer und Menschen, die für sich oder ihr Produkt werben wollen. Hier darf ein offenes Kehl-Zentrum, angelehnt an Tommy Jaud, durchaus gefragt werden: „Würdest du all die Dinge auch tun, wenn du es niemandem mitteilen könntest?"

In der Tat ist es manchmal so, dass die offene Kehle zu viel sagt, so dass das Wesentliche von der Zuhörerschaft nicht aufgenommen werden kann. Denn die offene Kehle kommt leicht ins Palavern, indem sie zu viel redet und wenig sagt. Bei wenigstens einer logischen Definition im Design erscheint jedoch das Gesagte meist wichtig und deshalb hörenswert. Bei einer offenen Kehle besteht die Schwierigkeit, alleine, aus sich selbst heraus, nicht ins Handeln zu kommen. Deshalb wird beim Arbeiten oder bei Freizeitaktivitäten gerne die Gesellschaft anderer gesucht. Ein Mensch mit offenem Kehl-Zentrum kann deshalb nur sehr schlecht alleine leben, so dass der Übergang vom Elternhaus in die Partnerschaft oder auch von einer Partnerschaft in die nächste häufig fließend ist. Es gibt so viele Menschen mit drei bis vier Motorzentren, die sich bei offener Kehle antriebslos fühlen, und es auch so lange sind, bis ein anderer auftaucht und ihnen den notwendigen Anschluss an die Kehle bringt. Deshalb können diese Menschen alleine oft hilflos erscheinen, obwohl sie wahre Powerpakete sind.

Wollen zwei Menschen gemeinsam ein Geschäft aufbauen, brauchen sie unabdingbar ein definiertes Kehl-Zentrum, sonst krankt das Ganze immer an der mangelnden Umsetzbarkeit. Wenn die Betreiber nämlich nicht ins Umsetzen kommen, ist alle Mühe, die sie sich geben, umsonst.

Mit einem Menschen mit offenem Kehl-Zentrum in Gesellschaft unterwegs zu sein, ist mitunter anstrengend für ihn selbst aber auch für die Begleitung mit definiertem Kehl-Zentrum, weil der Offene immerzu am Reden sein kann und/oder fortwährend Handlungsimpulse aufnimmt und umsetzt. Das muss nicht zwangsläufig der Fall sein. Es gibt unter den Offenen auch sehr stille Zeitgenossen, häufig die, die kein einziges hängendes Tor an der offenen Kehle haben, was sie selbst sehr verunsichern kann.

Ein offenes Kehl-Zentrum kann vorschnell und unbedacht etwas sagen und voreilig handeln. Eine inadäquate Äußerung kann einem leicht von der Zunge gehen, aber es kann auch blinder Aktionismus an den Tag gelegt werden, was in den seltensten Fällen dem Fremd- und/oder Eigenwohl dienlich ist.

Ein definiertes Kehl-Zentrum ist meist in seinen Worten und Handlungen bedachter – dadurch jedoch weniger schlagfertig als eine offene Kehle. Auch hat das Definierte eher die Tendenz, seinen Dialekt beizubehalten. Das definierte Kehl-Zentrum kann auch zu viel sprechen. Dann überfordert es damit die anderen und verliert an Einfluss. Ganz besonders ist das der Fall, wenn ein roter, also ein unbewusster Kanal ans Kehl-Zentrum geht. Diese Menschen können ohne Punkt und Komma reden. Steht das definierte Kehl-Zentrum mit keinem Motor-Zentrum in Verbindung, können Dinge aus sich selbst heraus nicht umgesetzt werden. In diesem Fall braucht auch das definierte Kehl-Zentrum andere Leute in der Aura oder eine bestimmte Zeitqualität, um Worten Taten folgen lassen zu können. Steht das Kehl-Zentrum dagegen mit einem Motor-Zentrum in Verbindung, kann es aus sich selbst heraus ins Reden und Handeln kommen, unabhängig von den Umständen. Solche Menschen haben kräftige und ausdrucksstarke Stimmen.

Die attraktivsten Zentren im außen
Vielleicht wundern Sie sich über die Auseinandersetzung mit dieser Thematik nach dem Motto: „Was interessiert mich das Außen, wenn meine Musik doch innen spielt?"

In Zukunft geht es tatsächlich immer weniger um die äußere Welt, aber noch ist es uns nicht ganz egal, warum ein anderer, der weder klüger noch hübscher ist noch andere Vorteile zu haben scheint, uns vorgezogen wird, nach der Devise: „Was hat der, was ich nicht habe?" Oft lautet die überraschende Antwort: „Nichts!" Denn die Außenwirkung wird häufig durch ein nicht-angelegtes Zentrum erzeugt, weil dieses allerlei Projektionen in anderen hervorruft.

Von den **definierten** Zentren scheint mir im außen das **Herz-Zentrum** am anziehendsten, aber nur so lange, wie es das Umfeld ermutigt und zum Durchhalten animiert.

In der Aura des definierten Egos fühlt sich das offene selbstbewusster und wertvoller und vermag mutiger zu handeln und zu sprechen, als wenn es alleine wäre. Auch kann materielle Sorglosigkeit ein angenehmer Begleitumstand des Miteinanders sein.

Das **definierte Milz-Zentrum** ist für ein offenes sehr attraktiv, denn es gibt ihm Geborgenheit, die es aus sich selbst heraus nicht empfinden kann.
Die offene Milz hat dann das Gefühl, endlich zu Hause angekommen zu sein.

Das **definierte G-Zentrum** suggeriert dem offenen Liebe und Richtung sowie das Gefühl: „Endlich weiß ich, wohin ich gehöre und wer mich liebt!"

Das **definierte Sakral-Zentrum** ist für alle sakral-offenen Menschen sehr attraktiv, denn in seiner Aura haben sie unendlich viel Kraft, was ihnen aber auf Dauer nicht guttut.

Wie gesagt, auch offene Zentren können im außen punkten: Das **offene Sakral-Zentrum** weckt bei anderen Erwartungen jeglicher Art, auch sexueller Natur. Unsere Sex-Symbole haben im Allgemeinen ein nicht-angelegtes Sakral-Zentrum, aber auch unsere Gurus. Denn die Sakral-Definierten sehen in ihnen ihre eigenen sakralen Anlagen gespiegelt.

Das **offene G-Zentrum** löst in anderen die Projektion aus, besonders liebevoll zu sein. Es sind die Menschen, denen gerne ein Heiligenschein aufgesetzt wird. Sterben sie jung, werden sie zum Mythos, wie beispielsweise Prinzessin Diana und John F. Kennedy. Was wir in diese Menschen hineindeuten, hat mit dem, wie sie wirklich sind oder waren, herzlich wenig zu tun.

Das **offene Kehl-Zentrum** stiehlt den definierten meist die Show, ist es doch der geborene Selbst-Darsteller, seltener in ganz jungen Jahren, aber meist mit zunehmendem Lebensalter. Ihre Auftritte können im außen unglaublich begeistern, auch, weil sie die Themen der definierten Kehlen zum Ausdruck bringen.

4. Sich selbst leben

Wenn wir bedenken, dass rund 95 % unserer Worte und Handlungen aus dem Unbewussten gesteuert werden, erscheint die Frage von Michael Mittermeier durchaus berechtigt: „Sind wir Menschen nur Figuren in einem überdimensionalen göttlichen Fantasy-Computer-Spiel?" Wir sind Teil eines evolutionären Programms, so viel steht fest, das die Konditionierbarkeit des Menschen ins System eingebaut hat. Dabei bietet uns das relativ junge Wissen von Human Design nie vorher dagewesene Einsichten in die Selbst- und Fremderkenntnis. Wir alle sind ein wichtiger Teil im kosmischen Plan.

Sie sind hier auf der Erde, weil Sie gebraucht werden, auch wenn Sie Ihre Bedeutsamkeit rational vielleicht nicht erklären können. Das liegt daran, dass der Verstand limitiert ist und wir viel mehr sind, als unser Verstand erfassen kann. Wissenschaftler sagen: Der Flügelschlag eines Schmetterlings in Japan könne einen Wirbelsturm in den USA auslösen. Jede noch so kleine Aktion hat ihre Auswirkungen. Deshalb ist jeder Aspekt unseres Wesens wichtig, auch wenn wir das nicht verstehen.

Unabhängig davon, welcher Typ Sie sind, der oberste Gesetzgeber in Ihrem Leben sind Sie selbst – ist Ihr Selbst. Es geht nie darum, immer (schein-)heiliger und perfekter zu werden, sondern immer authentischer. Sie müssen nichts erreichen. Sie müssen nichts ändern. Sie sind perfekt, so, wie Sie sind. Sobald Sie sich nicht mehr wohlfühlen, weil Sie etwas belastet oder weil sich etwas ungut und nicht mehr stimmig anfühlt, heißt es, hinzuschauen, was jetzt los ist. Sind Sie vielleicht gerade dabei, Ihren Gewohnheitsautomaten zu bedienen, befeuert durch den Verstand, der Ihnen gut zuredet, dies zu tun und jenes zu lassen? Nur den Themen der offenen Zentren nachzujagen, bedeutet, sich im außen zu verlieren, immer unersättlicher und dabei auch immer unzufriedener zu werden. Die Wahrheit liegt nicht im außen, sie liegt in uns. Jeder Mensch hat seine ganz eigene innere Wahrheit, weil jeder absolut einmalig und einzigartig ist. Und dennoch lenken wir uns ständig durch Arbeit, Sport, Feiern, Internet, Fernsehen, Radio, (Bücherschreiben?) usw. ab, um uns nicht mit uns selbst beschäftigen zu müssen. Denn sonst könnten wir möglicherweise unsere aufgesetzten Rollen durchschauen.

Der Verstand ist nicht das Problem, sondern, wie wir mit ihm umgehen. Unsere Erwartungen an andere sind die Ansprüche unseres Verstandes an andere. Sobald wir uns mit unseren Gedanken identifizieren, bekommen wir Schwierigkeiten. Im

Zeitalter der Aufklärung ist es ganz normal als Kopfmensch durchs Leben zu gehen. Dabei ist unsere Kopfperspektive meistens auf Autopilot und produziert ein Warum nach dem anderen, ohne zu fragen, ob das überhaupt zu etwas führt. Die Absurdität dieser Warum-Fragerei beschreibt Dasa Szekely sehr einleuchtend in ihrem Buch.

Wahres Wissen geht über den Verstand hinaus. Solange der Verstand unser Leben regelt, konzeptualisieren und bewerten wir. Sobald wir uns mit einem Gedanken identifizieren, werden wir innerlich eng. Sogar der Neuro-Wissenschaftler Dong-Seon Chang sieht diese Eingeschränktheit unserer Denkmaschine: „Unser Gehirn ist voller Vorurteile und hält sich gerne für den Experten, wo es bei nüchterner Betrachtung wenig Ahnung hat. (. . .) Ein Würfel hat sechs Seiten, aber wir können immer nur drei davon gleichzeitig sehen. Jeder Mensch hat unzählige Seiten. Wie soll es uns da gelingen, uns jemals ein vollständiges Bild von ihm zu machen? Unser Gehirn schert sich nicht um diesen Facettenreichtum. Es macht sich trotzdem ein Bild. Auch auf die Gefahr hin, daneben zu liegen."

In jedem Fall ist es unterhaltsam und wichtig, die eigenen Gedanken zu beobachten. Versuchen Sie nicht, Ihre Gedanken zu verscheuchen, gerade auch nicht Ihren inneren Kritiker, denn das bewirkt genau das Gegenteil. Lassen Sie Ihre Gedanken stehen und bleiben Sie bewusst bei sich in Ihrem Körper. Am besten gelingt das über bewusstes Atmen, wie in vielen Yoga-Übungen beschrieben. So wird beispielsweise bei tiefem Einatmen und langsamem Ausatmen der Para-Sympathikus erhöht, d. h., wir können innere Spannungen abbauen. Und halten Sie immer wieder über den Tag verteilt inne und spüren Sie in Ihren Körper: „Wie fühle ich mich gerade?" Achten Sie dabei besonders auf Ihren Brust- und Bauchraum und die körperlichen Empfindungen, die Sie dort wahrnehmen. Der Körper spielt nämlich die entscheidende Rolle in Ihrem Leben. Er muss Sie durchs Leben tragen. Er ist unser biogenetisches Fahrzeug und wir haben nur diesen einen Körper, der uns zu Diensten ist, solange wir leben.

Im Human Design geht es ja ganz stark darum, aus sich selbst heraus, also aus dem Körper heraus, die richtige Entscheidung zu treffen. Das klingt einfach in der Theorie, erscheint aber in der Praxis oft schwierig. Falls Sie immer noch nicht die letzte Klarheit in Ihrem Entscheidungsfindungsprozess haben, möchte ich Sie auf die bemerkenswerte Antwort des buddhistischen Mönchs Ajahm Brahm auf die Frage „Wie soll ich mich entscheiden?" verweisen: „Werfen Sie eine Münze!" Und beobachten Sie, wie es Ihnen mit dem Ergebnis geht, bevor Sie den ersten Gedanken fassen können. Freuen Sie sich oder sind Sie traurig? In jedem Fall wissen Sie dann, was das Richtige für Sie ist. Bei definiertem Solar Plexus sollten Sie vielleicht mehrmals zu verschiedenen Zeiten eine Münze werfen.

Woher rühren all unsere Ängste, allen voran die Angst vor dem Tod? Kurzzeitig können wir sie wegrationalisieren. Aber dauerhaft können wir nichts gegen sie ausrichten. Der Unberechenbarkeit des Schicksals bleiben wir, trotz all unserer rationalen Aufgeklärtheit, weiterhin ausgeliefert. Wir müssen uns damit abfinden. Es ist, wie es ist. Wir müssen loslassen und der inneren Führung vertrauen. Je mehr wir uns weigern und weiterhin an unserem Kontrolltrip festhalten, umso steiniger wird unser Weg.

Woher rührt die weltweite Faszination an Fußball (auch bei mir)? Vermutlich, weil die Ergebnisse unvorhersehbar sind. Trotz computergestützter Spielanalysen, akribischer Vorbereitungsphasen und Millionenbudgets gibt es im Fußball keine Formel, die 100 % -igen Erfolg garantiert. An der Sporthochschule Köln wurde errechnet, dass der Erfolg einer Toraktion zu 40 % vom Zufall abhängt. Fußball ist eine wunderbare Metapher für das Leben.

Unberechenbarkeit auszuhalten, ist nicht leicht. Aber es wird umso schwieriger, je mehr wir sie ignorieren und glauben, durch das sture Befolgen dubioser Methoden dem Schicksal zu trotzen. Wir haben keine Wahl. Gelingt es uns loszulassen und uns zu ergeben (Hingabe an die Entscheidung des Körpers), dann ist es Niemandes Verdienst. Es ist Gnade, ein Geschenk des Universums. Das Schöne dabei ist: Wenn wir die Entscheidung unserem Körper überlassen und ihr bedingungslos folgen, sind wir höchst verantwortlich, ohne Verantwortung tragen zu müssen.

Unserer Geisteshaltung sind wir nicht hilflos ausgeliefert, sobald wir anfangen unsere Gedanken zu beobachten. Wir besitzen nämlich alle die innere Freiheit, die Dinge so zu sehen, wie wir mögen. Wenn wir uns gedanklich endlos an die unangenehmen Geschichten aus unserer Vergangenheit heften, sabotieren wir uns selbst und verlieren dabei den Blick für das Gute und Schöne, das uns tagtäglich umgibt. Ein gerütteltes Maß an Gedankenhygiene kann sehr förderlich sein, sich über ein halbvolles Glas zu freuen und dafür dankbar zu sein, auch wenn es derzeit angesagt ist, über alles und jeden zu klagen.

Denken Sie dabei nur an die stinkreiche Florence Foster Jenkins, die unbedingt Opernsängerin sein wollte, obwohl sie oft eine Viertelnote danebenlag. Sie mietete sich die Carnegie Hall in New York an und genoss alles, auch ihren eigenen Gesang. Denn sie beschloss für sich: „Das Glas ist halbvoll, nicht halbleer. Und ich werde es in vollen Zügen austrinken."

Der Glücksforscher Dr. Raj Raghunathan stellte in Untersuchungen fest, dass es auf die Frage: „Was macht uns glücklich?" vor allem auf die richtige Geisteshaltung ankomme. Es gebe zwei Geisteshaltungen, mit denen man sich durchs Leben bewegen kann: Eine basiert auf der Annahme von Überfluss, die andere geht von Mangel aus. Leider finden die meisten von uns, dass sie nicht genug haben und sind deshalb unglücklich.

Vermögen wir es überhaupt, etwas, was uns widerfahren ist, als Glück oder Unglück einzuschätzen? Was ist es oft für ein Glück, wenn Dinge nicht so laufen, wie geplant. Denken Sie nur an die vielen wunderbaren Geschichten von einem verpassten Flug, was sich im Nachhinein als großer Glücksfall herausstellt, weil das Flugzeug abgestürzt ist. Umgeben Sie sich mit Menschen, die nicht immer das Negative in allem sehen!
Die Schwarzseher sollten Sie „weitläufig umfahren", wie ein Verkehrshindernis.

Suchen Sie die Gesellschaft von Menschen, mit denen Sie sich wohlfühlen. So gelingt es leichter, Augen für all die vielen schönen Geschenke zu haben, die das Leben für jeden von uns tagtäglich bereithält.

Hierzu ein Zitat von Thich Nhat Hanh: „Wenn wir unsere Vorstellungen von Glück loslassen, öffnen wir die Türen, durch die das Glück aus vielen Richtungen zu uns kommen kann." Unsere Geisteshaltung wirkt sich nicht nur auf unsere Stimmung aus, nachvollziehbar im Buch von Bernardo Stamateas beschrieben: Die Bedeutung, die wir unseren täglichen Erlebnissen beimessen, heilt uns oder macht uns krank. Das liegt nicht an den Ereignissen selbst, sondern an der Art und Weise wie wir sie deuten. Alles, was im Körper geschieht, wirkt sich auf den Geist aus und alles, was dem Geist widerfährt, schlägt sich im Körper nieder. Geist und Körper wirken unmittelbar wechselseitig aufeinander ein, beispielsweise löst unsere Mimik, auch, wenn sie künstlich erzeugt wird, das Gefühl in uns aus, wofür sie steht. Deshalb macht es auch Sinn, sich selbst im Spiegel anzulächeln.

Es gibt bemerkenswerte Untersuchungen im Zusammenhang mit dem Verabreichen von Botulinumtoxin als Mittel gegen Falten. Wird zu viel gespritzt, erscheint das Gesicht maskenhaft und kalt. Der Mensch kann nicht mehr lachen und er erkaltet dabei auch innerlich. Werden dagegen Zornesfalten bespritzt, fühlen sich die Betroffenen entspannter und verlieren ihre Neigung zu Migräne.

Der US-amerikanische Psychologe Shawn Achor hat in Untersuchungen festgestellt, dass ein glückliches Gehirn um 31 % produktiver als ein Gehirn in einem negativen Zustand ist. Die Negativität rührt daher, dass das Gehirn Muster anlegt, die später abgerufen werden können. Auf diese Weise bildet das Gehirn Denkgewohnheiten heraus. Folglich erzieht derjenige, der regelmäßig negative Gefühle hat, sein Gehirn dazu, pessimistische Gedanken den optimistischen vorzuziehen.

Bei meinen Analysen erlebe ich es immer wieder, dass ich am Ende gefragt werde: „Und wie soll ich mich jetzt entscheiden?" Ich kann die Antwort nicht geben, niemand kann die Frage beantworten. Wir alle müssen lernen, unserer eigenen inneren Autorität zu folgen, die ich in meinem ersten Buch ausführlich beschrieben habe. Wir dürfen uns nicht länger davor drücken, Verantwortung für uns und unser Leben zu übernehmen.

5. Baby-Gebrauchsanweisung

Das Human Design ist in erster Linie für unsere Kinder. Ra Uru Hu betonte das immer wieder mit Nachdruck. Kennen und verstehen Eltern von Anfang an das Design ihrer Kinder, dann akzeptieren sie die Kinder umso eher so, wie sie wirklich sind. Auf diese Weise mischen sich Eltern nicht länger in die natürliche Entwicklung ihrer Kinder ein, so dass diese leichter Glück und Erfüllung in ihrem Leben finden können.

Im Folgenden gebe ich Ihnen ein Beispiel für ein HD Baby-Reading – nach einem Konzept von Margit Müller – das die Eltern kurze Zeit nach der Geburt ihres Kindes von mir erhalten haben.

Teil 1 · Grundlegendes zum Thema Human Design

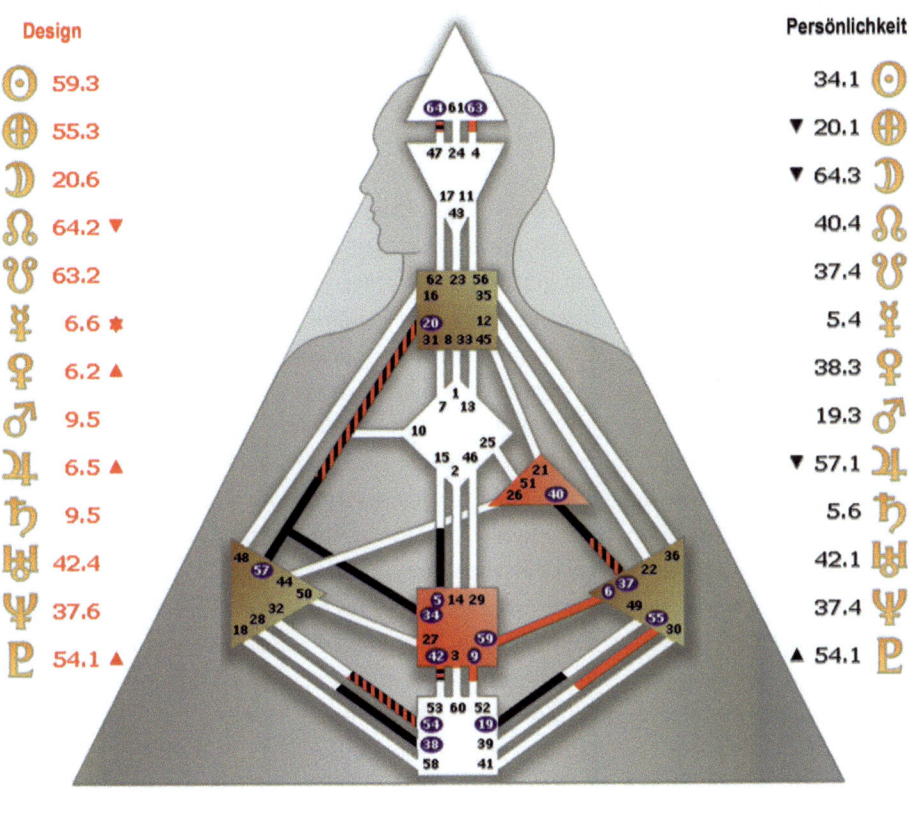

Lena

Liebe Mama und lieber Papa,

nun bin ich ja schon einige Tage bei euch, so dass es höchste Zeit wird, dass Ihr eine kleine Gebrauchsanweisung von mir bekommt.

Ich möchte einiges von mir erzählen, welche Eigenschaften, Talente und Energien ich in dieses Leben mitbringe. Vielleicht habt Ihr schon die eine oder andere Beobachtung an mir gemacht, die typisch für mich zu sein scheint.

Für alle Geräte gibt es Gebrauchsanweisungen, für viele wichtige Dinge, wie neue Lebenssituationen, nicht. So ist es gut, dass ich euch davon erzähle, wie ich gebaut bin: Dieses Wissen kann es uns leichter machen, liebevoll miteinander umzugehen.

Ich bin ein sehr energievolles, willensstarkes und emotionales Mädchen, das eine einnehmende Ausstrahlung hat und gerne Teil eines größeren Ganzen, wie zum Beispiel einer Familie, ist. Deswegen mögen mich die Leute im Allgemeinen, ohne dass sie mich näher kennen oder dass ich etwas dafür tun müsste.

Ich besitze viel Ausdauerkraft, weil ich ein sogenannter Manifestierender Generator bin. D. h., wenn ich etwas anfange, kann ich es mühelos beenden, soweit es nichts Interessanteres für mich zu tun gibt. Aber ich sollte immer warten, bis ich gefragt werde und nicht selbst die Initiative ergreifen. Es wäre gut, wenn Ihr mir immerzu Entscheidungsfragen stellt, also Fragen, die ich mit Ja oder Nein beantworten kann, zum Beispiel später, wenn ich größer bin, auch mal: „Lena, magst du das Zimmer aufräumen?" Ihr könnt und sollt mich auch immer wieder das Gleiche fragen. So kann die Entscheidung in mir reifen. Gerade für wichtige Entscheidungen solltet Ihr mir immer Zeit lassen. Bei alltäglichen Entscheidungen kann ich spontan sein, beispielsweise auf die Frage: Magst du jetzt ein Stück Apfel essen? Hier weiß ich mitunter sofort die richtige Antwort für mich. Das, was das Richtige für mich im Leben ist, auch, und gerade, was Schule, Hobby und späteren Beruf angehen, erfahre ich durch meine Bauchstimme, die ich immer mehr lerne wahrzunehmen, je öfter Ihr mir Entscheidungsfragen stellt. Mitunter kann mein Bauch auch mit „m-hm" oder" n-n" antworten. Meine Bauchantworten sind immer authentisch.

Ich kann sofort reden, aber auch in Aktion treten und brauche es, immerzu irgendwie beschäftigt zu sein, weil ich jederzeit aus mir selbst heraus einen direkten Zugang zu meiner Kraft habe.

Aber gerade deshalb sollte ich mir für wichtige Entscheidungen immer Zeit lassen, was mir verständlicherweise schwerfällt. Ermuntert mich also bitte dazu, wichtige Entscheidungen wenigstens noch eine Nacht (besser drei Nächte) zu überschlafen.

Ihr dürft nicht denken, dass meine jeweilige momentane Stimmung etwas mit Euch zu tun hat, und deshalb versuchen, mich aufzuheitern. Meine Emotionen haben ihr Eigenleben, denn sie folgen, wie bei 50 % aller Menschen, einem Wellenmotor, von oben nach unten und von unten nach oben, unabhängig von äußeren Umständen.

Ich weiß selber oft gar nicht, warum ich in dieser oder jener Stimmung bin. Meine Stimmung kann sich sehr schnell ändern. Deshalb dürft Ihr meine momentanen

Launen nicht persönlich nehmen und auch nicht überbewerten. Lasst mich einfach in Ruhe, wenn ich mal schlecht drauf bin. Das vergeht dann wieder ganz von alleine und hat auch damit zu tun, dass ich eine betonte Individualistin bin, die auch immer wieder den Rückzug von anderen braucht, um innerlich ausgeglichen zu bleiben. Im Rückzug sollte ich immer das machen dürfen, was mir zutiefst Freude bereitet, das kann, muss aber nicht, im Kreativen liegen.

Andererseits habe ich ganz starke soziale Eigenschaften. Ich bin der geborene Gemeinschaftsmensch, für den das Geben und Nehmen im Gleichgewicht sein sollte, sonst werde ich nämlich zornig und frustriert.
Mit großer Willenskraft kann ich mich für meine Gemeinschaft oder Gruppe einsetzen. Auch darf man mir meinen Willen nicht ausreden, das wäre ungesund für mich.

Im Allgemeinen kann ich ganz gut alleine sein, brauche aber stets eine Umgebung, in der ich mich wohlfühlen kann. Die richtige Umgebung ist für mich eminent wichtig. Deshalb brauche ich auch immer ein Mitspracherecht, wo und wie ich wohne.
Wo Bett und Schreibtisch mal stehen, das muss ich mitentscheiden dürfen. Wenn ich mich an einem Ort wohlfühle, kommt alles in meinem Leben in Ordnung: Ich lerne die richtigen Freunde kennen, gehe gerne in Kindergarten und Schule, und ich kann all dem, was für mich interessant und wichtig ist, im außen begegnen. Sobald ich mich über eine längere Phase nicht wohlfühlen sollte, dann bin ich am falschen Ort, zum Beispiel im falschen Kindergarten oder Verein oder in der falschen Schule. Falsch heißt hier immer, falsch für mich. Das kann zum Beispiel etwas sein, das für das Nachbarkind oder meine Freundin zutiefst in Ordnung sein, was jedoch für mich falsch ist.
Für mich gibt es nicht DIE EINE Richtung im Leben. Durch meine große Offenheit kann ich mich für dies oder das interessieren. Auch kann ich sehr unterschiedliche Freunde haben. Das ist ganz normal bei mir und macht mein Leben unglaublich bunt und spannend.
Seid achtsam damit, mir irgendwelche Etiketten zu verpassen, so nach dem Motto: „Du bist aber klug!" oder „Was bist du langsam!" Denn ich glaube alles, was man mir verbal um die Ohren haut, und bemühe mich dann immer mehr, diese Eigenschaft auch zu entwickeln, die aber in keinem Fall etwas mit mir zu tun hat.

Von Haus aus habe ich ein gesundes Selbstbewusstsein, kenne aber durchaus Zweifel und Selbstzweifel. In solchen Situationen tut mir Eure Ermutigung sehr gut.
Auch brauche ich regelmäßige Tagesrhythmen, die mir innere Sicherheit geben. Apropos Sicherheit: Um Sicherheit im Leben zu finden, muss ich allen Dingen auf den Grund gehen. Dann kann es schon mal sein, dass ich anfange, das Smart-Phone oder das Radio zu zerlegen. Ich bin die geborene Tüftlerin und Wissenschaftlerin, denn ich probiere etwas solange aus, bis es funktioniert.

Natürlich muss ich dabei auch immer wieder Fehler machen dürfen. Bitte haltet mir diese Fehler nie vor! Denn ohne die Versuch-und-Irrtum-Prozesse könnte ich die Dinge nicht so erforschen, dass ich sie verstehe. Da ich alles von der Pieke auf lerne, kann ich später einmal eine gute Lehrerin für andere sein.

Weil ich eine große Ausprobiererin bin, wäre es wichtig, wenn Ihr mich beim Ski- und Radfahren mit einem Helm ausstattet und mich vielleicht auch manchmal etwas bremst. Im Grunde kann ich alles lernen, da mein Verstand offen für alles ist.

Was ich gar nicht haben kann, ist Stress. Sobald ich Druck spüre, kann ich überempfindlich reagieren, trotzig werden – aber auch mal Ehrgeiz entwickeln. Dann insistiert nicht weiter, sondern lasst mich am besten in Ruhe.

Wenn ich mit anderen Menschen, seien es nun Kinder oder Erwachsene, zusammen bin, kann ich richtig aufdrehen. Sobald ich wieder alleine bin, bin ich wieder die Ruhe in Person.

⊙ F:4	F:3 ⊙
⊕ T:5 re	re T:6 ⊕
☊ F:3	F:4 ☊
☋ T:6 re	li T:2 ☋
Lenas Variable in Kurzform	

Nachfolgend möchte ich noch Lenas individuelle Variable erläutern und Sie auf Teil 3 des vorliegenden Buches verweisen, in dem ich ausführlich auf die Thematik der Variablen eingehe.

Am besten kann ich meine Nahrung verdauen, wenn um mich herum etwas los ist.

Ich kann gut essen unter beschäftigten Menschen oder wenn gesprochen wird oder Radio oder Fernsehen laufen. Das Essen im Restaurant oder Biergarten, wenn ich größer bin, kommt mir von daher auch sehr entgegen. Sobald meine Essumgebung ruhig ist, kann mein Körper nicht mehr die notwendigen Nährstoffe aus der Nahrung ziehen. Da bei euch immer was los ist, bin ich bei euch genau richtig.

Auch bin ich ein sehr fühliger Mensch, der sein Essen nicht gut verstoffwechseln kann, wenn in meiner Essumgebung „dicke Luft" herrscht oder wenn ich dort einer starken Strahlung ausgesetzt bin, beispielsweise durch Mikrowellenherd und/oder Handys. Ich habe eine sehr sensible Wahrnehmung. Meinen persönlichen Zuckerlevel muss ich selber herausfinden. Die Geschmacksrichtungen süß und sauer sind für mich die wichtigsten.

Beim Lernen brauche ich ebenfalls Action um mich herum, in Form von Gesprächen der Leute im Raum oder als Musik oder Fernsehen, aber eine entspannte Umgebung, frei von Konflikten, ist für mich genauso wichtig.

Ich habe ein enormes natürliches Gedächtnis und nehme daher im außen alles wie ein Schwamm auf. Bloß kann ich dann später aus mir selbst heraus, darauf nicht zugreifen und deshalb meine ich oft, dass ich dumm bin. Aber, was ich geistig aufgenommen habe, ist alles in meiner „inneren Bibliothek" vorhanden.

Normalerweise würde es in der Schule später einmal völlig genügen, nur aufzupassen, dann bekomme ich nämlich alles mit.

Wenn ich gefragt werde, kann ich aus meinem Wissensschatz wie aus einem tiefen Brunnen schöpfen und wundere mich selbst oft, was ich alles weiß und abgespeichert habe. Mein Denken und mein Unterwegssein in der Welt sind ganzheitlich, was mich und auch die anderen gut für die Zukunft ausrüstet.

Apropos Zukunft: Ich trage das *Rechte Kreuz des Schlafenden Phönix,* der neue Zeitgeist ab 2027, der jetzt schon spürbar ist und in dem es verstärkt, um das Ausleben der eigenen Individualität geht, d. h., ich passe wunderbar in diese neue Zeit.

Auch, wenn ich ein kraftvoller Mensch bin, so brauche ich vielleicht doch mehr Ruhepausen als andere und genieße deshalb das Relaxen sehr. Dann kann ich die Beine hochlegen und die anderen beobachten. Am Morgen komme ich geistig und körperlich nur schwer in die Gänge. Ich brauche immer noch ein bisschen Extrazeit, bis ich richtig wach bin.

Ich fühle mich in Küchen wohl und an solchen Orten, wo etwas los ist, weil dort etwas hergestellt oder verändert wird. Eure Wohnküche ist genau richtig und auch Papas Werkstatt ist eine ideale Umgebung für mich. Im Umgang mit Wasser sollte ich vorsichtig sein, also nicht zu viel duschen und baden. Ich mag Orte, wo ein trockenes Klima herrscht. Das kann sogar in der Wüste sein.

Ich bin die geborene Anführerin, obwohl ich wahrscheinlich immer unterstreichen werde, dass ich nicht anführen könne. Wenn ich gefragt werde und abwarte, kann mein Bauch mit „Ja!" antworten, und dann heißt es, nicht zu zögern, sondern in die Führungsrolle zu gehen. Vielleicht könnt Ihr mich dabei etwas unterstützen.

Liebe Mama und lieber Papa, lasst mich „Ich" selbst sein! Ich bin ok, so, wie ich bin! Und fordert von mir keine Anpassung in Bereichen, die mir fremd sind. Nur so kann ich meine stark individuelle Seite, die mit großer Kreativität einhergeht, und meine soziale Seite sinnvoll für mich und für andere zum Ausdruck bringen.

In Liebe, Eure Lena

6. Ereignis-Chart

Nicht nur in der Astrologie, sondern auch im HD können Ereignisse unter dem Aspekt der Zeitumstände näher betrachtet werden. Wir sind gerne sehr schnell dabei, Schuldzuweisungen zu machen und die Verantwortung auf den oder die Hauptakteure einer Begebenheit zu schieben oder aber auch einzelne als Helden zu verehren. Unter Berücksichtigung der Zeitqualität bekommt ein Vorkommnis eine ganz andere Schlagseite.

Bewusst bringe ich ein Ereignis als Beispiel, das von der Öffentlichkeit weitestgehend positiv wahrgenommen wurde, als Kontrast zu den vielen Negativ-Nachrichten, die tagtäglich auf uns einprasseln.

Das Ereignis liegt schon einige Jahre zurück und steht gerade wieder im Fokus des öffentlichen Interesses aufgrund des Kinofilms „Sully" mit Tom Hanks in der

Hauptrolle. Die Rede ist von der perfekten Notlandung des Airbusses A320 auf dem Hudson River in New York durch den Piloten Chesley Sullenberger am 15.01.2009, um 15:31 Uhr.

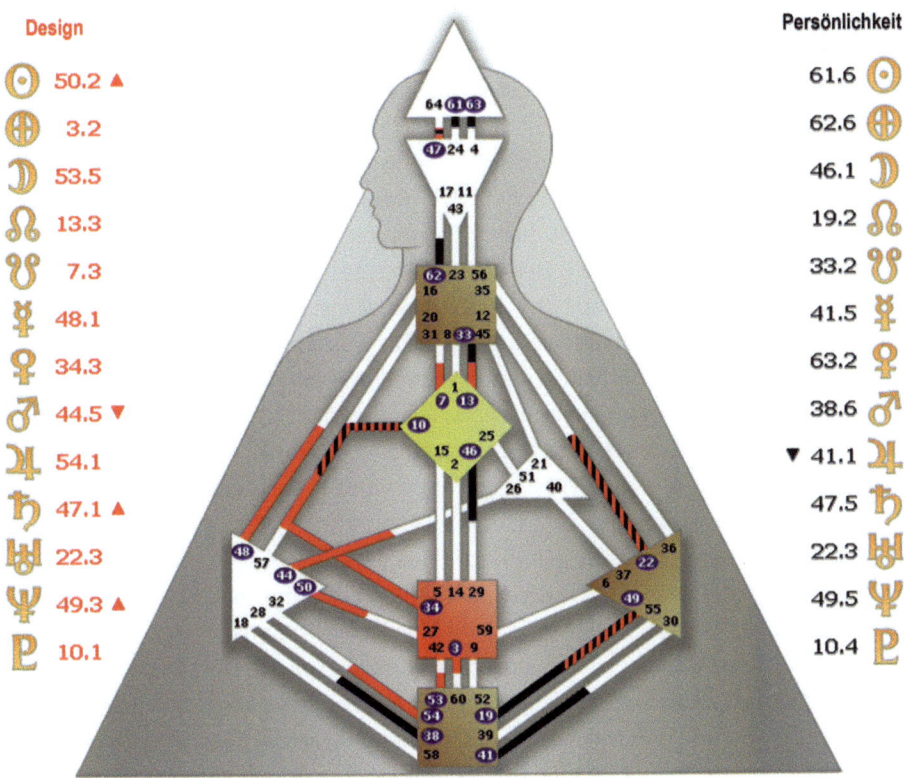

Notwasserung auf dem Hudson

Bei den Ausführungen handelt es sich um eine Abschrift meiner im Jahr 2009 angefertigten HD-Radiosendung zu diesem Ereignis.

Es war ein Drama mit Happy End. Der Pilot Chesley Sullenberger rettete allen 155 Insassen seines Jets durch seine Bilderbuch-Notwasserung das Leben.

Kurz nach dem Abheben war das Flugzeug in einen Schwarm Gänse geraten, wodurch beide Triebwerke ausfielen. Die Passagiere retteten sich auf die Tragflächen, andere in das Rettungsfloß der Maschine. Augenblicklich waren Boote und Fähren an der Unglücksstelle und nahmen die Überlebenden an Bord. Es hätte zu einer riesigen Katastrophe kommen können, wenn der Pilot nicht so beherzt gehandelt hätte. Von den Fluglotsen kam der Rat, einen nahen Flughafen anzufliegen. Sullenberger behielt die Nerven und entschied sich, das Passagierflugzeug auf dem Hudson River zu landen.

Das Chart dieses außergewöhnlichen Ereignisses ist ein manifestierender Generator mit emotionaler Autorität. Es hat das Linke Kreuz der Verschleierung mit dem Profil 6/2. Ich las, dass der Pilot aus Überzeugung so handelte. Wen wundert es, bei der Definition 34-10, einem Design, seinen eigenen Überzeugungen zu folgen. Diese Definition fasziniert und hat Ausstrahlung. Diese Überzeugungshandlung des Piloten bzw. diese Zeitqualität beeinflusste die Passagiere, denn es brach keine Panik aus und die Rettungsaktion verlief schnell und unkompliziert. Nach der Notwasserung herrschten Besonnenheit und Hilfsbereitschaft. „Es gab kein Gedrängel und Geschubse", berichtete eine Passagierin, die ins Wasser fiel und von anderen Passagieren wieder aus dem Wasser gezogen wurde. Auch ein Säugling und eine Frau im Rollstuhl wurden aus dem Flugzeug geborgen. Ist das der Definition 19-49 zuzuschreiben, dem Kanal des feinfühligen Reagierens, in dem es darum geht, dass Geben und Nehmen im Gleichgewicht sind? Noch dazu sind Tor 49 bewusst im Neptun in der 5. Linie und Tor 19 bewusst im Nördlichen Mondknoten in der 2. Linie miteinander in Harmonie, also ein in sich stimmiges Thema. Die Linien 5 und 2 erwecken allemal Erwartungshaltungen im außen, was diese unglaubliche gegenseitige Rücksichtnahme und Hilfsbereitschaft möglich machte. Sehr schön passt auch die kollektive Definition 33-13 ins Bild. Hier wird man Zeuge von einer Erfahrung. Die Definition stand für alle Menschen am Himmel. Die einen erleben die Notwasserung live als Flugzeuginsassen mit, die anderen als Helfer oder Schaulustige vor Ort und die große Mehrheit vor den Fernsehapparaten. Kanal 33-13 ist vergangenheitsorientiert und erinnert sich.

Sullenberger bildete Hunderte von Piloten in Sicherheitskursen aus, zudem betreibt er eine eigene Beratungsfirma für Flugsicherheit, die sich u. a. mit dem richtigen Umgang bei Notfällen befasst. Außerdem arbeitet er als Gastdozent für

Katastrophen-Management. Sullenberger konnte praktisch umsetzen, was er in der Theorie wie kaum ein anderer wusste. Das Profil 6/2 hat primär die anderen im Blick. Das spiegelte sich in den Passagieren, in der Crew und im Piloten wider, der noch zwei Mal durchs Flugzeug ging, um nachzusehen, ob auch wirklich alle Insassen die Maschine verlassen hatten. All diese Menschen verhielten sich beispielhaft und vorbildlich, das Thema der 6. Linie auf der bewussten Ebene. Die Einladung, vorbildliches Verhalten an den Tag zu legen, kommt aus der unbewussten 2. Linie. Im Linken Kreuz der Verschleierung geht es um das Obskure. Ist es etwa keine Obskurität, wenn ein Airbus mitten in der Metropole New York im Hudson River sicher landet?

Wollen wir alle drei Definitionen zusammenfassen, können wir Folgendes sagen: Der Pilot Sullenberger erinnert sich an das, was er oft geübt hat (Definition 33-13), und er folgt seiner inneren Überzeugung (Definition 34-10), um die eigenen und die Bedürfnisse der anderen zu befriedigen (Definition 19-49).

Wir haben einen Manifestierenden Generator im Ereignischart. Es geht also darum, korrekt zu reagieren. Fragt man sich, als dieser Typ, ob man die Sache wirklich machen will, und antwortet mit Ja, dann ist die Kraft da, eine Sache allein durchzuziehen. Zuerst war ich erstaunt, eine gespaltene Definition vorzufinden, aber genau die war vielleicht in diesem speziellen Fall notwendig, um eine so unglaubliche Aktion erfolgreich zu Ende zu bringen. Sullenberger entschied sich spontan, was normalerweise bei der inneren Autorität im Solar Plexus nicht korrekt ist. Aber wir haben hier eine Spaltung, so dass die aus der Erinnerung reagierende Qualität einen Definitionsbereich bildet und die emotionale Qualität einen zweiten. Und welches sind die Brückentore, um diese Spaltung zu überwinden? Tor 42 und Tor 60. Auf diesen beiden Toren lastet schwerer Druck. Es ist der Druck des Piloten, nämlich dem Puls zu folgen, eine alte Begrenzung zu akzeptieren und zu einem guten Abschluss zu bringen (Tor 60 und Tor 42), indem das antriebslose Flugzeug sicher auf den Boden gebracht wird.

Der Druck aus dem Wurzel-Zentrum, dem es immer ums Überleben geht, ist allemal sehr groß, weil dort sehr viele Aktivierungen sind. Tor 41, das Tor des Verlangens und der Sehnsucht, Tor 38, das Tor des Lebenskampfes, Tor 54, das Tor des Ehrgeizes, Tor 53, das Tor des Anfangens und Tor 19, das Tor der Bedürfnisse. Man könnte zusammenfassend sagen: Durch den Ehrgeiz, ums Überleben zu kämpfen, wird die Sehnsucht genährt, die Bedürfnisse aller zu befriedigen, indem ein Neuanfang gemacht wird.

Nun möchte ich noch einige Hexagramme genauer betrachten, die bemerkenswert im Zusammenhang mit dieser beeindruckenden Aktion sind. Die Design-Sonne steht im Tor 50 in der 2. Linie, die „Entschlossenheit" heißt. Sie ist erhöht. Dort lautet es: „Eine starke innere Ausrichtung, die sich daran erfreuen kann, Hindernisse zu überwinden und Ziele zu erreichen." Passt doch wunderbar! Tor 46 steht im Persönlichkeitsmond in der 1. Linie, die „Entdeckt werden" heißt. Der Pilot entdeckte den Hudson River als alternative Landebahn. Der Südliche Designmondknoten steht im Tor 7 in der 3. Linie. Das ist „der Anarchist, der die institutionalisierte Ordnung ablehnt." Die Landung auf einem der angebotenen Flughäfen hätte der institutionalisierten Ordnung entsprochen, die der Pilot aber verweigerte. Der Designsaturn steht im Tor 47 in der 1. Linie erhöht. Das ist „die Bestandsaufnahme." Weiter heißt es hier: „Erkennen, dass negative Gedanken ausgemerzt werden müssen." Das Aufkommen negativer Gedanken hätte den positiven Ausgang sabotieren können. Die Persönlichkeitsvenus steht im Tor 63 in der 2. Linie, dem Tor der Zweifel. Es ist nur zu natürlich, wenn in einer so extremen Lage am Gelingen der Aktion und am Überleben gezweifelt wird.

Sehr spannend finde ich die Position des Persönlichkeitsuranus, bewusst und unbewusst, in der 2. Linie. Sie heißt: „Zauberer, perfekte Anmut", und zwar als Überraschungseffekt durch den Uranus. Ist hiermit nicht alles ausgedrückt? Der überraschende Zauber durch eine geradezu perfekte Wasserlandung!

Aussagekräftig sind auch die beiden Pluto-Positionen im Tor 10, die 4. Linie bewusst und die 1. Linie unbewusst, also in Harmonie und deshalb in sich stimmig. Hier geht es um die Wahrheit des gründlichen Verhaltens durch die 1. Linie, das man gelernt hat und das durch die 4. Linie eine Gelegenheit bekommt, dieses zu zeigen. 40 lange Jahre beschäftigte sich Pilot Sullenberger mit der Fliegerei und jetzt hatte er die „günstige Gelegenheit" zu zeigen, was er alles gelernt und wie viel Erfahrung er gesammelt hatte, und nicht nur er, sondern alle Beteiligten, auch die Crew, die Passagiere und die Rettungskräfte, die so perfekt aufeinander abgestimmt agierten, gleich Zahnrädern, die ineinandergreifen.

Das Chart ist der Situation auf den Leib geschnitten – allerdings erst bei genauer Betrachtung.

Teil 2 · Die Beziehungsebenen

Das Leben lehrt, zu sich und anderen weniger streng zu sein.
[Goethe]

Menschen können auf unterschiedliche Weise miteinander in Beziehung treten. Dass wir soziale Wesen sind und einander brauchen, ist an der Körpergrafik abzulesen, die immer mehr offene (weiße) Komponenten enthält als farbige. So nehmen wir von außen die farbigen Tore, Kanäle und Zentren in uns auf, die in unserer Anlage weiß, also offen sind. Deshalb ist es nur allzu natürlich, wenn wir uns in Partnerschaften, in Klein- und Großgruppen wiederfinden. Dabei erleben wir einen Menschen ganz anders, wenn wir mit ihm alleine sind, als wenn wir ihn in einer Gruppe erfahren. Ebenfalls können wir zu Tieren und Pflanzen Verbindung aufnehmen.

Im Folgenden möchte ich mit Ihnen die unterschiedlichen Beziehungsmuster und ihre Wirkmechanismen näher betrachten.

1. Partnerschaft

Unter Partnerschaft meinen wir das Zusammensein von zwei Menschen; dabei kann es sich um die Lebenspartnerschaft handeln, aber auch um die Beziehung zwischen Elternteil und Kind, unter zwei Freunden oder Geschäftspartnern; ebenso die Zweierbeziehung im medizinisch-therapeutischen Miteinander.

Im HD spricht man von Partnerschaft, wenn sich die Auren von zwei Menschen miteinander verbinden.

Warum zieht es uns hin zu einem Du? In der Bibel heißt es schon: „Es ist nicht gut, dass der Mensch alleine sei." Ein amerikanisches Sprichwort lautet: „It takes two to tango." Wir Menschen sind soziale Wesen und suchen deshalb in den Bereichen, in denen wir offen sind, nach Ergänzung, also dort, wo wir in unserer Körpergrafik offene Kanäle und Tore haben.

Auch treibt uns der genetische Imperativ als blinde Kraft an, uns zu binden und fortzupflanzen. Die Genetik kümmert sich nicht darum, ob wir in unseren Bindungen glücklich sind.

Warum scheitern so viele Partnerschaften? Weil wir die wichtigste Beziehung vernachlässigen, nämlich die Beziehung zu uns selbst.

Mit Hilfe von HD können wir endlich erklären, warum uns jemand sympathisch oder unsympathisch ist. HD ist ein wundervolles Instrument, die Partnerschaft zwischen zwei Menschen differenziert und tiefgreifend auszuleuchten.

Wenn zwei Menschen zusammenkommen, ist es, als ob eine eigene Kreatur entsteht. Sie wird aus beiden Körpergrafiken gebildet, die man übereinanderlegt. Die Rede ist dann von einem Composit.

Grundsätzlich gilt: Jeder Mensch ist ok, so, wie er ist. Niemand muss sich ändern. In der Beziehung geht es nur darum, den anderen in seiner Einzigartigkeit zu akzeptieren. Dann ist die Zeit der Opfer-Täter-Geschichten und der Macht- und Erpressungsspiele vorbei.

Sie können nichts am Partner ändern und auch nichts an der Mechanik Ihrer Partnerschaft.

Die ideale Beziehung gibt es nicht. Es gibt lediglich Beziehungen, die leichter und Beziehungen, die schwieriger zu leben sind.

Verschiedene Faktoren spielen dabei eine Rolle:

- Welche Typen kommen zusammen?
- Wie wirken die offenen und definierten Zentren der Partner aufeinander ein? Hier möchte ich auf die Gegenüberstellung der Zentren in Teil 1 verweisen.
- Was bedeutet die Kanal-Mechanik?
- Wie wirkt sich die Definition im Einzelchart und im Composit aus?

Die verschiedenen Typen in der Zweierbeziehung

Entscheidend ist, wie eine Partnerschaft begonnen wird. Der Generator will gefragt werden. Der Projektor will eingeladen werden. Der Manifestor sollte informieren und der Reflektor sollte nichts überstürzen.

In der Zweier-Beziehung ist es am unkompliziertesten, wenn zwei gleiche Typen zusammenkommen, zumindest zwei sakral Offene oder zwei sakral Definierte. Selbst in dem Fall ist es nicht immer einfach.

Wenn beispielsweise ein Manifestierender Generator und ein Generator zusammen sind, ist der Manifestierende Generator immer ein bisschen schneller und mitunter überhasteter als der Generator, was ersterem Geduld abverlangt. Der Generator tut sich dagegen in der Busy-Busy-Aura des Manifestierenden Generators schwer damit, sich von seinem Aktivismus nicht anstecken zu lassen, so dass er energetisch runterfahren und entspannen kann. Allerdings ist die Partnerschaft zwischen zwei Generatoren die ehrlichste, vorausgesetzt beide stellen einander Fragen. Denn die Bauchstimme kann nicht lügen.

Bei den sakral-offenen Typen pocht der Manifestor auf seine Unabhängigkeit, die er korrekterweise leben kann, wenn er den Partner rechtzeitig informiert und ihn nicht zur schnellen Entscheidung und zum übereilten Mitmachen drängt. Finden sich zwei Menschen mit offenem Sakral-Zentrum, ist das keine schlechte Kombination. Sie können wirklich miteinander entspannen, mitunter aber auch ihrer beider Unersättlichkeiten gemeinsam ausleben. Ich kenne solche Paare, die dann schon mal die Nacht zum Tag machen und bis zum Morgengrauen DVD-Filme schauen oder stundenlang Tischtennis spielen. Jeder Generator, der in einem geregelten Arbeitsprozess steht, wäre dabei überfordert. Kennen die beiden sakral Offenen ihren Typ, können sie sich gegenseitig ermutigen, ein Gespür dafür zu entwickeln, wann es genug ist. In einer Beziehung von zwei sakral-offenen Menschen ist das große Dilemma die mangelnde Ausdauerkraft. Wenn sie dann noch Kinder bekommen, kann die Situation schwierig werden. Hier sollte im Vorfeld nach alternativen Betreuungspersonen und Haushaltshilfen geschaut werden.

Kommt es zwischen einem Generator und einem sakral-offenen Typen zu einer Partnerschaft, sind getrennte Schlafzimmer unabdingbar, sonst kommt der sakral-offene niemals in den Ruhemodus, denn in der Aura des Generators wird sein Sakral-Zentrum ununterbrochen befeuert. Auch sind die Einschlafrituale unterschiedlich. Die sakral-offenen Typen müssen immer langsam in den Schlaf hineingleiten und sollten auch immer dann schon zu Bett gehen, bevor sie müde sind. Der Generator hingegen soll sich erst dann hinlegen, wenn er vom Arbeiten müde ist, aber dann kann er auch sofort einschlafen.

Das Größte, was man dem Generator bieten kann, ist gefragt zu werden. Wenn ihm Entscheidungsfragen gestellt werden, ist der Generator ein pflegeleichter Partner. Nur so fühlt er sich geachtet und gewürdigt.

Der Projektor will eingeladen werden, wartet aber meist nicht darauf. Lernt er zu warten, kommt das Richtige für ihn im Leben und in der Partnerschaft.

Die Kanal-Mechanik
Es gibt vier unterschiedliche Verbindungen der Kanalmechanik, die wir persönlich erfahren und deshalb persönlich nehmen – doch sie sind nicht persönlich gemeint.

1. Die elektromagnetische Verbindung
ist die Körperchemie der Anziehung: Der eine hat das eine Ende des Kanals, der andere das andere Ende. Es ist die energiereichste Verbindung. Hier springt der Funke über. Wir erleben die Liebe auf den ersten Blick. Die Gene sind von dieser Verbindung begeistert, weil der Genpool optimal bedient wird. Denn je verschiedener die Gene sind, umso unwahrscheinlicher sind Missbildungen beim Nachwuchs. Diese Verbindung folgt der Redensart: „Gegensätze ziehen sich an." Die Anziehung wirkt prickelnd und aufregend und wir können nichts dagegen tun.

Die elektromagnetische Beziehung ist der Klebstoff einer Partnerschaft. Es gibt hier Anziehung, aber auch Abstoßung, wobei die Anziehung immer wieder neu erwachen kann, gemäß der Spruchweisheit: „Alte Liebe rostet nicht."

2. Der Kompromiss
ist die Körperchemie des Nachgebens und die große Herausforderung in einer Beziehung: Einer hat den ganzen Kanal und der andere hat nur ein Tor in demselben Kanal.

Wer den ganzen Kanal hat, der ist der Überlegene, der Boss. Wer nur das Tor hat, der ist der Unterlegene und kann das Tor nicht genießen. Sie können nichts dagegen tun. Diskutieren ist sinnlose Kraftverschwendung. Beide müssen ihre Rolle akzeptieren. Es ist nicht der Fehler des Partners, wenn er den ganzen Kanal hat. Haben Sie nur ein Tor, finden Sie sich damit ab! Sie müssen sich fügen. Sonst gibt es Auseinandersetzungen, die zu nichts führen. Die meisten Beziehungen scheitern an diesen Kompromissen. Häufig ist es so, dass der Partner, der mehr Kompromisse eingehen muss, in die übertriebene Machtausübung geht, um dadurch seine tatsächliche energetische Unterlegenheit zu kompensieren.

Bei einer ausgewogenen Verteilung der Kompromisse jedoch kann gut damit umgegangen werden, weil dann jeder gleich oft nachgeben muss.

3. Die Dominanz
ist die Körperchemie des anderen: Der Partner bringt einen Kanal in das Leben des anderen, der diesen Kanal nicht hat. Dadurch kann dieser den Partner in seiner Andersartigkeit wahrnehmen und kann viel Neues von ihm lernen. Er kann von den Fähigkeiten des Partners profitieren. Doch mitunter kann er wenig Verständnis für diese ganz andere Seite am Partner aufbringen oder aber er nimmt seinen Partner wegen dessen Andersartigkeit als Bereicherung wahr. Die Dominanz ist durchaus gesund und positiv für eine Beziehung.

4. Die Gefährtenschaft
ist die Körperchemie des Gleichklangs: Partner haben denselben Kanal oder dasselbe Tor. Vom Genetischen her ist die Gefährtenschaft langweilig und nicht faszinierend.

Aber sie gibt einer Beziehung Stabilität und tiefes Verständnis füreinander. Diese Verbindung folgt der Redensart: „Gleich und Gleich gesellt sich gern."

Generell kann gesagt werden: Alles, was Partner gleich haben, gibt der Beziehung Stabilität: gleicher Typ, gleiche innere Autorität, gleiche Ausrichtung (rechtes oder linkes Profil), dieselben Profil-Linien, dieselben Zentren definiert und offen.

Überall, wo Partner Unterschiede in Bezug auf Typ, offene und definierte Zentren aufweisen, ist die erotische Anziehung groß, die einzig und allein den Zweck hat, den Genpool für die Nachkommenschaft aufs Beste zu bedienen.

Es kann oft beobachtet werden, dass in jungen Jahren der sexuell anziehende Partner, der einem selbst ganz unähnlich ist, bevorzugt wird, der dann auch derjenige ist, mit dem man gemeinsame Kinder hat.
In späteren Lebensjahren wird hingegen häufig der ähnliche Partner favorisiert, mit dem man einen gemütlichen gemeinsamen Lebensabend verbringen kann.

Die Definition im Composit

Zuerst sollte geschaut werden, welche Definition jeder der zwei Partner in seinem Geburtschart hat.

Der klassische Zweierbeziehungsmensch, der für die Partnerschaft wie geschaffen ist, ist der mit einer einfach gespaltenen Definition.

Menschen mit durchgehender Definition und Drei- und Vierfach-Spaltungen sind von anderen relativ unabhängig. Deshalb suchen sie weniger nach einer dauerhaften Partnerschaft und können auch leichter aus einer bestehenden Beziehung wieder aussteigen.

Findet der Mensch mit der einfachen Spaltung einen anderen Menschen, der die entsprechenden Brückentore hat, um seine Spaltung zu überwinden, dann hat er das Gefühl von Ganzheit. Unbewusst zieht es ihn zu solchen Menschen hin, die seine Spaltung überbrücken. Hier kann es allerdings auch sein, dass man dann glaubt, den Partner zu brauchen. Dann nimmt man den Partner wichtiger als sich selbst.

Die Bedeutungen der Definition im Einzelchart habe ich ausführlich in meinem ersten HD-Buch beschrieben.

Wie schaut nun die Definition im Composit aus?

Am angenehmsten wird die durchgehende Definition erlebt, in der alle Bereiche zusammenhängen.

Sind Bereiche im Composit abgespalten, werden sie in der Zweierbeziehung nicht gewürdigt. In der Aura anderer können diese Bereiche zum Leben erwachen. In vielen gespaltenen Composits sind die Bereiche Kopf und Verstand vom Rest abgespalten. Hier ist die intellektuelle Verbindung frustrierend. Diese Paare streiten öffentlich, wenn sie mit Freunden zusammen sind, weil dann die Verbindungstore der Freunde den Zugang zum abgespaltenen Bereich herstellen.

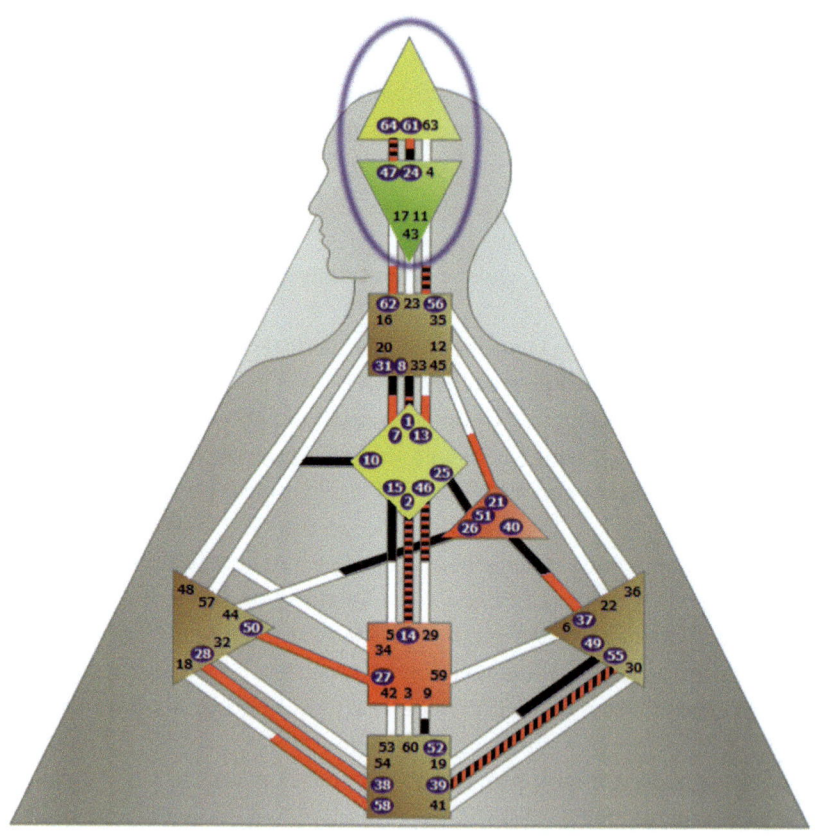

Abspaltung von Kopf und Ajna

In diesem Fall gibt es eine wunderbare Lösung: regelmäßig gemeinsam irgendein Café oder ein Restaurant aufsuchen. Dadurch kommen anonyme Anschlüsse von außen in die Composit-Aura, so dass über alles, was sich im Kopf angesammelt hat, gesprochen werden kann.

Ich habe in meiner Beratungspraxis über die Jahre hinweg einige Paare mit dieser Art von Spaltung kennengelernt und manche von ihnen hatten es sich bereits ohne das HD-Wissen zur Gewohnheit gemacht, alle ein bis zwei Wochen nur mit dem Partner gemeinsam essen zu gehen und dabei über alles zu reden, was sie beschäftigt.

Die nächste Frage lautet: Wie viele Zentren bleiben im Composit offen?

9+0 ist die enge Beziehung. Alle 9 Zentren sind angelegt. Das Paar fühlt sich ganz, ist aber in diese enge Beziehung eingesperrt. Hier besteht die Gefahr der Erstarrung. Auch bleibt kein Raum für jemand anderen, wie Kinder und Freunde. In der engen Beziehung ist es schwierig, auf einen eigenen Bereich und ein eigenes Schlafzimmer zu bestehen, auch wenn das zu empfehlen wäre.

8+1 ist die optimale Beziehung. Hier bleibt ein Zentrum offen, das wie ein Fenster in die Welt hinaus aufgeht. Die Partner können ein gemeinsames Hobby haben, wo sie Druck ablassen können.

7+2 ist die Beziehung, an der gearbeitet werden muss, weil zwei Zentren offen bleiben. Die Partner können verschiedenen Interessen nachgehen. Wenn ein Partner in einem Interessensgebiet stark aufgeht und der Einfluss von außen dabei zu groß wird, verliert die Partnerschaft an Stabilität.
Doch bleiben die Partner miteinander im Gespräch und teilen sie wenigstens ein paar Interessen gemeinsam, dann kann diese Beziehung sehr erfüllend sein.

6+3 ist die freie Beziehung. Drei Zentren bleiben offen; die Beziehung ist wie ein Haus mit drei Fenstern und damit sehr offen für Fremdeinflüsse. Deshalb gilt die Beziehung als nicht sehr stabil. Die beiden werden gar nicht als Paar wahrgenommen von anderen. Ich kenne eine solche Beziehung, die schon über 15 Jahre besteht. Beide Partner leben miteinander in zweiter Ehe. Sie hatten in erster Ehe jeweils sehr enge Bindungen an den Partner, so dass sie diese offene Beziehung (beide Druckzentren bleiben offen) genießen können.

5+4 ist die unklare Beziehung. Bei den vier offenen Zentren, die wie Fenster nach draußen sind, kann man kaum noch von einer Beziehung sprechen, weil der Einfluss anderer von außen sehr stark sein kann. Ich kenne ein Paar mit dieser Konstellation, das inzwischen 44 Jahre glücklich verheiratet ist. Die beiden reisen viel gemeinsam und haben immerzu Einladungen. Häufig sieht man sie Händchen halten, vielleicht auch um allen zu demonstrieren: Wir gehören zusammen.

Sie sehen schon: Nichts ist unmöglich! Die letzten beiden Beispiele zeigen deutlich, dass sich eine theoretische Formel nicht immer eins zu eins in das gelebte Leben umsetzen lässt. Es kommt auch darauf an, welche Zentren im Composit offenbleiben.
- *Kopf:* frei von mentalem Druck, offen für Unterhaltung und Inspiration von außen
- *Verstand:* mental stark von außen beeinflussbar, viele Denkarten sind möglich
- *Kehle:* es wird viel geredet und wenig umgesetzt, jede Menge Small Talk, Buhlen um Aufmerksamkeit
- *Selbst:* fühlen sich überall und nirgends zu Hause, viele Umzüge sind vorprogrammiert
- *Ego:* starke materielle Ausrichtung; jedem soll klar sein, dass er seinen materiellen Beitrag leisten muss
- *Sakral:* es fehlt an Energie und sexueller Kraft; auch an der Beständigkeit, um Kinder großzuziehen
- *Solar Plexus:* emotional entspannt, aber mangelnde Leidenschaft und Empathie
- *Milz:* kein Wohlfühlen zusammen mit dem Partner; ein Haustier, das das Milz-Zentrum angelegt hat, kann dem Paar Geborgenheit geben
- *Wurzel:* kein Stress miteinander, aber mangelnde Erdung und Sicherheit

Gibt es Probleme in einer Partnerschaft, sind die Analysekriterien aus dem HD für eine Klärung sehr unterstützend. Aber es ist immer die Entscheidung eines jeden einzelnen, ob er die Beziehung leben will oder nicht. So viele Faktoren spielen in einer Zweierbeziehung eine Rolle, die ein Außenstehender oft gar nicht beurteilen kann. So kann zum Beispiel auch eine ähnliche Prägung im Elternhaus der beiden Partner eine stark bindende Komponente sein.

Wir entwickeln so viele Vorurteile, wer zu uns passt und wer nicht. Auch sind wir so sehr damit beschäftigt, alles mental zu kontrollieren. Dieses strategische Spiel aber funktioniert in Bezug auf Partnerschaft nicht.

Verbindungen entstehen und Verbindungen gehen zu Ende, indem sie dabei einer ganz eigenen Magie folgen. Wir haben keine Wahl.

Partneranalyse von Brad Pitt und Angelina Jolie

Im September 2016 ging die „schockierende" Nachricht von der Trennung des Traumpaars „Brangelina" durch die Medienlandschaft. Ich persönlich wunderte mich vielmehr, angesichts der Rückschlüsse aus dem Human Design, dass es die beiden auf immerhin elf Jahre Beziehung gebracht hatten.

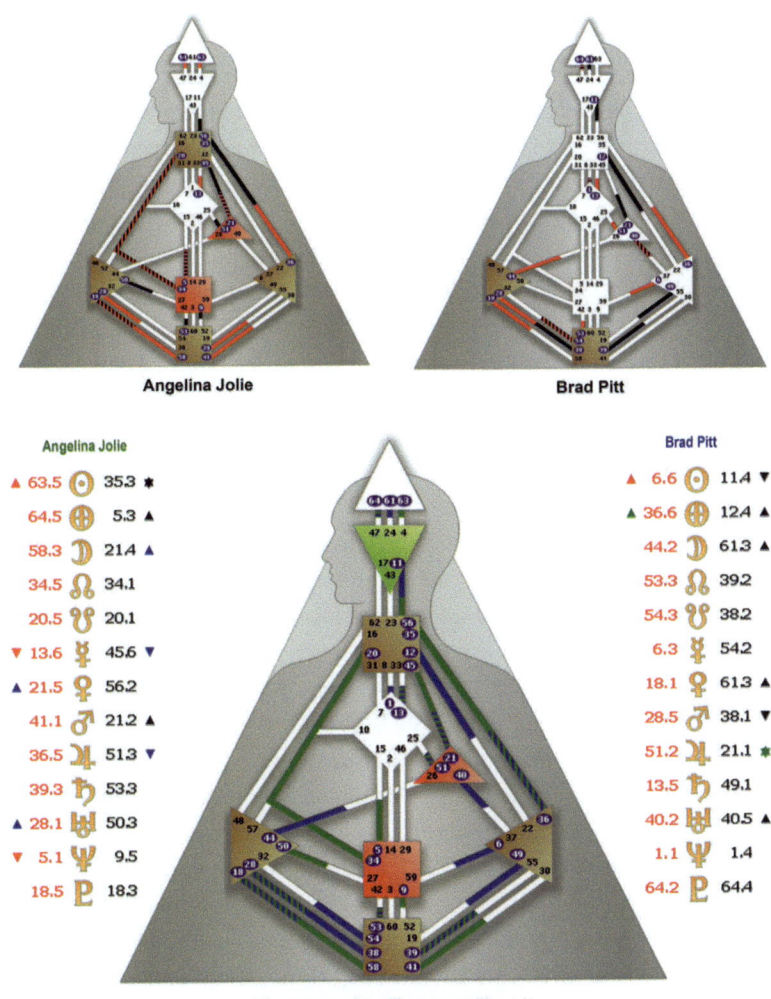

Komposit „Brangelina"

Bei dem Paar kommen ein Manifestierender Generator und ein Projektor zusammen. Die Schwierigkeiten und Chancen bei dieser Typenkombination habe ich bereits oben ausgeführt.

Beim Anblick der beiden Einzelcharts fällt auf, dass Angelina Jolie über viele angelegte Zentren und Kanäle verfügt, wohingegen Brad Pitt sehr offen ist.
Sie ist, mit den vier angelegten Motor-Zentren Ego, Solar Plexus, Sakral und Wurzel, eine sehr kraftvolle Frau. Er kann ihr diesbezüglich mit der Wurzel als einzigem Motor nicht viel entgegensetzen, meint aber, in ihrer Aura der kraftvollste Mann auf Erden zu sein. Wenn er mit ihr zusammen ist, spürt er eine enorme Willensstärke, unermüdliche Schaffenskraft und starke Emotionen. All diese Energie macht für ihn die erotische Ausstrahlung von Angelina aus. Ohne sie fühlt sich Brad kraftlos und leer. Sie nimmt diese Kraft an ihm wahr und sitzt dabei der Illusion auf: „Wir sind uns ja so ähnlich!" Zumindest eine Zeitlang. Doch irgendwann stellt sie immer wieder fest, dass seine vermeintliche Kraft keine Substanz hat, worüber sie zunehmend frustriert und verärgert ist. Angelina kann sich nur schlecht auf Brad verlassen, was Abmachungen (offenes Ego) und Kraftanstrengungen (offenes Sakral) betrifft.
Brads übertriebenes Ausdrücken von Emotionen, die eigentlich energetisch die ihren sind, und dabei die große Scheu, Konflikte auszutragen (offener Solar Plexus), kann sie ebenfalls mit der Zeit nerven. Unter dem Strich fühlt sich Brad immerzu überfordert, weil er mit ihr energetisch nicht mithalten kann. Mental wird er versuchen dieses Ungleichgewicht zu leugnen, aber sein Körper spricht eine andere Sprache. Unterschwellig fühlt er sich ihr latent unterlegen, was von beiden kaschiert wird.

Hauptpunkt der Schwierigkeiten sind die drei Kompromisse, die er mit ihr eingehen muss. Er muss dreimal nachgeben und sie braucht nur einmal nachzugeben. Dieses Ungleichgewicht lässt ihn meist als Verlierer dastehen.
Sie gibt mit Kanal 35-36 vor, welche Erfahrungen in der Zweierbeziehung gemacht werden, und ignoriert, welche kleineren und größeren Krisen ihn mit Tor 36 bewegen. Mit dem Ego-Manifestorkanal 45-21 ist sie die Chefin und kümmert sich nicht um sein eigenes Kontrollbedürfnis mit Tor 21. Der Kanal 18-58 macht sie zur Kritikerin vor dem Herrn. Sie legt dabei wenig Interesse für das Kritikerpotential ihres Partners an den Tag, der „nur" Tor 18 hat. Das Thema Kampf und Lebenskampf gibt Brad mit dem Kanal 28-38 vor und dabei lässt er sich nicht von den Herausforde-

rungen beeindrucken, die Angelina mit dem Tor 28 gerne annehmen möchte. Es macht keinen Sinn, diese Themen immer wieder zur Sprache zu bringen. Es ist unnütze Kraftvergeudung.

Dadurch, dass das Verhältnis der Kompromisse unausgewogen ist – Brad muss zweimal öfter nachgeben als Angelina – bleibt bei ihm ein bitterer Nachgeschmack zurück, was ihm seine Laune verdirbt. Es ist nicht Angelinas Fehler, dass er öfter als sie nachgeben muss. Es ist schlicht und einfach die Kanal-Mechanik, die akzeptiert werden muss, wie sie ist. Hier kann nichts ausdiskutiert werden. Die Wahlmöglichkeit heißt zu akzeptieren oder zu gehen.

Zumeist ist es der Partner mit den stärkeren Anlagen, der geht, weil er das energetische Ungleichgewicht nicht länger tragen möchte, oft auch aus dem Gefühl der Überforderung heraus. Angelina war diejenige, die die Scheidung einreichte.

Eine weitere Herausforderung ist die einfach gespaltene Definition im Composit. Der Bereich Wurzel-und-Milz-Zentrum ist vom Rest abgespalten, d. h., das Sich-geborgen- und-geerdet-Fühlen führte ein Eigenleben. Um diesen Bereich zu überbrücken, braucht es mindestens ein Brückentor. In Frage kämen Tor 57, Tor 42, Tor 26 und Tor 27. Deswegen glaubten sie, die Probleme in ihrer Beziehung kämen daher, dass sie sich beide nicht richtig zuhören (Tor 57), nichts zu Ende bringen (Tor 42), maßlos übertreiben (Tor 26) und/oder zu wenig fürsorglich sind (Tor 27). Eine solche Wahrnehmung der eigenen Beziehung, die aber nicht auf Tatsachen, sondern auf Vorstellungen beruht, belastet natürlich eine Partnerschaft auf Dauer, weil sie nicht den Idealvorstellungen beider Partner entspricht. Sind die beiden in der Aura anderer, auch ihrer sechs Kinder, wird ihnen genau das bewusst, was dann nicht selten als Vorwurf gegenüber dem Partner, in Anwesenheit Dritter, verbalisiert wird. Diese Art, miteinander umzugehen, wird zwischen den Partnern verständlicherweise als verletzend empfunden. Hier hilft nur ein „Rezept": regelmäßig gemeinsam als Paar eine anonyme Aura im Café oder Restaurant aufsuchen und genau diese Knackpunkte gemeinsam besprechen.

Im Composit bleibt das G-Zentrum offen. Deshalb fühlt sich das Paar überall und nirgends zuhause. Viele Umzüge sind vorprogrammiert. Bestimmt haben ihnen die Kinder das Gefühl von Zuhause-Sein vermittelt.

Insgesamt betrachtet, hat das Paar wenig Gemeinsamkeiten, also Faktoren, die einer Beziehung Stabilität verleihen. Die Unterschiedlichkeit aber ist es, die gegenseitige Anziehung bewirkt. Auch wird dadurch der Genpool optimal versorgt. Soweit bekannt ist, haben „Brangelina" drei gesunde Kinder miteinander.

Es gibt jedoch noch einige weitere Aspekte, warum die beiden so lange Zeit ein Paar waren.

Die 7+2 Beziehung kann gut gelebt werden, wenn beide bereit sind, an der Beziehung zu arbeiten. Ein gemeinsames offenes Kopf-Zentrum öffnet beide für Inspirationen und Unterhaltung aller Art.

Der elektromagnetische Kanal 56-11, den sich beide geben, ist sehr anregend für sie, weil sie sich über Geschichten, Erfahrungen und Drehbücher austauschen können, aber sie genießen auch das gemeinsame Reisen.

Angelinas dominanter Kanal 20-34, der sie immerzu beschäftigt sein lässt, ist Brad zwar fremd, wirkt aber mitunter sehr interessant auf ihn. Möglicherweise bewundert er sie deshalb, weil sie ohne große Umschweife Dinge tatkräftig in Angriff nimmt.

Beide sind in einem sogenannten rechten Profil geboren. Daher wissen beide, dass sie selbstbezogen sind und dass es in ihrem Leben primär darum geht, ihren eigenen Weg zu gehen.

Die Menschen, die in unser Leben kommen, sind genau richtig für uns. Nur unser Kopf hadert. So hatte es auch seine Richtigkeit, dass Angelina Jolie und Brad Pitt ein Paar wurden, und es ist auch in Ordnung, dass sie sich jetzt getrennt haben.

Erfahrungen wie Liebe und Tod sind nicht steuerbar und entziehen sich deshalb unserer Kontrolle, was unser rationaler Verstand angesichts seiner Ohnmacht gar nicht mag. Am Beginn und am Anfang einer Beziehung ist immer etwas Schicksalhaftes am Werk, dem wir ausgeliefert sind. Die Beatles bringen es auf den Punkt mit: „Let it be!"

Mögliche Komplikationen in der Zweierbeziehung

Wenn ein neues Mitglied in die Familie kommt, kann das für die Partnerschaft eine große Herausforderung werden. Dabei kann es sich beispielsweise um ein eigenes, adoptiertes oder angeheiratetes Kind handeln oder um einen alternden Elternteil. Problematisch wird es immer dann, wenn einer der beiden Partner mit dem neuen Familienmitglied eine 9+0-Beziehung hat, denn dann erlebt sich der andere Partner als überflüssig und reagiert verständlicherweise mit Eifersucht.

Als besonders tragisch beobachtete ich diese Konstellation bei einem jungen Paar, das ihr erstes Kind bekam. Die junge Mutter liebte ihr Neugeborenes, hatte aber immer dann, wenn der Ehemann mit dem Kleinen zusammen war, das Gefühl, dass sie nicht mehr dazugehörte. Es war tatsächlich so, dass für sie aurisch kein Platz mehr da war, weil Vater und Kind eine 9+0-Beziehung verband. Die junge Mutter war zutiefst verwirrt und verzweifelt, denn sie verstand nicht, was da ablief. Sobald klar wird, dass es niemandes Schuld oder gar böse Absicht ist, warum sich jemand ausgeschlossen fühlt, können Verständnis und Akzeptanz erfolgen.

Ich selbst hatte eine 9+0-Beziehung mit meiner Mutter und war als Kleinkind sehr von ihr abhängig, denn ich selbst habe eine einfach gespaltene Definition und suche daher im außen Menschen, die mir diese überbrücken. Natürlich kam ich angesichts meines Vaters und meines älteren Bruders, die im selben Haushalt lebten, nur hin und wieder in den Genuss, meine Mutter ganz für mich alleine zu haben. Dabei erinnere ich mich an eine traumatische Situation, die ich mit ca. vier oder fünf Jahren erlebte: Mutter und Bruder waren übers Wochenende verreist, so dass ich mit meinem Vater alleine zu Hause war. Mit meinem Vater hatte ich eine einfach gespaltene Definition mit drei offenen Zentren. Folglich konnte er mir aurisch nicht dasselbe wie meine Mutter geben. Ich kann mich noch gut daran erinnern, dass ich viel weinte und auch nichts essen konnte. Vater lud in seiner Verzweiflung einen Freund ein, der ihm wohl helfen sollte, mich zu beruhigen und zum Essen zu überreden. Noch heute sehe ich diese beiden hilflosen Männer vor meinem geistigen Auge, wusste ich doch selbst nicht, was mit mir los war. Und auf einmal ging die Tür auf und Mutter stand vor mir. Von einer Sekunde zur anderen war meine kleine Kinderwelt wieder in Ordnung. Ich hörte auf zu weinen, konnte wieder essen und alles war gut. Solche Vorkommnisse sind für einen jungen Vater wenig ermutigend und eher frustrierend.

Die Geschichte hat eine Fortsetzung: Als meine Mutter hochbetagt nach jahrelanger Demenzerkrankung verstarb, verfiel ich erneut in monatelange Appetitlosigkeit. Die Jahre zuvor, als meine Mutter noch lebte, war ich immer wieder regelmäßig in ihrer Aura, und die gab es nun nicht mehr. Sie war unwiederbringlich weg. Meine Mutter war ohne und mit Demenz derselbe aurische Mensch, so auch für mich. Deshalb kann uns der Tod eines Menschen, mit dem man jahrelang krankheitsbedingt keinen intellektuellen Austausch mehr hatte, auch tief treffen. Wir können das Phänomen häufig bei alten Ehepaaren erleben, wenn ein über Jahre kranker Partner wegstirbt, oder bei Eltern mit behinderten Kindern. In dem Moment, wenn der Partner oder das Kind stirbt, bleibt der Überlebende übrig. Er verliert die Aura des anderen für immer, selbst, wenn der Verstorbene schwer krank war oder gar im Koma lag. Außenstehende beurteilen solche Lebenssituationen rein rational nach der Devise: Wie gut, dass der Mensch endlich gehen konnte. Er war doch nur noch eine Last für die Angehörigen. Die Ratio ist eiskalt und sieht die Dinge verengt.

Generell kann gesagt werden, dass es immer die größte Belastungsprobe für eine Zweierbeziehung ist, wenn ein Dritter dazu kommt. Im Normalfall ist es das erste Kind. Denn damit verwandelt sich die Zweierbeziehung in ein Penta, das nach ganz anderen Maximen als die Zweierbeziehung ausgerichtet ist. An erster Stelle steht dann das Penta mit seinem Imperativ: Gemeinsam müssen wir erfolgreich sein! (Siehe nächstes Kapitel!)

Auch vom Numerischen her betrachtet ist die Drei instabil. Es können sich immer nur zwei anschauen, einer schaut ins Leere. Vielleicht waren Sie auch schon einmal dieser Eine unter drei Freunden. Es fühlt sich nie so gut an wie eine Freundschaft unter zweien. Wie heißt es so treffend? Drei sind einer zu viel. Deshalb ist es jungen Eltern anzuraten, nicht zu lange zu warten, bis das zweite Kind zur Welt kommt. Bei vier Familienmitgliedern haben wir nämlich wieder ein stabiles Penta. Ähnlich wie bei einem Tisch, der mit vier Beinen auch immer standfester als mit drei Beinen ist.

Eine Beziehung kann auch an bestimmten Transit-Konstellationen zerbrechen. Zumal, wenn das aktuelle Transitfeld mit den elektromagnetischen Toren des Partners aufwartet. Dabei hat dann dieser Partner das Gefühl, den anderen Partner nicht mehr zu brauchen, weil man plötzlich alles selbst zur Verfügung hat, was sonst allein der Partner in die Zweierbeziehung mitbringt. Hier kann es dann, wenn man seiner korrekten Strategie nicht folgt, zu einem schnellen Beziehungsabbruch kommen, was bald schon bitter bereut wird, nämlich dann, wenn sich das Transitfeld ändert. Dieses Ereignis beobachtete ich bei einem Paar, das in jungen Jahren zusammen war. Der Mann trennte sich damals von seiner Partnerin, was diese nie wirklich nachvollziehen konnte. In späterem Lebensalter fanden die beiden wieder zueinander. Hier war es hilfreich zu schauen, zu welchem Zeitpunkt – unter Berücksichtigung der Transite – die Trennung damals erfolgte. Diese Erkenntnis war unglaublich klärend für die wiedererstandene Beziehung. Als ich gefragt wurde, ob sich eine solche Konstellation jemals wiederholen könnte, konnte ich beruhigen, dass dies eher unwahrscheinlich sei, und wenn man weiß, wann welche Kräfte am Wirken sind, kann man außerdem ein zweites Mal anders damit umgehen.

Eine Beziehung kann auch daran scheitern, dass ein bestimmtes Transitfeld neue Menschen in unser Leben bringt, so dass der Eindruck entsteht, den Partner nicht mehr zu brauchen. Transite sind verführerisch und können Menschen in unser Leben bringen, die wir so anziehend finden, dass wir unsere mitunter glückliche aktuelle Beziehung vorschnell aufgeben. Deshalb ist es so wichtig, auf die eigene innere Autorität zu achten. Attraktiv sind in diesem Fall auch die elektromagnetischen Verbindungen, aber immer auch die Brückentore durch einen anderen Menschen, wenn man selber eine einfache Spaltung in zwei Definitionsbereiche hat. Hier heißt es, immer korrekt unterwegs zu sein. Dann ersparen Sie sich eine sinnlose Trennung bzw. Scheidung, die spätestens dann bereut wird, wenn die Faszination an der neuen Begegnung, zusammen mit dem Transitgeschehen, verschwindet. Das ist auch ein Grund, warum gerade Urlaubslieben oft wenig Bestand haben. Waren es bestimmte Transite, die uns die Urlaubsliebe präsentierten, so sind diese meist weg, wenn man sich Monate später wiedersieht.

Auch sobald bei uns ein neuer Lebenszyklus beginnt, kann uns dieser so anders ausrichten, dass neue Verhaltensweisen und andere Menschen plötzlich wichtig werden, wichtiger als der Partner, was dem Betroffenen selbst kaum auffällt, jedoch der Umgebung. Ich möchte Ihnen von einem solchen Fall berichten. Der Partner, bei dem der neue Lebenszyklus begann, hatte plötzlich einen ganz anderen Umgang mit seinen Mitmenschen. Er entwickelte sich geradezu zu einem Charmeur, wobei er vorher doch eher abwartend und zurückhaltend gewesen war, was natürlich als irritierend erlebt wurde. Da der 3. große Lebenszyklus, der Chiron-Return (zwischen etwa 49 und 51 Jahren), erst kurze Zeit zurücklag, hatte ich ebendiesen in Verdacht, diesen Gesinnungswandel ausgelöst zu haben, und siehe da – ich wurde fündig: In einem der Mondknoten stand Tor 12 an der Kehle im Geburtschart des Mannes, und dabei hatte er ein offenes Emotional-Zentrum. Er ist also gegenüber neuen Bekanntschaften eher vorsichtig. Im Chiron-Return bekam er das gegenüberliegende Tor 22 in der Persönlichkeitssonne. Dadurch hatte er Zugang zum Kanal der geselligen Menschen, Kanal 12-22, der ihn gegenüber anderen emotional anmutig machte. Ja, er hatte jetzt den Mut, anderen emotional offen zu begegnen. Diese Verhaltensänderung musste den Mitmenschen, allen voran der Partnerin, zwangsläufig auffallen.

Es kann auch beobachtet werden, dass zwei Menschen manchmal dann zueinander finden, nachdem einer der beiden in einen neuen Zyklus eingetreten ist, und dann im Zyklen-Chart dasselbe Inkarnationskreuz auftaucht wie beim Partner im Geburtschart.

2. Gruppendynamik

Die Klein-Gruppe

Sobald eine Familie zusammenkommt, handelt es sich um ein Penta. In dem Fall kommen ganz andere Anlagen zum Tragen, weil es sich beim Penta um eine transaurische Form handelt.

Im Penta sind die 3 Kanäle vom Kehl-Zentrum zum Selbst und die 3 Kanäle vom Selbst zum Sakral-Zentrum angesprochen. Demnach spielen in einem Penta Denken (Kopf und Verstand), Fühlen (Solar Plexus) und Wollen (Ego) keine Rolle. Nun kommt es darauf an, welche Tore und Kanäle jedes einzelne Familienmitglied in genau diesen Bereichen, von seinen persönlichen Anlagen her, mitbringt. Werden einzelne Bereiche von mehreren Familienmitgliedern abgedeckt oder gibt es Teile, die unbesetzt bleiben? In beiden Fällen kann es zu familiären Unstimmigkeiten führen.

Übrigens sprechen wir immer dann von einem Penta, wenn 3–5 Personen zusammenkommen. Das kann die Familie, aber genauso gut auch eine Interessensgemeinschaft, ein kleiner Betrieb, eine Arbeitsgruppe oder eine Clique sein. Die Auren von Tieren und Pflanzen haben auf das Penta keinen Einfluss.

Das Penta ist eine strategische Gruppe mit einem blinden Mechanismus. Jedes Penta ist gewinn- und profitorientiert und will immer mehr haben, als es braucht, so auch die Familie. Jeder, der noch alleinstehend ist, und erlebt, wie Geschwister eine Familie gründen, kann diese Besonderheit beobachten, wie plötzlich Geld und Besitz innerhalb der jungen Familie eine große Rolle spielen.

Pentas, wie wir sie kennen, sind ein morphisches Feld, in dem es um Kontrolle und Manipulation geht. Ein Penta ist ein gleichmachendes Instrument, das auf Regeln basiert. Wer sich nicht an die Regeln hält, wird bestraft. Das Penta übt Druck aus, ohne dass eines der beiden Druck-Zentren angesprochen wird. Im Penta geht es um Arbeit (Sakral) – eine schlechte Voraussetzung für sakral offene Typen – und um Identifikation (Selbst).

Die Familie ist kein menschliches Produkt. Sie ist ein Nebenprodukt des menschlichen Lebens, welches das Großziehen der Kinder zum Ziel hat und zwar in einem möglichst sicheren Rahmen. Das Penta konditioniert uns von uns selbst weg. Es fordert von uns. Im Penta muss alles in eine Schachtel passen. Falls Ihnen nicht ganz klar ist, was ich meine: Besuchen Sie einfach Ihre Herkunftsfamilie einmal wieder! Hier können Sie mehr oder weniger erstaunt feststellen, dass die alten Formeln und Regeln aus Kindheitstagen sofort wieder da sind, egal welche persönliche und berufliche Entwicklung Sie mittlerweile genommen haben.

Wenn ein Mensch, zum Beispiel eine Mutter, 10 bis 14 Stunden lang in einem Familienpenta eingesperrt ist, dann kann sie sich nicht selbst leben. Max Giesinger spricht genau diese Thematik in seinem Song „Wenn sie tanzt" an. Das ist ein Anzeichen dafür, dass in unserer Gesellschaft eine Sensibilität gegenüber diesem Thema da ist. Die Mutter bräuchte dringend ihre eigene Aura-Zeit. Es ist schwierig, nicht vom Penta beeinflusst zu werden.

Warum können Menschen leicht manipuliert werden? Nicht deshalb, weil sie schwach sind. Die Umgebungen sind manipulativ. Wir sind aber nicht hier, um uns dadurch von uns wegbringen zu lassen. Unsere Einzigartigkeit wird durch das Penta blockiert. Das Penta gibt seinen Mitgliedern zu verstehen: „Du kannst deinen Beitrag leisten, aber wer du bist, ist uns egal!" Unsere Schönheit, einmalig zu sein, wird im Penta nicht gesehen.

Das Penta ist nicht Stamm, es ist kollektiv, aufgrund der vier kollektiven Kanäle, zwischen Kehle, Selbst und Sakral. Weist es Lücken auf, ist es dysfunktional. Je dysfunktionaler eine Familie ist, umso wettbewerbsorientierter ist sie. Der Erfolg wird am Materiellen gemessen. Die Eltern vergleichen die fremden Kinder mit den eigenen. Aber das läuft alles unbewusst ab. Das Wetteifern treibt solche Blüten, dass Eltern beispielsweise in den USA und in Großbritannien bereits ungeborene Kinder an Eliteschulen anmelden. Die Mitglieder im Penta funktionieren wie Automaten und werden für sich alleine von ihrer Umgebung ganz anders wahrgenommen als innerhalb ihres Pentas. Im Penta geht es nie um das einzelne Individuum, es braucht nur Gefolgsleute.

Schwache Penta-Menschen, also solche, die nicht einmal einen Kanal in den oben angesprochenen Bereichen haben, fühlen sich in Pentas oft unwohl, weil ihnen die Mechanismen fremd sind. Wer Penta-Kanäle besitzt, der weiß instinktiv, dass ein möglichst komplettes Penta in Familie, Verein oder Betrieb den materiellen Erfolg sichert.

Es ist natürlich, dass in den meisten Familien ein oder mehrere Penta-Bereiche offen bleiben. Nur so sind die Kinder später gewillt auszuziehen und ihren eigenen Hausstand zu gründen. Die Evolution sieht nicht vor, dass Kinder ewig im Elternhaus verbleiben, denn sie ist auf Fortpflanzung angelegt. Das Penta ist immer stärker als das Individuum. Im Penta machen Sie automatisch das, was alle machen. Treffen Sie deshalb niemals Entscheidungen in der Aura des Pentas! Denn dort ist es die Penta-Entscheidung und nicht Ihre eigene.

Machen Sie sich klar, dass Sie das Penta nicht herausfordern können. Sie müssen es akzeptieren. Wenn Sie die Hilflosigkeit der Natur der Dinge erkennen, können Sie entspannen und ins Vergeben kommen.

Leben und/oder arbeiten Sie in einem Penta, dann bewahren Sie sich die Eins-zu-eins-Beziehung zu Ihrem Partner, aber auch zu jedem einzelnen Kind. Gerade Pubertierende sollten außerhalb des Pentas in Zweier-Gespräche mit jedem einzelnen Penta-Mitglied einbezogen werden. Nur so kann Transformation stattfinden.

Das Penta ist eine blinde, mechanische Kraft, die unserem genetischen Imperativ entspringt, eine Paarbeziehung einzugehen und eine eigene Familie zu gründen.

Der Kolumnist Harald Martenstein hinterfragt: „Warum haben Leute Kinder? Ich kann es nicht begreifen. In den ersten Monaten schlafen die Kinder meistens, außer nachts. Im Wachzustand schreien sie und verrichten emsig ihre Notdurft. Dann kommt die Phase, in der sie Bücher aus den Regalen ziehen, Seiten aus den Büchern herausreißen und sich im Supermarkt schreiend auf den Boden werfen. Bald schon stellen sie sinnlose Forderungen, sie wollen zum Beispiel nur noch Schuhe einer bestimmten Marke tragen, natürlich einer teuren Marke. In der Pubertät machen sie den Eltern meistens Vorwürfe, was sie nicht daran hindert, weiterhin Forderungen zu stellen. Dann ist man alt. An Weihnachten rufen die Kinder an. Der Sinn des Kinderkriegens besteht darin, dass, wenn man alt ist und die Freunde gestorben sind, an Weihnachten jemand anruft. Dies könnte man auch billiger haben." Martensteins Kolumne endet mit folgendem Satz: „Vor einigen Monaten bin ich zum zweiten Mal Vater geworden." Trotz seiner überspitzten, zynischen Betrachtungsweise kann er sich anscheinend dieser unbewussten genetischen Mechanik nicht widersetzen. Oder hat er etwa doch das Bibelzitat: „Werdet wie die Kinder!" im Hinterkopf? Denn ganz besonders Kinder können für uns Erwachsene große Lehrmeister sein, was es heißt, authentisch und ehrlich zu sein.

Wenn Sie in Ihrem eigenen Familien-Penta leben, bleibt Ihnen nichts Anderes übrig, als die dort herrschenden Gegebenheiten zu akzeptieren. Es hilft jedoch ungemein, die Mechanismen Ihres Pentas zu durchschauen, was angelegt ist und was offenbleibt. Wenn Sie sich in Pentas bewegen, die keine Notwendigkeit darstellen, sei es beruflicher, familiärer oder privater Natur, können Sie sich von ihnen verabschieden. Das ist authentischer und gesünder für Sie, als sich bei jedem Treffen zu ärgern, weil Sie sich wie in eine Zwangsjacke gepresst fühlen.

Im Folgenden gebe ich Ihnen die Schlüsselworte für die Penta-Kanäle, die jenseits unserer persönlichen Kontrolle liegen:

Kanal 31-7: Disziplin wird eingefordert, um auf die Zukunft der Kinder Einfluss zu nehmen. Dabei lastet unheimlich viel Druck auf den Kindern.

Kanal 8-1: Das öffentliche „Zur-Schau-Stellen" der Familie. Hier kann optimal Werbung für das Penta (Familie, Betrieb) gemacht werden.

Kanal 33-13: Wertschätzung der Familiengeschichte und Geheimhalten von Familieninterna, um die familiäre Kontinuität zu bewahren.

Kanal 15-5: Alles wird so organisiert, dass es funktioniert, wodurch der Zusammenhalt der Familie gefördert wird.

Kanal 14-2: Sammelt und bündelt die Energie, um sie in die eigene Vision und Zukunft zu investieren.

Kanal 29-46: Schafft Harmonie und fördert das Zusammengehörigkeitsgefühl auf Reisen und bei allen anderen aushäusigen Aktivitäten.

Bringt das Kind den Penta-Kanal mit, dann geht das Thema vom Kind aus. Besitzt es beispielsweise Kanal 31-7, dann diszipliniert das Kind seine Eltern.

Die neuen Menschen, die Raves, die es dann ab 2027 geben wird, sind reine Penta-Wesen, aber im Gegensatz zu unseren Pentas sind diese bewusst. Das Rave ist als Individuum sehr begrenzt, ja sogar behindert, aus unserer heutigen Sicht. Richtig Einfluss werden die Rave-Pentas erst in 200 - 300 Jahren haben. Sie geben, weil sie 4 x rechts sind, (s. Teil 3 + Teil 6) ihre Persönlichkeit für das Penta auf. Diese Rave-Pentas sind also zutiefst aufeinander eingestimmt, um gemeinsam erfolgreich zu sein.

Eine Familie mit vielen Kindern, was früher bei uns üblich war und heute noch in vielen Teilen der Welt Standard ist, birgt für die jüngeren, nachgeborenen Kinder die Schwierigkeit in sich, dass diese für das Penta nicht mehr gebraucht werden, wenn alle Anlagen bereits besetzt sind. Das ist kein erfreulicher Zustand für die Nachkömmlinge einer Familie. Weil ein Penta aus maximal fünf Personen besteht, fühlt sich die sechste Person nicht zugehörig und wird, wann immer es ihr möglich ist, der Familienzusammenkunft fernbleiben. Bei einer Gruppe von sieben bis zehn Leuten können sich zwei Pentas bilden, die mitunter voneinander unabhängig agieren.

Da wir die Neigung haben, unseren Ehepartner nach den vertrauten Anlagen der Mitglieder unserer Herkunftsfamilie auszuwählen, erstaunt es kaum, dass das neu angeheiratete Familienmitglied dann als Konkurrenz betrachtet wird, was sich oft als gegenseitige Eifersucht äußert.

Die Erfahrung lehrte mich, dass es immer Sinn macht, auch innerhalb einer Familie die Beziehungen der einzelnen Mitglieder untereinander zu betrachten (siehe Partnerschaft!). Sind doch auch immer wieder nur zwei bestimmte Mitglieder des Pentas aurisch zusammen, also ein Paar, wenngleich das Penta immer seine stärkste Wirkung entfaltet, weil es das übergeordnete System ist.

Folgende Fallgeschichte möchte ich mit Ihnen teilen: Die beiden Kinder hatten schon lange ihr Elternhaus verlassen. Als die Eltern mit zunehmendem Alter Hilfe benötigten, war es stets die Tochter, die sich dafür verantwortlich fühlte und ihnen unterstützend zur Seite stand. Der Bruder blieb von der Hilfsbedürftigkeit seiner Eltern unberührt und fühlte sich nicht zuständig.

Die Partner-Composits zwischen allen Familienmitgliedern brachten hier Licht ins Dunkel. Zwischen Sohn und Mutter gab es einen Split. Kanal 37-40 ist abgespalten, so dass der Sohn keinen Zugang zu den Emotionen der Mutter hat und damit auch nicht zur Kanalqualität des Gemeinschaftsmenschen. Ebenfalls gibt es zwischen Sohn und Vater einen Split, so dass der Sohn auch bei seinem Vater keinen Zugang zum Solar Plexus hat. Kein Wunder, dass die emotionale Befindlichkeit seiner Eltern den Sohn kalt lässt.

Dagegen hat die Tochter zu Vater und Mutter emotionalen Zugang, d. h., sie spürt beider Not und kann sich deswegen der Hilfsbedürftigkeit der Eltern gefühlsmäßig nicht so leicht entziehen wie der Bruder.

Zwischen Bruder und Schwester bleiben die Emotionen offen, also fehlt es in ihrer Beziehung an gegenseitiger Empathie. So kann der Bruder emotional ungerührt dabei zusehen, wie sich die Schwester mit den kranken, alten Eltern abmüht.

Interessanterweise heiratete der Bruder eine Frau, mit der er im Composit-Chart dieselbe Spaltung wie im Composit mit der Mutter aufweist, nämlich den Kanal 37-40. So überließ er auch in seiner Ehe das Thema, „Ich bin Teil eines größeren Ganzen und halte mich an Abmachungen" seiner Frau und entzog sich familiären Verpflichtungen, ein aus dem Elternhaus vertrautes Muster – mit dem Unterschied allerdings, dass die Mutter sein Verhalten hinnahm, die Ehefrau dagegen die Scheidung einreichte.

Wieder einmal mehr können wir daran erkennen, dass wir meist das Muster unserer Herkunftsfamilie heiraten. Grundsätzlich ist das nicht schlimm. Ganz im Gegenteil, es zeigt, dass wir uns zum Vertrauten hingezogen fühlen, und wir bekommen dabei noch einmal die Chance, jene Lektionen zu lernen, die wir im Elternhaus ignoriert hatten. Aber wir müssen einsehen: Unsere jetzige Partnerschaft bzw. Familie ist nicht eins zu eins unsere Herkunftsfamilie in Fortsetzung.

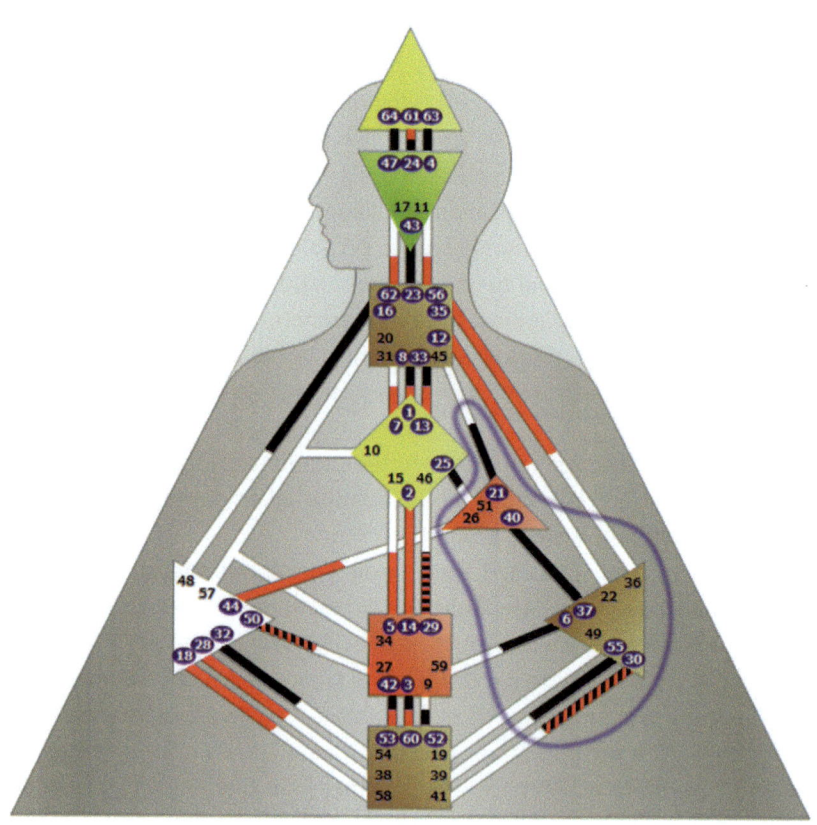

Abspaltung von Ego und Solar Plexus

Die Groß-Gruppe

Sobald mehr als 16 Menschen zusammenkommen, spricht man im HD von einem Wa. Die Was gehen meist über das Familiäre hinaus. Wir treffen sie zu besonderen Anlässen, wie auf Hochzeiten und Beerdigungen, doch genauso in Schulklassen, Vereinen und Betrieben an, aber auch auf Flughäfen und im Supermarkt, wo wir dann von Menschen konditioniert werden, die wir gar nicht kennen. Sind viele Leute im Supermarkt, kaufen wir automatisch Dinge, die wir gar nicht brauchen. Das Großraumbüro und die Kirche beim Gottesdienst sind beispielsweise auch Wa-Umgebungen.

Ra geht noch weiter: „Facebook ist Wa in aller Dekadenz. Jeder kann hineinpassen."
Im Wa sind andere Eigenschaften gefragt als im Penta. Aber hier gilt genauso wie im Penta: Wenn bestimmte Positionen mehrfach oder gar nicht besetzt sind, kann nichts Produktives dabei herauskommen, so sehr sich die einzelnen Mitglieder auch Mühe geben mögen.

Das Wa ist nicht ganz so strategisch wie das Penta, aber dennoch auf Kontrolle ausgerichtet. Im Wa wird jeder gezwungen, denselben Überzeugungen zu folgen. Jedes Wa hat eine spezifische Richtung, also eine Gleichschaltung. Beispielsweise sind Selbstmordattentate eine Wa-Dynamik. Alleine würden die Menschen so etwas nicht tun. Hier funktionieren Menschen wie Roboter.

Wir schauen beim Wa auf ein großes gleichmachendes Instrument. Dabei fühlen wir uns oft magisch von der Wa-Dynamik angezogen. Aber die Art, wie wir denken und fühlen, hält uns in einer kleinen Schachtel gefangen, ohne dass es uns auffällt. Wenn Sie einen bestimmten Gedanken im Kopf haben und in eine Gruppe gehen, kommt Ihr Gedanke nicht heraus, wenn Ihr Gedanke nicht im Sinne des Was ist. Hier beeinflusst das Wa Ihren Verstand. Sie werden so manipuliert, dass Sie sich selbst sagen: „Besser ich sage jetzt gar nichts", selbst, wenn in der Gruppe gerade jemand großen Mist erzählt. Möglicherweise haben Sie solche oder ähnliche Erfahrungen schon gemacht.

Die Kontroll-Mechanismen eines Was selbst nicht zu bemerken, ist normal. Aber wenn Sie diese Mechanismen kennen und durchschauen, dann ist es sehr unterstützend. Dieses Wissen macht innerlich frei und entlastet enorm. Ja, Sie können mitunter sogar Ihren Spaß daran haben und das Schauspiel, das sich Ihnen bietet, genießen. Penta und Wa sind außergewöhnliche Kontrollmechanismen. Konformität ist ihre Folge und genau deshalb sind diese Gruppenformen auch gefährlich. Daher sollte man vorsichtig sein, wenn man sich in Pentas und Was bewegt. Der Vorteil dieses Wissens besteht darin, dass Sie die Mitarbeiter einer Firma nach Penta- bzw. Wa-Kriterien zusammenstellen können, was eine gute Voraussetzung für materiellen Erfolg ist. In der Business-Analyse („BG5-Analyse") können diese Zusammenhänge aufgezeigt werden.

Das Penta kontrolliert stärker als das Wa. Da Gruppenprozesse strategischen Vorgaben folgen, hat das erzwungene Einhalten der Muster nichts mit Liebe zu tun.

Das Wa ist sehr kraftvoll, weil es alle vier Motor-Zentren besitzt. Die meisten Wa-Kanäle werden von Generatoren und Manifestierenden Generatoren belegt, nämlich vier. Die sakral-offenen Typen verfügen über weit weniger Wa-Kanäle, nämlich nur zwei, haben aber den Vorteil, diese Mechanismen von außen beobachten zu können.

In größeren Gruppen bekommen die Menschen mit Wa-Qualitäten die allgemeine Aufmerksamkeit, so auch Donald Trump, der gleich zwei Wa-Kanäle hat (59-6 und 45-21).

Im Folgenden beschreibe ich die Wa-Kanäle in ihren Qualitäten:

Kanal 3-60: Kontrolliert nicht nur das Individuelle, sondern hat auch auf alle Schaltkreise mutative Auswirkungen; kann dabei innovative Veränderungen bringen.

Kanal 50-27: Bringt logische Lösungen für die Zukunft.

Kanal 59-6: Kontrolliert Beziehungserfahrungen und regelt so die Interaktion.

Kanal 14-2: Beschafft die Ressourcen und gibt die Richtung vor.
Die Besonderheit bei diesem Kanal ist: Im Einzel-Chart ist der Mensch Individualist und in der Klein- oder Großgruppe sammelt er jene Ressourcen ein, die ihm für die Umsetzung eines Ziels nützen zum eigenen, aber auch zum Vorteil der Gruppe.

Kanal 45-21: Hat den Anspruch, oberster Chef der Gruppe zu sein.

Kanal 25-51: Macht das Wa konkurrenzfähig.

Es bedarf immer des ganzen Kanals, um eine Wirkung im Wa zu haben. Ein Tor alleine genügt nicht. Geben sich jedoch zwei Menschen den Wa-Kanal, dann erzielen sie ebenfalls gemeinsam eine Wirkung, entsprechend des Kanal-Themas.

3. Beziehung zu Tieren und Pflanzen

Tiere und Pflanzen haben, genauso wie Menschen, einen Persönlichkeitskristall und einen Designkristall (siehe Teil 5!) und demnach nicht nur einen Körper, sondern auch eine Seele.
Unsere menschlichen Körper haben ihre Begrenzungen, wie auch die Körper der Pflanzen und Tiere.
Jede tierische Spezies ist einzigartig, ob Reptilien, Käfer, Fische, Vögel oder Säugetiere. Genauso einmalig ist jedes Tier innerhalb seiner Gattung. Wer Hunde oder Katzen als Haustiere hat, weiß, dass jedes Tier seinen ganz eigenen Charakter besitzt.

Die Säugetiere verfügen über fünf Zentren. Es fehlen Kopf und Verstand, Ego und Solar Plexus und so verbleiben die fünf Zentren Milz, Wurzel, Sakral, Selbst und Kehle.
Diese Anlage von nur fünf Zentren ist uns Menschen nicht fremd. Es ist unsere Schlaf-Matrix (siehe Teil 4!) und als Neandertaler war der Mensch ebenfalls ein 5-zentriges Wesen.
Das Chart der Säugetiere umfasst 15 Tore, bestehend aus sechs Kanälen (28-38, 53-42, 50-27, 5-15, 57-20, 8-1) und drei artenübergreifenden Toren. Über diese Tore haben Menschen und Säugetiere einen ganz speziellen Zugang zueinander.
Die Kanäle 5-15 und 27-50 sowie das artenübergreifende Tor 12 haben dabei eine ganz besondere Funktion. Hat ein Mensch sie in seinem Dream Rave (siehe Teil 4!), dann wird er im Schlaf von den Tieren geprägt, die auf der anderen Seite der Erde leben, und bringt diese Themen dann mit in sein Tagesbewusstsein, ohne dass es ihm bewusst ist.
Würde diese Prägung durch Tiere fehlen, wäre es mit der Fürsorge der Menschen gegenüber ihren Mitkreaturen um Einiges schlechter bestellt. Nicht nur die Brutpflege der Vögel ist vorbildlich, auch die Warnsignale unter den Artgenossen, wenn Gefahr droht, und vieles mehr.
Die Säugetiere besitzen die artenübergreifenden Hexagramme 62, 12 und 19. Hat ein Mensch eines der gegenüberliegenden Hexagramme 17, 22 oder 49, dann kann er mühelos zu dem Säugetier eine Beziehung aufbauen.
Tor 49 ist ja das Hexagramm der Metzger, Tierzüchter und Tierdompteure – jeder vermag es, auf seine ganz eigene Art, mit dem Tier in Kontakt zu treten. Die 49 beinhaltet ebenfalls das Thema Opfer und Geopfertwerden. In früherer Zeit wurden

selbst Menschen geopfert, um die Götter gnädig zu stimmen, wobei diese Mechanik immer noch funktioniert. Die 49 ist auch das Tor der Prinzipien. Es kann sensibel sein, indem es das Tierwohl und den Tierschutz im Auge behält, aber auch unsensibel, indem es Massentierhaltung und Tierversuche unterstützt, zwei mögliche Antworten auf das gegenüberliegende Tor 19. Nachdem ich im Sommer 2016 die außergewöhnliche Raubtiernummer bei Zirkus Krone gesehen hatte, googelte ich danach gleich das Geburtsdatum des Dompteurs Martin Lacay jr. Und siehe da, er hat Tor 49 im Solar Plexus, das Tor des Dompteurs. Also kein Zufall!

Vögel, Reptilien und Fische besitzen vier Zentren: Sakral, Milz, Selbst und Kehle, mit den drei Kanälen 34-57, 5-15 und 8-1. Ihr artenübergreifendes Tor ist das Hexagramm 44. Hat ein Mensch das gegenüberliegende Tor 26, kann er in eine spezielle Verbindung zu diesen Tieren treten.

Aber auch jede andere elektromagnetische Verbindung zwischen Mensch und Tier schafft eine ganz besondere Beziehung zwischen beiden. Besitzen Sie beispielsweise Tor 38 und Ihr Hund hat Tor 28 gegenüber, dann definieren Sie einander das Milz-Zentrum. Als Folge davon fühlen Sie sich miteinander „pudelwohl".

Peter Wohlleben beschreibt sehr eindrucksvoll, wie er als Junge zu einem Küken eine innige Beziehung aufgebaut hat, und erläutert einige Beispiele, wie sich auch Wildtiere den Menschen anschließen können, so zum Beispiel der Delfin Fungie in der Dingle Bay in Irland, den ich selber schon einmal kennenlernen durfte. Fungie begleitete das kleine Ausflugsboot, auf dem wir uns befanden, was ihm immer wieder Spaß zu machen scheint. Zähmung durch Futter kann hier ausgeschlossen werden.

Insekten haben ebenfalls vier Zentren, mit den drei Kanälen: 57-34, 5-15 und 10-20.

Alle Tiere besitzen eine Aura. Katzen sollen dieselbe große Aura wie Menschen haben. Der Persönlichkeitskristall der Katze befindet sich am unteren Rücken. Das ist auch der Grund, warum uns Katzen häufig ihren Rücken zeigen, was von uns Menschen fehlgedeutet wird („die mag mich nicht!"), weil wir darum nicht wissen.

Bei Tieren geht es zwar primär um die Befriedigung des Fress- und Spieltriebs, aber es gibt auch, wie oben beschrieben, ganz individuelle Kontaktmöglichkeiten zwischen bestimmten Menschen und bestimmten Tieren. Wir Menschen projizieren aber vielerlei in Tiere hinein und unterstellen ihnen unsere eigenen Emotionen, unseren eigenen Willen und unsere erwarteten Denkleistungen. Warum? Die meisten Tiere sind Reflektoren, haben also keinen einzigen Kanal angelegt. Ja, die Tiere sind unsere Spiegel und dadurch geniale Lehrmeister für uns, um bei uns selbst anzukommen.

Tiere, die mindestens einen ganzen Kanal angelegt haben, sind Alpha-Tiere und setzen sich nicht nur ihren Artgenossen gegenüber durch, sondern tanzen häufig auch Herrchen oder Frauchen auf der Nase herum.

Wenn Sie das exakte Geburtsdatum Ihres Haustiers haben, können Sie das individuelle Chart Ihres Lieblings erstellen.

Pflanzen haben ebenfalls ihr ganz individuelles Design. Der einzige Unterschied zwischen uns und den Pflanzen besteht in der limitierten Matrix der Pflanzen. Deshalb sind Pflanzen nicht minderwertig, sondern in ihrem Design genauso einzigartig wie Menschen und Tiere.

Pflanzen haben drei Zentren: Sakral, Milz und Selbst, und die drei Integrationskanäle: 10-57, 10-34 und 57-34.

Pflanzen bekommen ihre Informationen aus der Erde. Durch das G-Zentrum erhalten sie ihre Identität, wodurch die Pflanze als solche zusammengehalten wird. Das Sakral-Zentrum gibt der Pflanze die Kraft. Die Wurzel der Pflanze befindet sich im Milz-Zentrum. Hier geht es um das Wohlfühlen und das Überleben im Jetzt.

Pflanzen haben das artenübergreifende Tor 15, das Tor der Extreme, im Selbst. Deshalb können sie extreme Rhythmen an den Tag legen, indem sie beispielsweise sehr schnell wachsen können, aber auch sehr langsam. Um ihr Fortbestehen zu sichern, brauchen die Pflanzen Insekten, die den ganzen Kanal 5-15, den Kanal des Im-Fluss-Seins haben.

Sie brauchen eine Pflanze nicht zu töten, um von ihr geheilt zu werden. Es reicht aus, wenn Sie sie anfassen. Allein über Berührung kommen Sie in die Aura der Pflanze.

Pflanzen können lebende Verbündete sein. Menschen mit Tor 5 können mühelos mit der Pflanzenwelt in Kontakt treten, weil die Pflanzen das gegenüberliegende Tor 15 haben. Es sind die Menschen mit dem sogenannten „Grünen Daumen".

Da Pflanzen das Milz-Zentrum haben, garantieren sie unser Überleben. Gehen Sie hinaus in die Natur und berühren Sie Pflanzen! Menschen denken, weil sie an der Spitze der Nahrungskette stehen, haben sie das Recht, andere Lebewesen ausschließlich nach persönlichen Effizienzkriterien zu beurteilen. Nebenbei bemerkt: Gibt es etwas Ausgeklügelteres und Langlebigeres als unsere Pflanzen? Sie besitzen gigantische Möglichkeiten, sich beispielsweise gegen Fressfeinde zu wehren, gerade auch deshalb, weil sie sich nicht fortbewegen können. Wussten Sie zum Beispiel, dass Buchen erst zwischen 80 und 150 Jahren ihre Geschlechtsreife erreichen? Oder dass es in Schweden Fichten gibt, die älter als 8000 Jahre sind?

Wenn wir lernen, die richtigen Pflanzen in unser Leben zu bringen, tun wir das Bestmögliche für unsere Gesunderhaltung. Es kommt dabei auf Ihr individuelles Design an, denn nicht jede Pflanze hilft jedem Menschen auf die gleiche Weise. Wie achtlos trampeln wir oft durch Wälder und Wiesen und haben keine Ahnung von den zerstörerischen Auswirkungen auf die Tier- und Pflanzenwelt!

Es gibt Kraftpflanzen. Sie geben uns Energie und ausreichend Kraft, um uns vor Bedrohungen zu schützen. Steht Pluto im Transitfeld in Tor 5, dann handelt es sich um Kraftpflanzen. Steht der Mond in Tor 34 und Sie säen aus, dann erhält diese Pflanze Kraft, die sie später an Menschen und Tiere weitergeben kann.

Schließlich gibt es noch Heilpflanzen. Sie bringen uns Wohlbefinden und unterstützen uns dabei, unsere Intuition zu schulen. Hier ist Tor 57 im Milz-Zentrum angesprochen. Wir lernen durch sie, was uns guttut und was nicht, zu unterscheiden.

Außerdem gibt es noch Pflanzen, die unser Verhalten beeinflussen. Dazu zählen Psychodrogen und Beruhigungsmittel, wie beispielsweise Baldrian und Johanniskraut. Sie werden mit Tor 10, dem Tor des Verhaltens bzw. mit Kanal 10-57, dem Kanal der perfekten Form, assoziiert. Grundsätzlich geht es hierbei darum, durch ein bestimmtes Verhalten Wohlbefinden zu erlangen.

Jede Pflanze kann unsere Verbündete werden. Wenn wir erkennen, dass uns eine Pflanze allein durch Berührung froh stimmen und gesund erhalten kann, ändert sich unsere Einstellung und wir entwickeln Respekt vor diesem Leben.

Die meisten Menschen suchen ihr Wohlbefinden über Menschen. Dass Pflanzen dasselbe leisten können, ist eine großartige Alternative.

Dass Tiere positiv auf uns einwirken, wurde durch eine Vielzahl von Studien nachgewiesen.

Teil 3 · Die Variablen

*Wir müssen uns unserem Körper liebevoll zuwenden
und uns gut um ihn kümmern.*
[Thich Nhat Hanh]

Was heißt Variable?

Im HD gibt es noch eine tiefere Ebene, die unter den Hexagramm-Linien liegt. Das sind die 6 Farben, die 6 Töne und die 5 Basen, die auf körperlicher, also unbewusster, und auf bewusster, also Persönlichkeitsebene, sehr differenzierte Informationen enthalten. Hier handelt es sich um das absolute Fein-Tuning eines Menschen, den genetischen Fingerabdruck per se, wo Fragen nach korrekter Ernährung, richtigem Ort, Lerntyp und Lebensmotivation beantwortet werden können.

Themen der unbewussten Variablen laufen unter dem Sammelbegriff „PHS" (Primary Health System).

Themen der bewussten Variablen werden mit „Rave Psychology" überschrieben.

Die bewusste und unbewusste Seite eines Menschen sind sich nicht immer grün, was mit der evolutionären Entwicklung zusammenhängt. Bis 1781 war Saturn der Taktgeber. Die Menschen hatten 7 Zentren und wurden im Schnitt 30 Jahre alt. Seit 1781 leben wir im uranischen Zeitalter. Der Mensch mutierte zum 9-zentrigen Wesen und kann durchschnittlich 84 Jahre alt werden.

Allerdings leben wir heute noch so, als ob wir ein 7-zentriges Bewusstsein hätten, weil wir immer noch alles mit dem Verstand erklären und kontrollieren wollen, und das in einem 9-zentrigen Körper. Deswegen werden wir zwar alt, aber wir verlieren unseren Verstand. So erklärt sich die Alzheimer-Epidemie. Die Ohnmacht des rationalen Verstandes zu erkennen und zu akzeptieren und der korrekten Strategie zu folgen, ist der beste Schutz vor Demenz.

Die Persönlichkeitskristalle, also die Seelen, einer Blume, eines Tieres oder eines Menschen unterscheiden sich nicht voneinander. Die Begrenzung bringt der Designkristall (siehe Teil 5!), also die Form. Es ist der Körper, der den Unterschied macht.

Die Arroganz des Verstandes, unendlich wichtig zu sein, ist so ungesund für uns. Er meint mit seinem ewigen Blabla der König zu sein und denkt immer dumme Sachen. Sobald etwas schiefgeht, wird stets jemand verantwortlich gemacht: der Chef, Angela Merkel, Vater, Mutter, Nachbars Hund, ... oder auch man selbst.

Der Mind, als Erfüllungsgenosse unseres Egos, kann sehr schlecht loslassen. Doch sobald er außerhalb des Kontroll-Trips ist, kann die Persönlichkeit damit beginnen, den Film zu genießen.

Wenn der Mind damit aufhört, besorgt zu sein, dann ist das ein monumentaler Schritt. Was wir sehen, sind die Rollenspiele, die Masken. Die Einzigartigkeit der Menschen sehen wir nicht.

Der Mind mag es nicht, in einem Körper zu sein. Er findet zum Beispiel den Körper zu dick oder zu untrainiert oder die Nase ist zu groß oder der Mund zu klein. Aber er ist hilflos und ohne Wahl, denn er kann den Körper weder verlassen noch grundlegend verändern.

Das Fahrzeug, den Körper, interessiert es wenig, was der Mind über ihn denkt. Oft fühlt er sich vergewaltigt von ihm, weil er einer bestimmten Diät folgen muss, die ihm gar nicht guttut, oder er muss an einem Ort wohnen, wo er sich unwohl fühlt.

Gewinner in diesem Spiel bleibt immer der Körper, er sitzt am längeren Hebel. Wenn er in seiner Eigenart zu wenig Beachtung erfährt, dann stirbt er eben und Verstand und Persönlichkeit müssen ihm folgen. Der Körper spricht also immer das letzte Wort.

Um dem Körper das zukommen zu lassen, was er braucht, gibt es im HD das sogenannte PHS. Hier geht es um die korrekte Ernährung und den richtigen Ort, die der Mensch beide benötigt, um sich wohlzufühlen und gesund zu sein.

Die Persönlichkeit braucht ebenfalls ihre richtige Behandlung, und zwar, indem der Verstand aufhört, Entscheidungen zu treffen. Dies wird dadurch unterstützt, dass wir unsere korrekte Motivation kennen und ihr folgen. Die Rede ist hier von Rave Psychology.

Wie erhalte ich die individuelle Variable?

Wichtig ist, dass Sie die exakte Geburtszeit kennen. Wir brauchen die 4 Eckpfeiler einer Körpergrafik, ausgedrückt im Kreuz des Lebens, das sich aus dem Inkarnationskreuz und den Mondknoten zusammensetzt, also aus Sonne und Erde bewusst und unbewusst, und aus den bewussten und unbewussten Mondknoten bestehend. Hier interessieren weder die Hexagramme noch die Linien, sondern einzig und allein die Farben und Töne dieser 4 Eckpunkte. Übrigens gibt es inzwischen einige HD-Computer-Programme, welche die Variablen anzeigen.

Diese tiefe Ebene der Betrachtung drückt den Weg der Neutrinos durch unsere Zellen aus. Dabei ist die Base die Eintrittsfrequenz, der Ton die innere Frequenz und die Farbe die Austrittsfrequenz.

Die Töne korrespondieren mit unterschiedlichen Sinneswahrnehmungen.
Die Töne 1–3 sind aktiv, also links, vergleichbar mit der Linkshirnigkeit, sie greifen aber noch tiefer.
Die Töne 4–6 sind passiv, also rechts, vergleichbar mit der Rechtshirnigkeit, doch sie greifen noch umfassender.

Demnach können die Farben 1–6 eine aktive oder passive Ausrichtung haben, je nachdem welcher Ton vorhanden ist. Ich pflege, um der besseren Merkbarkeit willen zu sagen: Der Ton macht die Musik. Die Musik sind die Farben, die von den Tönen eine ganz bestimmte Tönung erhalten: entweder links (1.– 3. Ton) oder rechts (4.– 6. Ton).

Was sich auf der Variablen-Ebene alles für Informationen entdecken lassen, zeigt die nachfolgend abgebildete Grafik im Überblick.

Teil 3 · Die Variablen

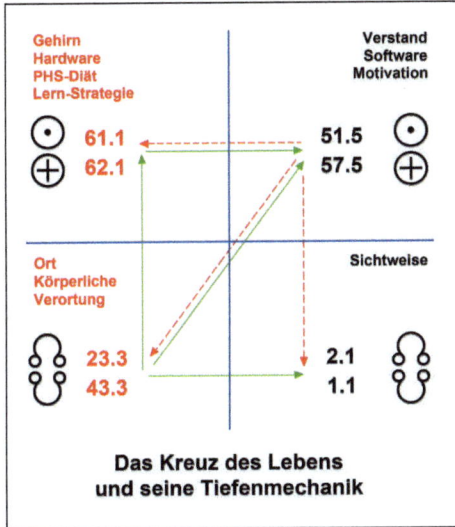

Das Kreuz des Lebens
und seine Tiefenmechanik

Was bedeuten die Pfeile? Die grünen Pfeile gehen vom Idealfall aus, nämlich dass die Körperseite, auf der linken Seite des Diagramms, das Sagen hat, was sich letztlich auch positiv auf den Verstand und die Sichtweise, auf der rechten Seite des Diagramms, auswirkt, also auf die Persönlichkeitsseite. Was wir leben, scheint aber eher den gestrichelten roten Pfeilen zu entsprechen, nämlich, dass der Verstand, rechts oben, der Taktgeber für alle anderen Eckpunkte ist, insbesondere für die körperliche Seite, was letztlich ungesund ist.

Die aktive Vergangenheit und die passive Zukunft

Zunächst möchte ich auf die zwei entgegengesetzten Ausrichtungen eingehen, nämlich aktiv und passiv, in Bezug auf die 4 Eckpunkte.
Rund 50 % aller Menschen haben wenigstens einen oder mehrere passive Aspekte in sich eingebaut und diese sind für den Menschen neu und zukunftsweisend. Wir merken davon nur nichts, weil wir linkshirnig und aktiv konditioniert worden sind.

Was heißt es, einen aktiven Verstand zu haben?

Haben Sie in Ihrer Software, also rechts oben auf dem Diagramm, auf der Persönlichkeitsseite, die Töne 1–3, dann besitzen Sie einen aktiven Verstand. Der aktive Verstand, der auch als linker Verstand bezeichnet wird, ist strategisch, hat immer eine Absicht und ist fortwährend mit dem Überleben beschäftigt. Ein strategischer Verstand ist auch immer auf etwas Bestimmtes konzentriert, so nach dem Motto: „Ich habe ein Problem. Das muss ich lösen. Wie mache ich das am besten? Wen oder was brauche ich dazu? An wen kann ich mich wenden?" Wenn es ein Problem gibt, dann sind Sie in Ihrem Fokus gefangen. Sie nehmen dann alles drumherum nicht mehr wahr, Sie sind also ausgesprochen fokussiert. Sie können nicht das ganze Bild sehen, sondern nur noch das, was für Sie jetzt wichtig ist, das, was Sie brauchen.

Unsere Gesellschaft (Wirtschaftssystem, Finanz- und Bildungswesen, usw.) ist linksorientiert, ist also auf den aktiven Verstand ausgerichtet. Dabei geht es stets um das methodische Denken, zu dem Sie einen guten Zugang haben. Aber diese Linksorientierung geht historisch ihrem Ende entgegen. Wir sind jetzt in einer Übergangszeit. Die Zukunft der Menschheit wird rechts, also rezeptiv, aufnehmend und passiv sein.

Aber noch leben wir in einer linksbetonten Zeit. Ab 2027 wird das rechtsorientierte Sein und Denken immer mehr an Bedeutung gewinnen. Die links- und die rechtsorientierten Menschen ticken sehr unterschiedlich, weil sie, wenn man so will, in zwei völlig verschiedenen Welten leben. Dennoch werden sie einander brauchen, um die Probleme der Zukunft mit vereinten Kräften zu lösen.

Mein Mann ist links und ich bin rechts. Wenn mein Mann mir zum Beispiel eine Wegbeschreibung gibt, dann verstehe ich kein Wort. Gebe ich ihm eine Wegbeschreibung, versteht er nichts, weil links und rechts völlig verschiedene Denkweisen sind. Geht es aber um ein gemeinsames Projekt, dann sind mein Mann und ich ein wunderbares Team. Er bringt die Zielorientiertheit mit und ich die ganzheitliche Betrachtungsweise.

Was heißt es, einen passiven Verstand zu haben?

Haben Sie in Ihrer Software, also rechts oben auf dem Diagramm, auf der Persönlichkeitsseite, die Töne 4–6, dann besitzen Sie einen passiven Verstand, der nicht strategisch, zielgerichtet und konzentriert ist. Er ist rezeptiv und kann alles, wie ein Schwamm, aufnehmen. Im Grunde ist er unschuldig und naiv wie ein kleines Kind. Deshalb wird er gerne unterschätzt und ausgenutzt. Mit einem rechten Verstand haben Sie eine unglaubliche Tiefe, die Ihre größte Gabe ist. Aber Sie müssen Vertrauen in diesen Verstand haben. Sobald Sie versuchen, sich zu konzentrieren, haben Sie die Tiefe Ihres Potentials verloren. Sie haben einen viel besseren und wertvolleren Zugang zu jeder Art von Information, und in jeder Situation, wenn Sie nicht danach suchen, sondern einfach nur wahrnehmen, was da ist. Diese Tiefe ist neu und wird in Zukunft immer mehr an Bedeutung für die gesamte Menschheit gewinnen, denn der aktive Verstand in seiner Fokussiertheit ist ein Auslaufmodell.

Sie haben keine Ahnung davon, welche Fülle an Informationen Sie in sich tragen, weil Sie immer darauf gedrillt wurden, strategisch zu sein. Daher konzentrieren Sie sich auf Ihre Aufgaben und berauben sich dabei Ihres gesamten Potentials. Sobald Sie aber in Ihrer Passivität korrekt wären, zeigte sich rasch, dass Ihre Stärke wächst, denn dann würden Sie einfach Ruhe geben und auf die Fragen der anderen warten.

Rezeptive Menschen wie Sie brauchen Verbündete, die beispielsweise die Termine für sie planen und Sie dann mit der Frage konfrontieren: „Das steht jetzt an! Wie gehen wir damit um?"

Ist der rechtshirnige Mensch dann von Argumenten, Absichten und Terminplanung, frei, kann sich seine wahre Tiefe zeigen. Ansonsten leidet er an Unsicherheit, selbst wenn er materiell erfolgreich ist. Sie brauchen sehr viel Vertrauen in sich selbst. Im Gegensatz zu ihnen kann der linkshirnige Mensch in seine Analysen und Details vertrauen. Er braucht kein Vertrauen in sich selbst.

Rechtshirnige Menschen brauchen keinen Plan. Sie haben jeden Plan bereits in sich. Sie können andere durchdringen, in den anderen hineingehen. Sie können ohne Urteil wahrnehmen, ohne Begründungen, einfach alles aufnehmen. Das ist eine unvorstellbare Ressource.

Als Mensch mit einem rechten Verstand können Sie nichts Anderes tun, als darauf vertrauen, dass Sie tiefer und weiser sind, als Sie es sich vorstellen können. Sie haben nur deshalb oft den Eindruck, dumm zu sein, weil Sie aus sich selbst heraus keinen Zugang zu Ihrer Tiefe haben, was natürlich in unserer strategischen Welt ein Nachteil ist. Doch Sie erhalten Zugang zu Ihrer Tiefe, wenn Sie von anderen befragt werden.

Experimentieren Sie mit Ihrem Verstand! Als Generator, Projektor und Reflektor haben Sie mit Ihrem rechten Verstand einen gewissen Vorteil, denn wenn Sie Ihre Strategie korrekt ausleben, dann kennen Sie den Wartemodus bereits. Das Dilemma besteht lediglich darin, dass Sie mit Ihrem Verstand noch im strategischen Denken festhängen, weil Ihnen das so beigebracht wurde. Beobachten Sie Ihren Verstand! Langsam, aber sicher entwickelt sich daraus ein Verstand, der absorbiert statt interagiert.

In der Schule sind Sie benachteiligt gewesen, weil dort die Konzentration auf einen bestimmten Lernstoff gefordert wird. Im Grunde brauchen Sie nicht zu lernen, sondern nur zuzuhören. Dann können Sie alles aufnehmen. Die Voraussetzung dafür ist allerdings, dass der Lerninhalt Sie tatsächlich interessiert.

Zur Veranschaulichung möchte ich gerne ein Beispiel aufgreifen, das Ra erzählt hatte. Als er bei einer Live-Veranstaltung zum ersten Mal das Rechte und das Linke unterrichtete, teilte er die Teilnehmerschaft in zwei Gruppen ein. Die Teilnehmer der einen Gruppe hatten den aktiven Verstand und die Teilnehmer der anderen Gruppe den passiven Verstand, doch keiner wusste darüber Bescheid. Als er die Gruppe mit dem aktiven Verstand unterrichtete, sah er den Leuten, als sie den Raum betraten, die Fragen im Gesicht bereits an. Die ganze Zeit über spürte er die konzentrierte Aufmerksamkeit. Als er die Gruppe mit dem passiven Verstand unterrichtete, hatte er das Gefühl, in einem Meer zu schwimmen, in dem alle von der gleichen Welle getragen werden. Leider war ich bei dieser Veranstaltung nicht zugegen, aber ich kann mir den Unterschied sehr gut vorstellen.

In gemischten Gruppen kommen die passiven Teilnehmer in der Aura der Linksgerichteten natürlich sehr schnell in den angelernten Konzentrationsmodus. Obwohl ich passiv bin, schreibe ich meist mehr als alle aktiv Ausgerichteten mit – aus Angst, etwas Wichtiges zu versäumen. Doch wenn ich zuhöre und nicht mitschreibe, bekomme ich wirklich mehr mit, als wenn ich mitschreibe. Es erfordert jedoch Mut, sich darauf zu verlassen, weil wir es nie so gelernt haben.

Wenn Sie mit Ihrem passiven Verstand etwas verloren haben und anfangen, gezielt danach zu suchen, werden Sie keinen Erfolg haben. Lassen Sie los, denken Sie nicht mehr daran, der Gegenstand wird Sie finden, wenn die Zeit dafür reif ist. Eine solche Haltung erfordert viel Vertrauen. Mir hilft es, in solchen Situationen zum Heiligen Antonius zu beten, und ich bin wahrlich kein frommer Mensch (mehr), aber es hilft. Das Gebet lenkt mich ab, so dass ich aus dem aktiven Verstand herauskomme. Manche Leute rezitieren Mantren, manche beten. Haben nicht all diese Rituale den Sinn, dem Verstand eine Zwangspause einzuräumen? Eine wohltuende Medizin für Rechtshirnler!

Was heißt es, ein aktives Gehirn zu haben?

Wir betrachten jetzt die linke Seite oben auf dem Diagramm, also die Hardware. Das ist die Körperseite, wo sich das physische Gehirn befindet. Das Gehirn ist ja Teil unseres Körpers und lenkt so ziemlich alles, was wir tun und lassen.

Haben Sie in Ihrer Hardware, also auf der Designseite, die Töne 1–3, dann besitzen Sie ein aktives Gehirnsystem, das hochwertige Nahrungsmittel braucht, um optimal funktionieren zu können. Diesen Menschen gelingt das schulische Lernen ohne Anstrengung, vorausgesetzt, sie interessieren sich für den Lerninhalt. Am besten können sie alleine lernen. Hier kann Wissen fokussiert verarbeitet werden, also kommt alles ins richtige Regal der Bibliothek. Besitzt der Mensch gleichzeitig einen aktiven Verstand, kann er jederzeit und von sich aus auf sein erlerntes Wissen zugreifen. Das ist für ihn ein großer Vorteil in der heutigen Zeit, wo es zählt, schlagfertig zu sein und augenblicklich die richtige Antwort parat zu haben, nicht nur bei Günter Jauch und Armin Assinger, sondern auch bei Diskussionen jeder Art. Im Grunde sind das die einzigen Schüler, die am Ende der Unterrichtsstunde über den neu gelernten Stoff Auskunft geben können.

Menschen mit aktivem Gehirn sind am Morgen geistig hellwach.

Was heißt es, ein passives Gehirn zu haben?

Haben Sie in Ihrer Hardware, also auf der Designseite, die Töne 4–6, dann besitzen Sie ein passives Gehirnsystem, das mit wenig Nahrung auskommt, um optimal funktionieren zu können.

Das passive Gehirnsystem ist rezeptiv. Diese Menschen können alles ohne Unterschied wie ein Schwamm aufnehmen. Ihr Gehirn ist wie eine riesige Bibliothek, zu der Sie aus sich selbst heraus keinen Zugang haben. Ihre Bibliothek ist eine enorme Ressource für die anderen. Sie brauchen die Fragen eines anderen Menschen. Dann können Sie aus Ihrer Tiefe schöpfen und werden staunen, was Sie alles abgespeichert haben und wissen. Diese Menschen haben ein enormes natürliches Gedächtnis, doch darüber liegt das Linke, das Antrainierte. Ein Schlüsselwort genügt und der Rechte öffnet eine Schublade nach der anderen. Diese Menschen haben starke transpersonale Fähigkeiten, sind penta- und gruppenorientiert.

Die Rezeptiven sind hier, um sich der richtigen Frage hinzugeben. Sie sind in unseren 7-zentrigen Schulsystemen, die strategisch sind, sehr im Nachteil. Eigentlich brauchen sie in der Schule nur aufzupassen. Der Rezeptive wird etwas gefragt und er findet kein Ende mehr, weil ihm so viel dazu einfällt. Das ist typisch rechts. Er wundert sich meist selbst, wo das alles herkommt. Er kann alles aufnehmen, was in sein großes Archiv kommt und dortbleibt.

Das passive Gehirn braucht immer etwas zum Aufnehmen. Dabei ist es sehr wichtig, mit welchen Menschen man zusammen ist, weil diese auf das passive Gehirn stark abfärben. Ist der Mensch mit Idioten zusammen, ist er selber ein Idiot. Ist er mit Intellektuellen zusammen, ist er intellektuell.

Auch sind es die Menschen, die am Morgen nach dem Aufwachen geistig noch nicht so richtig wach sind und erst langsam in die Gänge kommen. Im Bayerischen gibt es einen netten Spruch für Babys, die noch ihrer Traumwelt nachsinnen: Sie sind noch nicht ganz ausgebacken.

Hierzu möchte ich Ihnen ein schönes Beispiel erzählen: Bei einem Pokalspiel vom BVB Dortmund kam es nach Unentschieden und Verlängerung am Ende zum Elfmeterschießen. Der Schweizer Torwart Bürki fing den Ball eines Elfmeterschützen. Nach dem Spiel, beim Interview, wurde Bürki auf seine Glanzleistung angesprochen. Was sagte Bürki darauf, in seiner rezeptiven Wesensart? „Wissen Sie, ich kenne den Elfmeterschützen aus meiner Zeit aus Freiburg und ich weiß, dass er immer auf die linke Seite schießt." Wow! Das war in meinen Augen die wahre Glanzleistung, etwas, worauf nur rechtshirnige Menschen zurückgreifen können. Und diese unbedarfte Ehrlichkeit und Direktheit (typisch passiv, rechts) im Interview war einfach herzerfrischend, weil sie so selten in der heutigen Zeit ist.

Was heißt es, einen aktiven oder passiven Ort zu haben?

Wir schauen jetzt auf die Tiefenebene der Design-Mondknoten, also auf die linke Seite unten auf dem Diagramm. Die unbewussten Mondknoten beschreiben die Bühne Ihres Lebens, zum einen den Ort, der für Sie der richtige ist, was ich später noch genauer erläutern werde. Sie beschreiben aber auch, wie Sie mit Ihrem Körper unterwegs sein sollten, also, wie Sie in Ihrer Umgebung verortet sind.

Haben Sie hier die Töne 1–3 sind Sie *aktiv,* also links, und dann brauchen Sie es, immer irgendwie beschäftigt zu sein. Das ist oft ein Grund dafür, weshalb auch Nicht-Energie-Typen permanent in Bewegung sein können.

Bewegung und sportliche Betätigung sind im Allgemeinen gut für Sie, aber das heißt nicht, dass Sie unbedingt Sport treiben müssen. Es geht primär um das Beschäftigtsein. Allerdings muss es die für Sie richtige Beschäftigung sein, ganz besonders dann, wenn Sie vom Typ her ein Generator sind.

Am Morgen kommen Sie körperlich leichter in die Gänge. Sie sind immer auf dem Sprung, allzeit bereit, sich in Bewegung zu setzen. Dabei werden Sie von den anderen beobachtet, weil Sie immer irgendwie am Tun sind. Übrigens, Ihr Verstand und Ihr Denken werden optimiert, sobald Ihr Körper in Bewegung ist. Das sind in der Schule die Kinder, die mit dem Bein wippen oder Männchen aufs Blatt kritzeln.

Haben Sie hier die Töne 4–6, sind Sie *passiv*, also rechts, und dann brauchen Sie mehr Ruhe und Entspannung als manch anderer Mensch, selbst, wenn Sie ein Energie-Typ sind. Für Sie ist es besser zu beobachten, wie die anderen beschäftigt sind statt selbst immerzu aktiv zu sein. Lassen Sie sich hier nicht vom Mainstream-Blabla dazu verleiten, das vom aktiven Verstand gesteuert ist. Reden Sie sich nicht ein: „Sei nicht so faul! Du solltest schon längst wieder joggen und ins Fitnessstudio gehen." Das ist zwar der allgemeine Tenor in unserer Gesellschaft, aber das gilt nicht für Sie. Hören Sie nicht auf Ihren Verstand, sondern auf Ihren Körper, der Ihnen sagt, wann es mit Aktivität genug ist, sonst können Verletzungen und körperliche Beschwerden die Folge sein. Also ist es wichtig, dass Sie sich körperlich nicht überbeanspruchen und sich immer wieder ausruhen. Legen Sie die Beine hoch und beobachten Sie dabei die anderen, wie diese in Bewegung sind.

Wissen Sie, was für mich als Generator mit passiver Verortung eine meiner liebsten „Beschäftigungen" als Kind war? Meiner Mutter beim Bügeln und beim Kochen zuzusehen. Leider kam ich meist nur dann in den Genuss, wenn ich krank war und nicht in die Schule gehen konnte. Inzwischen bin ich leidenschaftliche „Sofa-Sportlerin", indem ich bevorzugt Fußball, Skispringen und Eiskunstlauf im Fernsehen schaue, mitunter auch live im Stadion.

Am Morgen brauchen Sie mit Ihrer passiven Verortung länger, bis Sie körperlich in die Gänge kommen.

Bewegung ist für Sie, falls Sie Generator sind, wichtig und richtig, aber in Ihrem speziellen Fall bitte immer mit Maß und Ziel. Sie sind kein Hochleistungssportler. Ich favorisiere Schwimmen und Tischtennisspielen, weil diese Sportarten körperlich nicht so anstrengend sind, wenn man es dabei nicht übertreibt.

Übrigens: Ihr Verstand und Ihr Denken werden optimiert, sobald Ihr Körper still ist.

Haben Sie *ein rechtes Gehirn und einen rechten Ort,* dann ist das morgendliche Aufstehen für Sie eine mittlere Katastrophe. Man mag es nicht, von einem Wecker geweckt zu werden. Es wäre korrekt, in jedem Fall noch etwas liegen zu bleiben, und, soweit es möglich ist, nicht von außen geweckt zu werden.

Haben Sie *ein linkes Gehirn und einen linken Ort,* dann macht es Ihnen nichts aus, am Morgen durch einen Wecker geweckt zu werden. Sie können augenblicklich aufstehen und Sie mögen es, möglichst sofort aufzustehen, wenn Sie wach sind.

Haben Sie *ein linkes Gehirn und einen rechten Ort,* dann möchte ich für Sie an dieser Stelle Mark Twain zitieren, der genauso designt ist: „Ich habe nie irgendwelche Freiübungen unternommen, mit Ausnahme von ausruhen und schlafen."
Sein aktives Gehirn dagegen ruhte nicht, es machte ihn zu dem erfolgreichen Schriftsteller, der Weltruhm erlangte, obwohl er bereits im Alter von elf Jahren, nach dem Tod des Vaters, die Schule verlassen musste.
Da er einen passiven Verstand hatte, war er neugierig und konnte alles, was ihm im außen begegnete, aufnehmen und mit seinem Gehirn aktiv verarbeiten, so dass er, autodidaktisch, eine große Allgemeinbildung erworben hatte.

Haben Sie *ein rechtes Gehirn und einen linken Ort,* dann wären Sie mitunter gut als Rettungssanitäter und Notfallhelfer geeignet. Denn Sie verarbeiten alle Ihre Erfahrungen ganzheitlich und können dann, entsprechend Ihrem reichen Erfahrungsschatz in der aktuellen Situation genau das Richtige tun.
Von solchen Menschen bin ich zutiefst beeindruckt. Während ich erst allmählich anfange zu realisieren, was los ist, ergreifen diese Leute, ohne viel Aufhebens davon zu machen, genau die richtigen Schritte und bevor ich schauen kann, ist die Situation bereits bereinigt.

Was heißt es, eine fokussierte oder weite Sichtweise zu haben?

Wir befinden uns hier auf der Tiefenebene der Persönlichkeits-Mondknoten, also auf dem Diagramm rechts unten. Bei der Sichtweise geht es darum, wie Sie die äußere Welt wahrnehmen.

Die *aktive,* die fokussierte Sichtweise lässt Ihre Augen fokussiert und konzentriert schauen, so dass Sie das wahrnehmen, was jetzt für Sie wichtig ist – sei es nun die Radarfalle am Straßenrand oder die Stecknadel im Heuhaufen.

Die *passive,* die weite Sichtweise gibt Ihnen den Rundumblick, so dass Sie alles wahrnehmen können, auch das scheinbar Unwichtige. Sind Sie mit dem Auto unterwegs, dann wirken Sie auf Ihre Beifahrer unkonzentriert, denn Sie sehen dabei mehr als dann nur das Auto, das direkt vor Ihnen fährt. Sie sehen zum Beispiel auch das Kind am Straßenrand, das seinem Ball gleich hinterherlaufen wird.

Nun möchte ich mit Ihnen noch die Verteilung der aktiven (linken) und passiven (rechten) Aspekte der 4 Eckpunkte aus dem Kreuz des Lebens näher ansehen. Menschen wie ich, die 4 x rechts sind, erscheinen im außen naiv und sind es für gewöhnlich auf die eine oder andere Art auch, da sie bei ihren Mitmenschen keine verdeckten Absichten vermuten. Enttäuschungen sind hier natürlich vorprogrammiert. Ich möchte Ihnen aus einer alltäglichen Situation berichten, was es heißt, als betont passiver Mensch durchs Leben zu gehen. Leider denke ich nicht immer sofort daran, den Heiligen Antonius um etwas verloren Gegangenes zu bitten, was für mich die korrekte Verhaltensweise wäre. Ich suche beispielsweise nach einer bestimmten Jacke und durchsuche zu diesem Zweck gründlich den Kleiderschrank, indem ich jeden Kleiderbügel einzeln anfasse und betrachte. Nein, die Jacke scheint nicht da zu sein, also schaue ich an anderen Plätzen nach, wo sie noch sein könnte. Irgendwann vergesse ich mein Vorhaben und gehe später erneut, ohne weiter nachzudenken, an den Schrank, fasse ohne Absicht hinein und schwupps das gesuchte Objekt ist in meiner Hand. So funktioniert passiv bzw. rechts.
Denken Sie nur an den sinnlosen Zeitaufwand bei meiner anfänglichen Suchaktion, die völlig für die Katz war. Das Rechte muss sich immer finden lassen.

Wenn ich seltener in die Falle meiner konditionierten Fokussiertheit tappen würde, könnte ich ein unglaublich entspanntes Leben haben.
Falls Sie ein Kind mit Rechtsbetonung haben, sagen Sie niemals Sätze wie: „Pass auf!" „Konzentrier' dich!" Solche Aufforderungen sind nämlich kontraproduktiv. „Lass dir Zeit!" wäre die adäquatere Devise.
Der passive Mensch verliert durch die Konzentration seine Ganzheitlichkeit und dann passieren Fehler. Ich erinnere mich, wie ich auf der Suche nach einem Parkplatz beinahe ungebremst in einen Kreisverkehr gefahren wäre, denn ich konzentrierte mich auf die richtige Zufahrt zum Parkplatz, so dass ich die Autos im Kreisverkehr ausblendete.

Menschen, die 4 x links sind, können ebenfalls einen naiven Eindruck machen, denn für sie ist das Fokussierte das Normale, so dass sie sehr entspannt damit umgehen können, mit einer unglaublichen Selbstverständlichkeit. Dennoch können sie sich durchaus der Grenzen der konzentrierten Machbarkeit bewusst sein.

Verfügt jemand über einen linken und drei rechte Eckpunkte im Kreuz des Lebens, übertreibt dieser Mensch gerne im Fokussiertsein und stellt diese Seite seines Wesens über die drei anderen. Für mich fühlt sich das so an, als ob diese Menschen einen Fuß in der Tür haben und dann dreht sich alles nur noch um diesen eingeklemmten Fuß.
Wenn allein der Verstand links ist, können diese Menschen gnadenlos mit sich und ihrem Körper umgehen, weil alles ihren bewussten Absichten unterworfen wird, koste es, was es wolle und sei es Gesundheit oder Leben.
Falls der Ort als einziger Bereich links angelegt ist, kann eine Tendenz zu Hyperaktivität vorliegen. Das sind dann die Menschen, die „Hummeln im Hintern" haben.

Die korrekte Ernährung

Im Folgenden möchte ich auf die korrekte Ernährung nach dem PHS eingehen. Darauf bekommen Sie Antwort, wenn Sie auf das Diagramm auf Seite 127 links oben schauen, wo u. a. auch PHS-Diät steht.

Entscheidend sind hier die Farbe in ihrer linken (durch die Töne 1–3) oder rechten (durch die Töne 4–6) Ausprägung und natürlich der Ton als solcher.

Es ist eminent wichtig, dass Sie die exakte Geburtszeit haben und absolut genau vorgehen, um die richtigen Farben und Töne zu erhalten. Sonst bekommen Sie ein völlig falsches Ergebnis mit Folgen, die Sie nicht haben möchten.

Bei der PHS-Diät geht es zum einen um eine bessere Verdauung und mehr Wohlbefinden und zum anderen um den Wiederaufbau bestimmter neuronaler Bahnen im Gehirn, die seit dem 3. Lebensjahr nicht mehr gearbeitet haben und wie stillgelegt sind. Bei korrekter Ernährungsweise können diese wieder aktiviert werden.

Im Normalfall essen wir nicht so, wie es unserer Individualität entspricht. Wir essen meist so, wie es üblich ist, gemäß unserem Kulturkreis und dem, was uns die Eltern von frühester Kindheit an vorgesetzt haben oder was gerade angesagt ist. Tatsächlich jedoch gibt es für jeden Menschen eine ganz individuelle Ernährungsweise, die mehr das WIE als das WAS des Essens beschreibt.

Die Zeichen der Zeit sind unübersehbar. Was gibt es nicht alles für unterschiedliche Ernährungsformen! Logi-Diät, Glyx-Diät, Ernährung nach Blutgruppen, Steinzeit-Diät, vegetarische und vegane Kost usw. Nur, dass alle diese Ernährungsarten ideologisch gefärbt sind. Und woher kommt Ideologie? Aus unserem Verstand, der niemals entscheiden kann, was unserem Körper guttut. Und wer trägt uns durchs Leben? Unser Körper, für den wir korrekt sorgen müssen. Denn er ist unser Kapital.

Die leidenschaftlich propagierten Ernährungsrichtungen berufen sich alle auf wissenschaftliche Studien, auch, wenn sie sich krass voneinander unterscheiden und gegenseitig widersprechen. Es mag sein, dass dem einen oder anderen Menschen diese oder jene Diätform körperlich guttut, aber das ist dann mehr Zufall und eher die Ausnahme.

Hier möchte ich einen Vergleich anführen. Was geschieht mit Ihrem Körper, wenn Sie Blutgruppe A haben und aufgrund einer nötigen Bluttransfusion aus Versehen Blut der Blutgruppe B in Ihre Adern gepumpt bekommen? Ich bin keine Medizinerin und kann von daher nicht beurteilen, ob Sie diesen Eingriff überleben werden. Guttun wird er Ihnen keinesfalls. Ähnlich verhält es sich, wenn Sie sich ein Leben lang falsch, sprich, nicht nach Ihrer individuell korrekten Diät ernähren, mit dem Unterschied, dass die körperliche Beeinträchtigung meist erst mit der Zeit auftritt. Oft braucht der Mensch jahre- oder gar jahrzehntelangen Leidensdruck, um endlich erkennen zu können, dass die jeweilige Ernährungsform ins körperliche Verderben führt – wie das die einst zutiefst überzeugte Veganerin Lierre Keith in ihrem berührenden und aufklärerischen Buch „Ethisch essen mit Fleisch" überzeugend darstellt.

Sie sollten nicht dem generellen Druck nachgeben und so essen, wie es von Ihnen erwartet wird. Die alten Zeiten des gemeinsamen Essens verschwinden sowieso, weil es die Unterstützung durch Gemeinschaften nicht mehr geben wird. Wir werden zunehmend individuell und können nur überleben, wenn wir uns um uns selbst kümmern. Künftig werden wir nicht mehr dafür belohnt (genau betrachtet schon lange nicht mehr), wenn wir es allen recht machen wollen.

Umso wichtiger sind daher heutzutage die Informationen zum richtigen Essen aus dem PHS, die Ihre individuelle Eigenart berücksichtigen.

Meine Erfahrungen mit Klienten in Bezug auf PHS sind bisweilen amüsant. Häufig kann mit der Information im ersten Moment nichts angefangen werden. Einmal war eine „Kaltesserin" sehr erstaunt, aber dann fiel ihr ein, dass sie jeden Abend kocht und am Morgen das gekochte Essen, das natürlich kalt ist, ins Geschäft mitnimmt. Obwohl sie es aufwärmen könnte, unterlässt sie es, weil es ihr kalt gut schmecke, meinte sie.

Wenn Kinder „Kaltesser" sind, dann spielen sie mit dem warmen Mittagessen meist solange, bis es kalt geworden ist.

Ein weiblicher „Bergmensch" schaute mich ganz ungläubig an, weil sie an der Küste aufgewachsen war und gelebt hatte und bis heute, dorthin in Urlaub fährt. Bei genauerem Hinsehen zeigte sich, dass Sie lange Jahre als Sprechfunkerin in Räumlichkeiten der Küstenfunkstelle, über der Steilküste gelegen, gearbeitet hatte und in ihrem Urlaubs-Appartement wohnt sie auch über der Steilküste, und zwar ganz oben, im 10. Stock. Das brauche sie einmal im Jahr, sagte sie, denn das sei Erholung pur für sie. Sie sehen schon, wir machen sehr oft das Richtige bei genauer Betrachtung.

Im Folgenden gehe ich auf die hier angesprochenen Themen, korrektes Essen und richtiger Ort, ganz spezifisch ein.

Nun komme ich also zur richtigen Ernährung nach dem PHS und möchte mit den 6 verschiedenen Verdauungssystemen beginnen, die in den 6 Farben linker und rechter Ausprägung zum Ausdruck kommen.

1. Farbe: Alles hintereinander essen.
Sie haben das Verdauungssystem der Höhlenmenschen. Sie sollten auf Saucen, Pizza und Kuchen verzichten und alles separat zu sich nehmen, auch Salz und Öl. Ein guter Einstieg wäre es für Sie, die Zutaten Ihrer Mahlzeiten bezüglich der Vielfalt zu verringern. Verzichten Sie auf Zusatzstoffe und Konservierungsmittel!
Essen Sie, wenn Sie Hunger verspüren! Mitunter können Sie den ganzen Tag an etwas kauen.
Links: alle Karotten, alle Kartoffeln, alles Fleisch immer auf einmal und nacheinander wegessen.
Rechts: 1 Löffel Karotten, 1 Löffel Kartoffeln, 1 Löffel Fleisch, 1 Löffel Karotten, usw. essen, also alles im Wechsel, aber niemals auf Gabel/Löffel etwas Gemischtes.

2. Farbe: Essen, was schmeckt, kann starr sein, ständige Wiederholung desselben, Markentreue.
Sie können einen großen Widerstand gegenüber Essen, das Sie nicht kennen, in sich spüren, nach dem Motto: „Was der Bauer nicht kennt, frisst er nicht!"
Bei Unsicherheit fragen Sie Ihre Mutter, was Sie als Kind gerne/gar nicht mochten.
Links: spuckt aus, was nicht schmeckt.
Rechts: der Mund bleibt verschlossen.

3. Farbe: Temperatur
Sie brauchen viel Abwechslung im Speiseplan und brauchen saftiges Essen, also Saucen, Sahne oder Cremes. Auch benötigen Sie immer ausreichend Flüssigkeit. Trinken Sie, wenn Sie Durst haben! Sie mögen keine lauwarmen und geschmacklosen Speisen.
Links: heiß: Im Inneren des Körpers fehlt es Ihnen an Wärme, die Sie mit heißen/warmen Nahrungsmitteln ausgleichen können. Sie vertragen scharfes Essen.
Rechts: kalt: Ihr Verdauungsapparat verbrennt zu stark. Dabei werden auch Nährstoffe verbrannt, die Ihr Körper braucht. Sie schaffen Ausgleich durch kalte Speisen, auch aus dem Kühlschrank. Sie vertragen kein scharfes Essen.

4. Farbe: Essumgebung
Links: die Umgebung sollte entspannt und ruhig sein; Essen berühren; keine Störungen während des Essens, wie zum Beispiel durch einen Telefonanruf oder durch visuelle Reize wie Buch lesen oder einen Film anschauen.
Rechts: Aufregung, Unterhaltung; es muss etwas los sein; Restaurantesser.
Gar nicht selten kommt es vor, dass innerhalb einer Familie ein Elternteil die linke Variante hat und ein Kind die rechte oder umgekehrt. Hier kann man Kompromisse schließen, dass zum Beispiel der ruhige Esser einmal am Tag zusammen mit der Familie isst und zweimal alleine.
Häufig konnte ich beobachten, dass Mütter mit dieser Ess-Strategie zuerst die Familie versorgen und darüber oft ganz vergessen, selber zu essen. Normalerweise haben diese Frauen keine Gewichtsprobleme, müssen vielleicht eher darauf achten, nicht untergewichtig und mangelversorgt zu werden.

5. Farbe: Akustische Umgebung
Sie haben, evolutionsgeschichtlich gesehen, ein relativ hoch entwickeltes und sensibles Verdauungssystem.
Links: akustische Stimulation: Sie brauchen Geräusche beim Essen durch Musik, Gespräche, Radio, Fernsehen usw.
Rechts: stiller Esser: Sie brauchen Stille, das Surren des Kühlschranks kann schon zu viel sein. Ihr Motto: „Silence is golden!" Keine akustischen Reize.

6. Farbe: Lichtempfindlichkeit
Sie haben, evolutionsgeschichtlich gesehen, ein lichtsensibles Verdauungssystem, das hochentwickelt ist.
Links: Tagesser: Am besten essen Sie nach Sonnenaufgang und vor Sonnenuntergang. Sie brauchen Sonnenlicht.
Rechts: Nachtesser: Am besten essen Sie vor Sonnenaufgang und nach Sonnenuntergang. Sie vertragen kein direktes Sonnenlicht. Schatten und indirektes Licht sind immer vorzuziehen.
Ich bin eine sogenannte Nachtesserin. Als junge Frau ließ ich eine Zeitlang das Abendessen ausfallen („Dinner-Cancelling"), um abzunehmen. Dabei entwickelte ich eine Herzrhythmusstörung, die sich der Arzt nicht erklären konnte. Als ich wieder anfing, regelmäßig zu Abend zu essen, waren die Herzrhythmusstörungen wie

weggeblasen. Mein Körper reagierte hier wegen einer falschen Ernährungsweise, auf seine ganz eigene Art. Ein anderer Körper würde auf ein falsches Essverhalten wahrscheinlich völlig anders reagieren.

Nun geht es mit den *6 Tönen* weiter, die mit bestimmten Sinnen zusammenhängen:

Die Töne 1–3, die mit dem 7-zentrigen Homo Sapiens korrespondieren, orientieren sich primär an der Außenwelt. Alle Sinne beziehen sich auf ein Bewusstheitszentrum. 1. Ton: Geruch (Milz), 2. Ton: Geschmack (Milz), 3. Ton: Äußere Sicht (Ajna). Bei den Tönen 1–3 sollte man sich auf das Essen konzentrieren, weil man strategisch ist.

Die Töne 4–6 korrespondieren mit dem 9-zentrigen Menschen und orientieren sich primär an der Innenwelt. 4. Ton: Innere Sicht (Ajna), 5. Ton: Aurafühlig (Solar Plexus), 6. Ton: Berührungsfühlig (Solar Plexus). Bei den Tönen 4–6 sollte man nicht auf die Nahrung starren. Es geht hier mehr um das Ambiente des Essumfeldes.

Diese äußeren und inneren Sinne haben nichts mit dem Denken zu tun. Ihr Körper kümmert sich um Sie und zeigt Ihnen, was er braucht.

Vielleicht fragen Sie sich, warum hier das Hören fehlt. Das Hören wirkt sich auf alle 6 Sinne aus. Durch das Hören bekommen wir auf allen 6 Wahrnehmungsfeldern sehr viele Informationen. Dazu erhält jeder einzelne Mensch zusätzlich noch seine ganz spezifische Information dort, wo er seinen individuellen Wahrnehmungssinn hat. Mutationen (grundlegende Veränderungen) geschehen nur über die Ohren, weil der individuelle Schaltkreis, der für die Mutation verantwortlich ist, ein akustischer ist. Der Ton wechselt alle 40 Minuten. Deshalb muss die Geburtszeit exakt sein.

Ton 1: Am Essen riechen. Es muss ansprechend riechen. Nasenatmer: durch die Nase atmen stärkt die Intuition. Man kann alles riechen: Musik, Gemälde, etc.

Ton 2: Essen, was schmeckt. Extrem anpassungsfähig, was das Essen angeht: mal viel, mal wenig, mal kalt, mal warm. Mundatmer: Der Stoßseufzer durch den Mund schärft die Intuition. Die individuelle Salzbalance selber herausfinden. Schwitzen und Sauna können guttun.Tiefe Fähigkeit, Muster zu erkennen.

Ton 3: Essen anschauen. Das Essen muss appetitlich aussehen. Stark visuell; über die Augen Zugang zur Intuition. Haben den Jägerblick. Brauchen viel Energie, sprich, hochwertige Nahrungsmittel.

Ton 4: Während des Essens Augen schließen. Essen sollte wie Meditation sein. Keine visuellen Stimulationen, wie Lesen und Fernsehen während des Essens. Innere Vision: Können alles ohne Zweck hereinnehmen.

Ton 5: Sensibel gegenüber Strahlung aller Art. Aurafühlig gegenüber der Umgebung: Hier wird sogar das Unbelebte penetriert und verändert. Den persönlichen Zuckerlevel herausfinden. Süß und sauer spielen als Geschmacksrichtung eine Rolle.

Ton 6: Das Essen berühren. Hautkontakt ist alles. Wird Essen nicht berührt, kann es Hautprobleme geben. Erhält über die Berührung alle Informationen. Das Belebte kann genauso durchdrungen werden wie das Unbelebte.
Sensible Haut: keine rauen Stoffe.

Welcher Lerntyp sind Sie?

Ihren individuellen Lerntyp können Sie ebenfalls am Gehirnsystem ablesen, und zwar an den Farben von Designsonne und -erde in linker oder rechter Ausprägung.

1. Farbe: Nur Eines auf einmal. Kann nicht mehrere Dinge gleichzeitig machen; keine Ablenkungen zum Beispiel durch Musik und Gespräche.
Li: hintereinander: Eine Sache fertigmachen, dann die nächste in Angriff nehmen.
Re: abwechselnd: Zwischen mehreren Tätigkeiten immer wieder hin- und herwechseln, aber dabei immer nur eine Sache machen.

2. Farbe: Sehr wählerisch. Braucht große Auswahl. Wählt daraus genau das Richtige.
Li: offen: Aufgeschlossen gegenüber neuen Dingen
Re: verschlossen: Steht allem skeptisch und verschlossen gegenüber; hat meist Schwierigkeiten in der Schule, wenn er keine große Auswahl bekommt. Kann nicht gezwungen werden, etwas Bestimmtes zu lernen.

3. Farbe: Stimulierende Information. Kann nichts Langweiliges lernen, braucht Abwechslung; benötigt ausreichend Flüssigkeit beim Lernen.
Li: Muss es beim Lernen warm genug haben
Re: Keine überheizten Räume beim Lernen

4. Farbe: Innerer Zustand. Es geht nicht um den Inhalt des Lernstoffes; kann sich sowieso fast alles merken, was auch für die 5. und 6. Farbe gilt. Es geht primär um die Lernumgebung.
Li: ruhig. Braucht eine ruhige Umgebung beim Lernen: keine Musik, keine Gespräche, kein TV usw.
Re: nervös. Braucht Action beim Lernen: durch andere Leute im Raum, durch Musik, TV usw.

5. Farbe: Akustik
Li: laut. Eine laute Umgebung ist gut beim Lernen, beispielsweise durch Radio oder andere Leute; kann auch gut laut lernen, indem der Lernstoff beispielsweise laut vor sich her gesagt oder gelesen wird; sollte in der Nähe des Lehrers sitzen.
Re: leise. Braucht es beim Lernen ruhig; maximal gedämpfte Geräusche, soweit sie nicht stören. Besser ist es, weiter weg vom Lehrer zu sitzen; den Lehrer nicht anstarren, entspannte Umgebung beim Lernen.

6. Farbe: Licht
Li: Tagtyp. Kann gut bei Tageslicht lernen. Es sollte natürliches und kein künstliches Licht sein. Sollte tagsüber lernen.
Re: Nachttyp. Kann gut nachts lernen. Sollte tagsüber bei diffusem Licht lernen. Keine Mobiltelefone und Wi-Fi sollten in der Nähe sein.

Der richtige Ort

Ihren richtigen Ort finden Sie, wenn Sie die Design-Mondknoten links unten auf dem Diagramm in den zugehörigen Farben und Tönen ansehen.
Für jeden Menschen gibt es eine nährende Umgebung, also einen Ort, an dem er sich wohlfühlt und an dem er gesunden kann.

Die Person hat nicht die Farbe des Mondknotens, sondern sie ist in Resonanz zu der Farbe. Farbe 1–3: künstlich kreierte, von Menschen gemachte Umgebung; Zivilisation. Farbe 4–6: in der Natur sein.

1. Farbe: Höhle. Braucht Sicherheit; nur eine Tür, ein Eingang im Haus; Fenster und Türen am liebsten geschlossen; Fenster und Türen bei Nacht verriegelt.
Ideal: Wohnwagen, Zelt; fühlt sich wohl im eigenen Arbeitszimmer und Auto. Ein Höhlenkind darf nicht gezwungen werden, nach draußen zu gehen. Es sind die Familienmenschen. Im Grunde können sie auf dem Land oder in der Stadt leben, wichtig ist die eigene Höhle.
Links: in der Höhle mit den Menschen seiner eigenen Wahl, sehr wählerisch.
Rechts: hat zu seiner Höhle immer eine offene Tür, so dass Leute hereinkommen können. Hat den größten Einfluss, wenn er Teil des Publikums ist und nicht im Mittelpunkt steht.

2. Farbe: Märkte. Braucht große Auswahl: großer Supermarkt, großes Einkaufszentrum, ist sehr selektiv: braucht 400 Möglichkeiten, um das Richtige zu finden; Ideal: das städtische Leben; Hochhaus oder großes Mietshaus mit vielen Bewohnern; nicht auf dem Land leben (wenigstens in Stadtnähe); sie lieben das Zusammentreffen mit anderen auf Märkten, was das eigene Geschäft ankurbelt. Auch virtuelle Einkaufsmärkte sind denkbar, wie Ebay, Amazon, Google, Internet. Mehr Interesse am Geschäft als an der Familie.
Links: Kleinstadt mit mittlerer Auswahl, mein Geschäft ist zu Hause.
Rechts: Großstadt mit großer Auswahl, mein Geschäft ist außerhalb meines Wohnhauses.

3. Farbe: Küche. Hier wird gekocht; Transformation findet statt, weil das Erhitzen die Nahrungsmittel verändert; hier muss Aktion stattfinden; es müssen Dinge passieren. Im Haus oder in der Nähe sollte eine Bäckerei, Fabrik, ein Labor, Handwerksbetrieb, PC-Laden oder Optiker etc. sein – ein Ort, wo Kreativität und Veränderung stattfinden. Braucht Umgebung mit städtischem Charakter.
Links: feuchte Küche: verträgt gut Wasser, feuchte Sauna; tropischer Regenwald.
Rechts: trockene Küche: verträgt Wasser nicht so gut; Wüste, Trockenheit.

4. Farbe: Berg. Muss in der Landschaft leben und herabschauen können; lebt am liebsten oben, das kann der zweite Stock oder höher sein, aber auch oben auf dem Berg oder Hügel. Bei einem Problem sind die Chancen sehr hoch, oben eine Lösung zu finden; mag keine Menschenmengen. Rauchen kann gut sein, weil dem Gehirn dabei Sauerstoff entzogen wird. Keine Sauerstofftherapie machen. Verträgt Höhenbergsteigen.
Links: den Berg und den 5. Stock zu Fuß erklimmen; braucht immer einen Grund, um das Haus zu verlassen; benötigt ein aktives gesellschaftliches Umfeld.
Rechts: den Berg mit Seilbahn und den 5. Stock mit Lift erreichen; braucht eine entspannte Umgebung und keinen Grund, um das Haus zu verlassen.

5. Farbe: Tal. Braucht Plätze, wo Informationen ausgetauscht werden; Aura-Kommunikation (über weite Distanzen); sitzt im Café am Fluss, fremde Leute kommen vorbei, man grüßt sich und unterhält sich; auch Klatsch: „Hast du schon gehört?" Bücher über Lebensgeschichten; offen für den Fremden, doch das bedeutet keine Sicherheit. Kommunikation bedeutet hier akustische Stimulation mit realen Menschen, nicht virtuell über PC, Telefon, Radio oder TV. Im Erdgeschoss und im 1. Stock wohnen, nicht höher. Fühlt sich an Orten wohl, an denen Menschen kommen und gehen (z. B. in einem Fremdenverkehrsort). Kein Interesse am Geschäftlichen.
Links: enges Tal, wie das schmale Flusstal; das fokussierte Ohr; hat Stöpsel mit seiner eigenen Musik in den Ohren und mag direkten Kontakt mit einer Person.
Rechts: weites Tal mit Bergen und Hügeln am Horizont; mag die diffuse Geräuschkulisse aus der Umgebung.

6. Farbe: Küste. Kann auf einer Insel, am See oder am Flussufer leben; braucht den Blick auf eine Grenze. Horizont ist auch eine Grenzlinie; braucht eine Ahnung, dass es etwas jenseits der Grenzlinie gibt; muss die andere Seite sehen können, braucht aber nicht dorthin zu gehen; ist offen für das Neue, für den Übergang, für andere Menschen und Kulturen.
Links: Natürliche Grenzen wie Berg- und Hügelketten, Ufer, Waldrand usw., kann im Freien arbeiten.
Rechts: Zivilisatorische Grenzen wie Straßen, Häuserzeilen, Mauern usw., mag lieber im Haus arbeiten.

Die Motivation der Persönlichkeit

Ihre korrekte Motivation bringen Sie rechts oben auf dem Diagramm, bei Persönlichkeits-Sonne und -Erde, in Erfahrung. Ich beschränke mich hier auf die Bedeutung der Farbe, die sehr aussagekräftig ist und für mich persönlich ein wahrer Augenöffner war.

Für jeden Menschen gibt es eine korrekte Motivation der Persönlichkeit. Das ist Ihr individueller Antrieb, warum Sie Dinge machen oder unterlassen und warum Sie lieber sprechen oder schweigen. Diese Motivation steht in enger Verbindung mit unserem Verstand.

Nun ist es leider so, dass wir Menschen im Normalfall genau das Gegenteil unserer korrekten Motivation ausleben – hier spricht man von Transferenz – und dann wundern wir uns, dass so vieles in unserem Leben nicht funktioniert. D. h., Sie folgen Ihrer nicht-korrekten Motivation, und das meist zu einem Zeitpunkt, an dem Ihr Körper schon längst seine korrekte Entscheidung getroffen hat. Doch was tun Sie? Sie machen das, was Ihnen Ihr Verstand einflüstert. Die Nicht-Selbst-Motivation spricht dabei natürlich aus Ihren offenen Zentren.

Wenn Sie Ihren Gedanken zuhören, dann wissen Sie sehr bald, was ich damit meine. Das Einzige, was hilft, um aus dieser Falle herauszukommen, besteht darin, dass Sie Ihre Gedanken beobachten und damit aufhören, das zu tun, was Sie denken. In der Transferenz heißt es: „Der Körper folgt dem Geist!" Im wahren Selbst heißt es: „Der Geist folgt dem Körper!".

Es sind meist Vorurteile, Erwartungen und Moralvorstellungen unserer Familien, die es verhindern, dass wir unsere korrekte Motivation ausleben. Manipulationen durch Massenmedien tun das Übrige.

1. Farbe: Sicherheit; in der Transferenz: Bedürftigkeit (4. Farbe)
Bei Ihnen geht es um die Sicherheit, aber was leben Sie stattdessen aus? Das Thema Bedürftigkeit (4.Farbe). Denn wenn es um die Befriedigung von Bedürfnissen geht, fremde oder eigene, können Sie den Faktor Sicherheit leicht aus den Augen verlieren. Anstatt das zu tun, was jetzt wichtig wäre, befriedigen Sie irgendwelche Bedürfnisse. Häufig entdecke ich bei Unfall-Charts und bei Menschen, die verunglückten, die 1. Farbe als Motivation, weil es für sie scheinbar Wichtigeres gab als korrekt unterwegs zu sein. Dann wird eben das Kind gefüttert oder der Handy-Anruf

entgegengenommen, auch wenn es die aktuelle Verkehrssituation nicht erlaubt. Das Zugunglück von Bad Aibling, im Februar 2016, ereignete sich ebenfalls, als die 1. Farbe im Transitfeld war. Der Fahrdienstleiter gab dem Bedürfnis nach, auf seinem Smartphone zu spielen, anstatt für die richtige Signalstellung zu sorgen.
Menschen mit der Motivation Sicherheit kommen mitunter um Haus und Hof, weil sie es vor lauter Beschäftigtsein mit Bedürfnisbefriedigungen vergessen haben, sich als Miteigentümer ins Grundbuch eintragen zu lassen; beispielsweise lieber essen gehen als zum Notar mitzugehen.
Und dann kann es passieren, dass sie im Brandfall, aus dem Bedürfnis heraus Hab und Gut zu retten, alleine die Löscharbeiten auf sich nehmen und sich dafür eine satte Rauchvergiftung oder gar den Tod einhandeln.
Es gäbe noch viele Beispiele. Nicht selten finden wir hier die „Gutmenschen", die sich sofort kümmern, wenn jemand Hilfe braucht. Wie oft kommen die Ersthelfer bei Unfällen zu Tode, weil sie die Sicherheit des anderen über ihre eigene stellen. Diesen Menschen muss es in erster Linie immer um Sicherheit im Leben gehen: ihre eigene, aber auch die der anderen.

Beispiele: Boris Becker, Angela Merkel, USA.

2. Farbe: Hoffnung; in der Transferenz: Verantwortung (5. Farbe)
Bei Ihnen geht es um die Hoffnung, aber was leben Sie stattdessen aus? Das Thema Verantwortung/Schuld (5. Farbe). Sie besitzen Hoffnung als Kognition. Das ist keine blinde Hoffnung. Ihre Hoffnung weiß nämlich, dass etwas geschehen kann, sie weiß nur nicht, wie. Es geht darum, dass man Dinge glaubt, die man nicht weiß, indem man auf das Unbekannte vertraut.
Aber was machen Sie? Sie kontrollieren alles und jeden mit Besessenheit. Immer wollen Sie Dinge ändern und wissen dabei nicht, was sie tun. Das Kontrollieren führt zu den perversesten Konditionierungen, die es gibt und bringt den anderen nur Traurigkeit und Krankheit. Ra nannte diese Leute die „Everything's-Not-Okay-People!" Im Gesundheitswesen sind solche Ärzte eine Katastrophe, denn sie untersuchen so lange, bis sie fündig werden.
Sie sollten sich angewöhnen, auf Hoffnung zu bauen und nicht alles regeln zu wollen und sich überall einzumischen. Geben Sie die Verantwortung an andere ab, indem

Sie das Beste hoffen! Sie haken immerzu nach, weil sie es jetzt und sofort wissen wollen. Sie sollten lernen abzuwarten. Haben Sie beispielsweise mit jemandem einen Termin vereinbart und derjenige ist fünf Minuten später, als ausgemacht, noch nicht da, dann neigen Sie dazu, ihn augenblicklich anzurufen und nachzufragen, was denn los sei. Sobald Sie sich jedoch der Hoffnung öffnen, passieren wahre Wunder in Ihrem Leben.

Fast schon mein halbes Leben lang beschäftige ich mich mit Geistheilung. Warum? Das erfahren Sie bei der 5. Farbe. Die Menschen mit der 2. Farbe der Motivation sind genau diejenigen, die durch diese geistige Methode Heilung finden können. Ich habe einige davon kennengelernt. Da ich niemandem zu nahetreten will, zitiere ich hierzu bei Deepak Chopra (siehe Literaturliste!), der ein Beispiel dafür, wie sich so etwas zutragen kann, anführt: „Kürzlich wurde in Lourdes ein Ire von Multipler Sklerose geheilt. Als er zur Pilgerstätte kam, war es schon spät, und die heilige Quelle war verschlossen. Enttäuscht kehrte er in seinem Rollstuhl zum Hotel zurück. Doch während er allein in seinem Zimmer saß, spürte er plötzlich eine Veränderung. Ein Lichtblitz schoss so stark seine Wirbelsäule empor, dass er sich krümmte und das Bewusstsein verlor. Aber als er wieder zu sich kam, konnte er gehen, und alle Anzeichen der MS waren verschwunden. Er kehrte geheilt nach Hause zurück."

Wie sagte eine Kursteilnehmerin mit 2. Farbe sinngemäß? „Wenn ich ganz unten und verzweifelt bin, weiß etwas in meinem Innersten, dass es wieder bergauf geht." Menschen mit der Motivation der 2. Farbe sollten sich Shakespeares Spruch zu Herzen nehmen: „Nichts hält die Hoffnung auf. Sie fliegt mit Schwalbenflügeln."

Beispiele: Bill Gates, Sylvester Stallone, Helmut Schmidt, Deutschland, Alice Schwarzer, Barack Obama, Donald Trump, Recep Erdogan.

3. Farbe: Sehnsucht; in der Transferenz: Unschuld (6. Farbe)
Sie haben die Sehnsucht, Anführer zu sein, aber stattdessen halten Sie sich in „falscher" Unschuld aus allem heraus (6. Farbe).
Dabei besitzen Sie das Talent dafür, ein echter Anführer zu sein. Doch Sie ziehen es vor, lieber nichts zu sagen und besser nichts zu tun, und Sie werden immerzu wiederholen: „Ich kann nicht führen!"

Genau diese Menschen sind unsere potentiellen Anführer, unsere echten Anführer. Und sie machen nichts, weil sie meinen, kein Recht zum Anführen zu haben. „Deshalb gibt es bei uns keine echten Anführer mehr", meinte Ra. Sie haben die Tendenz, sich in nichts einzumischen und sich nicht in Angelegenheiten hineinziehenzulassen. Ihre „falsche Unschuld", sich aus allem herauszuhalten, kann zu einem richtigen Dogma werden.

Die Beobachtung zeigte mir, dass es genau diese Menschen sind, die in echten Notsituationen exakt das Richtige machen und häufig erst durch Herausforderungen des Schicksals in ihre Führungsrolle gedrängt werden. So war es auch bei Ra mit seiner 3. Farbe. Er stieg aus seinem bürgerlichen Leben aus und erst, als ihm die mystische Stimme begegnet war, konnte er sich nicht länger vor seiner Führungsrolle drücken.

Ist die Not groß, weiß die 3. Farbe, was zu tun ist. Erstaunt es Sie, dass das Ereignis der Notwasserung im Hudson River (siehe Teil 1, 6. Ereignischart!) die 3. Farbe in der Motivation hatte? Jeder, der hierbei involviert war, bewies Führungsqualität und machte im Augenblick das einzig Richtige. Als Folge davon haben alle Menschen diese Notlandung überlebt. Ein wunderbares Beispiel für die herausragende Führungsqualität einer 3. Farbe.

Beispiele: Ronald Reagan, Helmut Kohl, François Mitterand, Jacqueline Kennedy-Onassis, Reinhold Messner, Yogananda, Sandra Bullock.

4. Farbe: Bedürftigkeit; in der Transferenz: Sicherheit (1. Farbe)
Sie finden nur dann Ihren Seelenfrieden, wenn Sie auf die korrekte Erfüllung Ihrer Bedürfnisse schauen. Aber dazu kommt es nicht, weil Sie Angst haben.
Als Ablenkung flüchtet Ihr Verstand in das Thema Sicherheit (1. Farbe) und überwacht alles und jeden.
Sie sind ein Kontrollfreak und wollen alles begutachten, insbesondere die Form, also den Körper. Die Form kann sich jedoch um sich selbst kümmern. Hier sind Menschen anzutreffen, die Essstörungen haben und solche, die der zwanghaften körperlichen Ertüchtigung frönen. Hier wird das Gewicht, sowie auch die körperliche Bewegung, beispielsweise durch einen Schrittzähler, kontrolliert, anstatt einfach dem natürlichen Bedürfnis nach Essen und Bewegung nachzugeben. Kontrolle gaukelt Ihnen Sicherheit

vor und dadurch meinen Sie, mit Angst umgehen zu können. Was glauben Sie, welche Menschen akribisch ausgearbeitete Sicherheitsvorkehrungen für den Notfall ausarbeiten und an die anderen verteilen? Ja, genau diejenigen, die eine 4. Farbe haben. Sie müssen lernen, Dinge, Menschen und Umstände zu brauchen, ohne davor Angst zu haben. Hören Sie dem Verstand zu und ignorieren Sie Ihre Angstgedanken! Sie sind nicht dazu da, um Angst zu haben. Lassen Sie sich durch Angst nicht von sich selbst wegbringen! Weder Schmerz noch Leiden sind Ihr Leben. Beides bringt nur der Verstand in Ihr Leben, der Sie kontrollieren will.

Wenn der Verstand außerhalb des Kontrolltrips ist, kann Ihre Persönlichkeit genesen. Sie haben die tiefe Angst: „Meine Bedürfnisse kann sowieso niemand erfüllen."

Sie können sich nämlich nicht vorstellen, dass Ihre eigenen Bedürfnisse angemessen sind und von anderen verstanden werden. Schon gar nicht können Sie sich vorstellen, dass Sie Ihren eigenen Bedürfnissen folgen dürfen, ohne vom anderen mit Liebesentzug bestraft zu werden. Aber das ist reine Illusion.

Mit der 4. Farbe ist es schwierig, in glücklichen Beziehungen zu leben, weil aus Angst nie die wahren Bedürfnisse angesprochen werden. Diese Bedürfnisse sind oft ganz alltäglicher und banaler Natur, zum Beispiel das Bedürfnis nach Rückzug innerhalb der Partnerschaft, das im Grunde etwas Selbstverständliches sein sollte. Aber nein, hier wird erst gar nicht darüber gesprochen, aus Angst, der Partner könne einen sowieso nicht verstehen, und mancher bricht dann lieber die Beziehung ab. Oder man leidet in seiner Beziehung still vor sich hin.

Sind Sie überrascht, dass sich unter den Menschen mit der 4. Farbe der Motivation so viele religiöse Führer finden lassen? Man zieht dann lieber das Singledasein vor, als in einer Beziehung zu enden, in der angeblich die eigenen Bedürfnisse nicht berücksichtigt werden können. So hören Beichtväter sich lieber die Bedürfnisse ihrer Schäflein an, um so die scheinbare eigene Bedürfnislosigkeit zu demonstrieren.

Beispiele dafür: Papst Franziskus, Ajatollah Khomeini, Dalai-Lama.

Einer der größten Sicherheitsfanatiker aller Zeiten, der alle liquidieren ließ, die nur in seinen Dunstkreis kamen, war der kolumbianische Drogenboss Pablo Escobar. Aus der Angst heraus, ermordet zu werden, ließ er sich einen Hochsicherheitstrakt bauen, wo er dann aber doch von CIA-Leuten aufgespürt und getötet wurde. Wie wahr ist doch der Ausspruch von Benjamin Franklin: „Nichts in dieser Welt ist sicher,

außer dem Tod und den Steuern." Sie dürfen Ihre Angst spüren, Sie sollen sie sogar spüren, aber nicht wegdrängen, um dann in den Kontroll-Trip zu verfallen.
Probieren Sie es einfach aus und sprechen Sie Ihre Bedürfnisse an! Sie werden sich wundern, dass Ihnen dabei nichts passiert und Sie vielleicht sogar offene Türen einrennen. Passend dazu die orientalische Geschichte von Nossrat Peseschkian: Die Ehefrau nahm 50 Jahre aus Rücksicht auf ihren Mann beim gemeinsamen Frühstück stets das untere Stück des Brötchens. Am Tag der Goldenen Hochzeit schmiert die Frau erstmals das knusprige Oberteil für sich selbst und gibt das untere Teil ihrem Mann. Der Mann reagiert entgegen ihrer Erwartung hocherfreut: „Du bereitest mir die größte Freude. 50 Jahre habe ich das Brötchen-Unterteil nicht mehr gegessen, das ich vom Brötchen am allerliebsten mag. Ich dachte, du sollst es haben, weil es dir so gut schmeckt."
Wie soll der andere wissen, welches Bedürfnis Sie haben, wenn Sie es nie aussprechen? Andere Menschen, auch Partner, sind keine Hellseher.

Weitere Beispiele: Jean-Paul Sartre, Hilary Clinton, Willy Brandt, Osho.

5. Farbe: Verantwortung/Schuld; in der Transferenz: Hoffnung (2. Farbe)
Sie haben die Neigung, ewig zu hoffen (2. Farbe), anstatt konkret nachzuhaken oder zu fragen. Dabei wissen Sie, was Sie tun sollten, für sich und für die anderen, aber Sie tun nichts und geben sich einer blinden Hoffnung hin. Das ist auch mein Thema. Wir gehören zu den Menschen, die sagen: „Alles ist okay!" Das ist ungesund für uns. Wir sitzen auf der Titanic und sagen: „Alles ist in Ordnung!"
Diese Menschen sitzen blind hoffend herum, dabei könnten, ja müssten, sie selbst etwas tun. Hoffnung ist sehr verführerisch für sie. Daher rührt auch mein Interesse an der Geistheilung. Solchen Leuten würde ich Lourdes nicht empfehlen, denn ihre Hoffnung hat keine Substanz. Sie ist eine Fata Morgana bzw. eine tiefe Ignoranz. Beobachten Sie Ihren Verstand! Wenn Sie Gedanken der Hoffnung wahrnehmen, dann heißt es, nicht hoffen, sondern das unternehmen, was in der Situation das Naheliegende ist.
Geben Sie sich nicht länger dieser Hoffnung hin, auch, wenn Sie für Ihre Haltung im außen Ermunterung und Bewunderung erfahren! Die Hoffnung kommt aus Ihrem transferierten Verstand und sie ist anstrengend und ungesund für Sie.

Warten Sie nicht länger ab, wenn sich Ihnen das Handeln geradezu aufdrängt. Sie sind nicht zum Hoffen auf der Welt. Sie verschlafen sonst Ihr ganzes Leben. Bei Ihnen geht es darum, in die Verantwortung zu gehen: für sich und für andere, wodurch Sie sich „schuldig" machen. Mitunter machen Sie sich dabei nämlich die Hände schmutzig. So ist diese Schuld zu verstehen.
Als Beispiel erzähle ich Ihnen jetzt meinen „Klassiker": Mit einem Handwerker ist ein Termin vereinbart. Obwohl er schon eine Stunde über der Zeit ist, rufe ich nicht an, um nachzufragen, was los ist. Ich warte und warte und denke dabei: „Bisher war er immer zuverlässig, er wird sich schon noch rühren!"
Dann interveniert mein Mann: „Ruf doch an, der hat den Termin bestimmt vergessen!" Als ich endlich anrufe, sagt der Handwerker am anderen Ende der Leitung wie aus der Pistole geschossen: „Gut, dass Sie sich melden, den Termin habe ich vollkommen vergessen!"
Wieso wird nicht gehandelt? Aus Angst davor, der Realität nicht gewachsen zu sein. Am Ende muss die verkehrte Hoffnung zu Grabe getragen werden. Im Beispiel oben muss die Hoffnung darüber zerplatzen, dass der Handwerker doch nicht so zuverlässig sei. Lieber hegt und pflegt man Hoffnungen, auch, wenn sie sich später als falsch herausstellen. Aus dieser Haltung heraus zu leben ist sehr anstrengend und es werden dabei viel Zeit, Kraft und materielle Ressourcen vergeudet. Diese Menschen leben fast immer in einer Art Wartemodus, denn irgendeine Hoffnung gibt es ja meist.
Wenn Sie nur hoffen, dann geschieht nichts. Zur richtigen Zeit müssen Sie die richtigen Schritte tun. Um dieser Notwendigkeit nicht Folge leisten zu müssen, wird aber die korrekte Entscheidung, die eigentlich längst getroffen wurde, ewig hinausgezögert, bis es mitunter zu spät ist. Der Verstand gibt dann auch dazu noch seinen Kommentar ab, wann denn nun, aus seiner Sicht, der richtige Zeitpunkt angeblich wäre.
Albert Camus bringt das Thema Hoffnung für die 5. Farbe auf den Punkt: „Das ganze Unglück der Menschen beginnt mit der Hoffnung."
Übertreiben die 5. Farben es mit ihrem ewigen Hoffen, das früher oder später wie eine Seifenblase zerplatzt, dann können sie durchaus militant werden, und dann ist mit ihnen nicht mehr gut Kirschen essen.
Um die Mechanik dieser Qualität zu veranschaulichen, wähle ich gerne als Beispiel die trügerische Hoffnung der deutschen Juden während des Dritten Reiches, die glaubten, ihnen würde schon nichts passieren, weshalb die meisten von ihnen solange in ihrer Heimat Deutschland blieben, bis sie in die KZs deportiert wurden.

Und schauen Sie sich heute den Staat Israel an! Mit den Palästinensern wird nicht gerade zimperlich umgegangen.

Ich hatte noch mein ganz persönliches Aha-Erlebnis mit der 5. Farbe: Der französische Chansonnier Georges Moustaki, der ebenso wie ich die 5. Farbe der Motivation hat, schrieb das Lied: „Nadjejda" – meine persönliche Hymne aus Jugendtagen. Und was meinen Sie, was „Nadjejda" heißt? „Hoffnung" auf Russisch!

Weitere Beispiele: Michail Gorbatschow, Vaclav Havel, Margaret Thatcher, Sophie Scholl, Philipp Lahm, Jiddu Krishnamurti.

6. Farbe: Unschuld; in der Transferenz: Sehnsucht (3. Farbe)
Diese Menschen sind auf der Welt, um ihre Einzigartigkeit auszudrücken, um ihr ganz eigenes, individuelles Leben zu führen. Was leben sie stattdessen?
Sie wollen unbedingt Anführer sein (3. Farbe) und mischen sich in alles ein.
Was heißt „Unschuld"? Unschuld heißt: Ich bin nicht involviert!
Ihre Persönlichkeit verliert ihre Kraft, wenn Sie sich in etwas hineinziehen lassen.
Es darf Ihnen primär nicht um die anderen gehen, sondern nur um Sie. Dazu bedarf es der Selbstbezogenheit, des Mutes zur Selbstbezogenheit, auch, wenn es von außen betrachtet egoistisch aussieht.
Die anderen mögen das gar nicht. Je mehr Sie Ihre Einzigartigkeit ausleben, umso mehr Probleme haben all die Nicht-Selbste um Sie herum.
Für Sie gilt: Wenn Sie nicht Ihr Leben führen dürfen, dann gibt es kein Leben.
Es ist nicht einfach, sich aus allem herauszuhalten, aber, wenn Sie korrekt sind, dann gelingt Ihnen dieser Drahtseilakt.
Als 6. Farbe sind Sie außerhalb des Geschehens. Sie sind der Beobachter.
Sie haben zwar diese Sehnsucht, der Anführer, sein zu wollen, aber Sie sind kein Anführer. Das ist eine Illusion. Als Anführer bringen Sie Ihrer Gefolgschaft nur Leid, weil Ihre Fähigkeiten als Anführer sehr beschränkt sind.
Dazu möchte ich den Astrophysiker und Wissenschaftsjournalisten Harald Lesch zitieren: „Wie viel Unheil ist schon durch Nichtstun verhindert worden."
Es ist Ihr Job, sich zurückzulehnen, und das Leben, Ihre Gefühle und Gedanken zu beobachten wie man ein Theaterstück anschaut. Doch Sie sollten sich in dieses Theaterstück nicht einmischen.

Häufig machen sich Menschen mit der 6. Farbe zum Sprecher einer Gruppe, so dass sie dann für die anderen einstehen können. Doch das kommt nicht immer gut an, weil dieses Verhalten nicht authentisch ist.

Auch finden wir hier Menschen, die für eine Sache kämpfen, die nichts, aber schon gar nichts mit ihnen selbst und ihrem eigenen Leben zu tun hat, und die dann auf die Barrikaden gehen, ohne, dass sie darum gefragt oder gebeten wurden.

Eine Geschichte dazu: Eine Mutter, die die 6. Farbe der Motivation hat, musste miterleben, wie ihre Tochter in der Schule zum Mobbingopfer wurde. Nachdem wiederholte Gespräche mit der Schulleitung und den Lehrern diese Situation für die Tochter nicht verbesserten, wechselte das Mädchen die Schule, wo sie friedlich und problemlos das Abitur ansteuern konnte.

Nachdem sich eine Schülerin an der alten Schule umgebracht hatte, wollte die Mutter der Tochter, die die Schule wechselte, unbedingt das Kultusministerium einschalten. Diese Mutter fragte mich nach meiner Meinung. Ich entgegnete lediglich, sie solle sich auf ihre 6. Farbe besinnen. Daraufhin verwarf sie ihr ursprüngliches Vorhaben und ist mir heute noch für meinen Hinweis dankbar, da sonst die alte schmerzvolle Situation, mit der eigenen gemobbten Tochter, wieder hochgekommen wäre.

Hier gibt es oft Menschen, die sich für soziale Gerechtigkeit einsetzen.

Abschließend ein Spruch Casanovas für die 6. Farbe zu ihrer Ermutigung: „Das Dasein ist köstlich. Man muss nur den Mut haben, sein eigenes Leben zu führen."

Beispiele: Ulrike Meinhof, die zur Sprecherin der Roten-Armee-Fraktion wird und am Ende ihr Leben verliert. Fidel Castro, Ernesto Che Guevara, Gerhard Schröder, Steve Jobs, Hans Scholl.

Abschließend eine kurze Übersicht über die Modi der 6 Farben der Motivation, jeweils mit ihrer Ablenkung und in ihrer korrekten Form. Die Farben 1, 3 und 5 kontrollieren sich selbst, die Farben 2, 4 und 6 kontrollieren die anderen.

1. Farbe: Sicherheit.
Ablenkung: Am Wichtigsten ist es für mich, plan- und ziellos Bedürfnisse zu befriedigen: meine eigenen und die der anderen.
Korrekt: Meine oberste Maxime ist der Faktor Sicherheit.

2. Farbe: Hoffnung
Ablenkung: Ich kontrolliere, weil sonst nichts in Ordnung kommt.
Korrekt: Ich gebe mich der Hoffnung hin, dass die Dinge ohne meine Kontrolle in Ordnung kommen.

3. Farbe: Sehnsucht
Ablenkung: Da ich sowieso nichts bewirken kann, halte ich mich aus allem heraus.
Korrekt: Ich mische mich ein, weil ich ein fähiger Anführer bin.

4. Farbe: Bedürftigkeit
Ablenkung: Ich fürchte mich vor meinen Wünschen und stelle bei meiner mentalen Kontrolle des Du fest, dass es meine Wünsche sowieso nicht erfüllen kann.
Korrekt: Ich muss lernen, Verantwortung für meine Wünsche zu übernehmen, indem ich sie erkenne, dem Du gegenüber ausspreche und notfalls für sie kämpfe.

5. Farbe: Verantwortung/Schuld
Ablenkung: Ich entziehe mich, in der fatalistischen Hoffnung, dass alles gut wird, meiner Verantwortung.
Korrekt: Ich muss lernen, Verantwortung zu übernehmen, spätestens dann, wenn ich anfange zu leiden.

6. Farbe: Unschuld
Ablenkung: Ich kann da nicht zuschauen – ich muss da eingreifen!
Korrekt: Ich lege mich entspannt in den Liegestuhl und betrachte das Leben wie ein Theaterstück.

Teil 4 · Das Dream Rave

*Der Traum ist der beste Beweis dafür,
dass wir nicht so fest in unserer Haut eingeschlossen sind,
wie es scheint.*

[Hebbel]

Ich bin keine Dream Rave Spezialistin, möchte Sie aber gerne auf die Bedeutung unseres Schlaf-Designs aufmerksam machen, weil wir durch unsere Träume für den Wachzustand konditioniert werden. Ich persönlich hielt stets hohe Stücke auf die Bedeutung von Träumen, weil ich immer wieder die Erfahrung von Wahrträumen machte. Da im Dream Rave davon ausgegangen wird, dass Träume Schäume sind, verschloss ich mich diesem Thema verständlicherweise für lange Zeit. Träume sind wichtig, wirken sie doch oft reinigend und regenerierend auf Geist und Körper. Aber sie sind nicht dazu gemacht, die richtigen Entscheidungen für den Wachzustand zu treffen. Und hier liegt wohl auch der Unterschied zwischen der klassischen Traumanalyse und dem Dream Rave aus dem Human Design.

Die Auseinandersetzung mit dem Dream Rave brachte mir die Erkenntnis, dass unsere nächtlichen Träume nicht zwangsläufig etwas mit uns persönlich zu tun haben müssen.

Im Traum haben wir dasselbe Design wie die Säugetiere, das heißt, es fehlen Kopf und Verstand, Ego und Solar Plexus, und so verbleiben die fünf Zentren Milz, Wurzel, Sakral, Selbst und Kehle. Zur Ermittlung des Dream Rave gibt es eine spezielle Software.

Jeder, der ein Haustier hat, weiß, dass diese ebenfalls träumen. Wir Menschen träumen alle, auch, wenn wir uns oft nicht daran erinnern können. Und wir träumen natürlich auch ganz anders, wenn wir alleine schlafen, also nicht in der Aura eines anderen sind. Tiere haben ebenfalls eine Aura und gehören deshalb nicht ins Bett.

Die Schlafmatrix mit den 5 Zentren ist der Menschheit nicht fremd. Als Neandertaler war der Mensch ebenfalls ein 5-zentriges Wesen.

Die Traummatrix, die mit der Matrix der Säugetiere identisch ist, umfasst 15 Tore. Das Dream Rave wird berechnet, indem man 88 Mondgrade vom Geburtszeitpunkt zurückgeht. Natürlich finden wir hier ebenso das Bewusste, also die Traumpersönlichkeit und das Unbewusste, also den Traumkörper, vor.

In unseren Träumen werden wir auf drei unterschiedlichen Ebenen programmiert, im Lichtfeld, im Dämonenfeld und im Erdfeld. In jedem Feld gibt es zwei Kanäle und ein sogenanntes Portaltor. Im Säugetier-Design werden die Portaltore als die transaurischen Tore bezeichnet, durch welche die Tiere mit den Menschen in Kontakt treten können und die Menschen mit den Tieren.

Das *Lichtfeld* besteht aus den Kanälen *20-57* und *8-1* sowie dem *Portaltor 62*. Die Religionen und die Esoteriker sind auf das Lichtfeld ausgerichtet und blenden die beiden anderen Felder aus, verbunden mit der Aufforderung: „Steig aus deinem Körper aus!" Das Lichtfeld ist Yang, also unsere männliche Seite, die mit unserem bewussten Verstand und dem Persönlichkeitskristall (siehe Teil 5!) assoziiert ist. Auf dieser Ebene wird versucht, den Menschen einzureden: „Du brauchst keinen Körper!"

Sicherlich haben Sie auch schon von dem Hype um die Lichtnahrung gehört. Es mag durchaus Menschen geben, die weniger von Nahrung abhängig sind, jedoch lässt sich so etwas nicht mental antrainieren. Wobei dem Verstand so ziemlich jeder Floh ins Ohr gesetzt werden kann.

Auf dieser Ebene wird der Verstand, also die Persönlichkeit, manipuliert. Hier wird viel gesprochen, aber nicht gehandelt. Auch finden wir auf dieser Ebene die Prophezeiungen für die Zukunft. Wir haben in der Lichtebene persönliche Träume von Menschen, die wir kennen und die dann als nette Geschichten daherkommen können.

Portaltor 62 heißt Liebe. Gemeint ist die Liebe zum Detail, aus dem logischen Schaltkreis des Verstehens, der in die Zukunft gerichtet ist. Die Info, die wir dort bekommen, dringt in das Wachbewusstsein.

Tor 20 zeigt uns einen Blick in eine Landschaft, die in die Zukunft gerichtet ist. Das Traumleben ist hier stark visuell.

Tor 57 bringt Angstträume über die Zukunft. Gerne bedienen sich diese Träume den Archetypen, die wir als geistige Schubladen und Vorurteile mit uns herumtragen. Sie fördern das Schwarz-Weiß-Denken im Tagesbewusstsein.

Tor 1 ist die personifizierte Freude, die sich im Kopf abspielt. Religion findet hier ihren Ausdruck als Liebe und Freude am Leben.

Tor 8 bedeutet Dunkelheit, weil man hier nie das Licht am Ende des Tunnels sieht. Hier können im Traum dunkle Zukunftsszenarien auftauchen.

Das *Dämonenfeld* besteht aus den Kanälen *53-42* und *28-38* sowie dem *Portaltor 19*. Das Dämonenfeld ist Yin, also unsere weibliche Seite, die ausschließlich körperbezogen und deshalb unserer unbewussten Seite und dem Designkristall (siehe Teil 5) zugeordnet ist. Hier finden wir die energetischsten Träume vor, die uns Informationen über das eigene Körpersystem, über Gesundheit und Krankheit bringen können.

Portaltor 19 bringt uns konkrete Sinneswahrnehmungen, in Form von Geschmack, Geruch oder Berührung, die im Traum in realen, aber auch bizarren Umgebungen erlebt werden können.

Tor 53 beinhaltet Flugträume sowie die Themen, Fallen und Flüchten, die Hinweise darauf sein können, dass mit dem physischen Körper etwas nicht stimmt.

Tor 42 kennt Sterbeträume. Sie können darauf hinweisen, dass mit dem Körper etwas nicht in Ordnung ist.

Tor 28 kann Opferträume bringen. Hier kann im Traum physisch wahrnehmbar Angst auftauchen.

Tor 38 kennt Träume von Mord und Totschlag, die ein Hinweis darauf sein können, dass das Adrenalin-System – respektive das Wurzel-Zentrum – aus dem Gleichgewicht geraten ist.

Das *Erdfeld* setzt sich aus den Kanälen *5-15* und *27-50* sowie dem *Portaltor 12* zusammen. Das Erdfeld wird von den Persönlichkeits- und Designkristallen (siehe Teil 5!) programmiert, die jeweils auf der anderen Seite des Globus leben und wach sind. Besondere Bedeutung haben dabei auch die Säugetiere für uns, weil sie unser Neutrino-Programm filtern. Wir verbinden uns, von dem Ort aus betrachtet, an dem wir uns gerade physisch befinden, mit allen Lebewesen, die auf der jeweils anderen Seite des Globus leben und wach sind. Deswegen sind Säugetiere für unsere spirituelle Entwicklung so wichtig.
Diese Kräfte aus dem Erdfeld sind die stärksten und brutalsten von allen drei Feldern. Aus diesem Grund haben die Menschen, die dort Aktivierungen haben, oft wenig Lust zu schlafen.
Da unser Neutrinofeld in einem permanenten Austausch steht, ist es sehr wichtig, wie wir uns tagsüber verhalten. Denn, wenn wir wach sind und die anderen schlafen, prägen wir die andere Seite des Globus.
Gehen wir frustriert, verbittert, wütend oder enttäuscht durch die Gegend, dann sieht es auf der anderen Seite des Planeten genauso aus.

Portaltor 12 heißt Mutation, kann aber im Traum nur weltliche Lösungen in Form von netten Geschichten bringen.

Tor 5 bewirkt im Traum, dass die lineare Zeitsequenz zusammenbricht. Vergangenheit, Gegenwart und Zukunft fallen zusammen, was den Träumer sehr verwirren kann.

Tor 15 erzeugt ein Zusammenbrechen der bekannten physischen Strukturen und Formen. Aus einem Baum wird dann beispielsweise eine Wolke. Hier kann sich alles auflösen und verzerren, so, wie wir es nicht kennen. Das kann für den Träumenden albtraumhaft sein.

Bedenken Sie: Wenn Sie im Wachbewusstsein Extreme ausleben, dann muss der Mensch, auf der anderen Seite der Erdkugel, das im Schlaf aushalten.

Tor 50 hat im Traum die Themen Sexualität und Geben.
Die gesamte Energie, die in Säugetieren, in Form von Sexualität und Fürsorge, vorhanden ist, wird von diesen Menschen über die Neutrinos aufgenommen.

Tor 27 kennt das sehnsüchtige Verlangen, für sich selbst und andere zu sorgen. Es ist dazu da, von der Yang-Lichtkraft der Jahrtausende wegzukommen, um sich der gestalterischen Yin-Welt, die als Uraspekt dem Tor 2 entspricht, zuzuwenden.

Sobald Sie die Tore Ihres Dream Raves kennen, kommt vielleicht etwas Klarheit in Ihr Traumleben, und Sie erkennen, warum Sie immer wieder bestimmte Träume haben oder warum Sie im Wachzustand bestimmte Eigenschaften an den Tag legen, die aus Ihrer Körpergrafik nicht unbedingt ablesbar sind.

Vielleicht fällt Ihnen auf, dass bei bestimmten Menschen ein Feld oder zwei dieser drei Felder gar nicht vorkommen. Ich persönlich finde dieses Phänomen sehr spannend und ganz und gar nicht bedeutungslos. Was das im Endeffekt bedeuten könnte, darüber möchte ich jetzt aber nicht spekulieren.

Das Thema Dream Rave habe ich nur kurz angerissen. Auf diesem Gebiet gibt es echte Profis, die Sie mühelos im Internet finden können.

Teil 5 · Vom Werden und Vergehen

*Geburt und Tod sind nur Türen,
durch die wir hindurchtreten,
heilige Schwellen auf unserer Reise.*
[Thich Nhat Hanh]

Entstehung der Welt und des Lebens

Im Jahr 1965 stellten zwei Radioastronomen in New Jersey eine große Antenne auf, um Experimente an künstlichen Erdsatelliten vorzunehmen. Während der Montage bemerkten beide Forscher ein merkwürdiges Hintergrundrauschen, das gewöhnlich bei schlechtem Empfang zu hören ist.

Auf der Suche nach der Ursache dämmerte ihnen irgendwann, dass das Rauschen im Mikrowellenbereich ein Signal aus den Tiefen unserer kosmologischen Vergangenheit sein könnte. Bereits in den 1930-er Jahren entstand die Theorie, dass unser Universum vor etwa 14 Milliarden Jahren durch einen Urknall entstanden sein könnte. Die beiden Wissenschaftler Penzias und Wilson erbrachten durch ihre „Zufalls"-Entdeckung den experimentellen Beweis für die bis dahin umstrittene Urknall-Theorie, wofür sie 1978 den Nobelpreis bekamen. Soweit zur wissenschaftlichen Bestätigung der Urknalltheorie.

Mit dem Urknall fing das Universum an sich auszudehnen. Die Zeit war damit geboren sowie die Unterscheidung zwischen Materie und Energie.

Nach der Human Design-Mythologie kam es beim Urknall zur Vereinigung von Yin-Ei (Materie) und Yang-Samen (Energie). Das war der Beginn der Polarität bzw. der Dualität.

Die materielle, atomare Welt des Universums bemisst sich auf etwa 4 % der Masse des Universums. Ein Teil der scheinbar fehlenden Masse ist auf die Neutrinos zurückzuführen, die nicht, wie zunächst angenommen reine Energieteilchen sind, sondern eine geringe Masse haben. Neutrinos durchdringen den Raum und alle Objekte im Raum mit annähernder Lichtgeschwindigkeit. Dieser unvorstellbar dichte Strom der Neutrinos verbindet alles, was sich im gesamten Universum befindet, gegenseitig mit Informationen.

Im Human Design ist die Entstehung allen Lebens, sei es als Pflanze, Tier oder Mensch, auf zwei Kristalle und den sogenannten „Magnetischen Monopol" zurückzuführen.

Der Persönlichkeitskristall (PK) hat seinen Sitz im Kopf-Zentrum und drückt sich als Energie und Geist aus. Er manifestiert das, was wir glauben zu sein. Der PK beherbergt auf seiner tiefsten Ebene die Seele. Der Designkristall (DK) hat seinen Sitz im Ajna-Zentrum und drückt sich als Materie aus. Er manifestiert unser biogenetisches Fahrzeug, also unsere physische Infrastruktur bzw. unseren Körper.

Jeder Kristall verarbeitet bzw. filtert die Neutrinoinformationen unterschiedlich.

Der Magnetische Monopol (MM) sitzt unter dem Brustbein, in Tor 2 im G-Zentrum, und hält uns in unserer buchstäblichen Getrenntheit zusammen. Er bewegt uns durch Zeit und Raum und kennt als einziger unseren Schicksalsweg.

Der MM befindet sich immer zusammen mit dem DK im Erdmantel, wenn wir nicht inkarniert sind.

Wie ist die Rollenverteilung?
Unser Körper (DK) ist das Fahrzeug und der MM sein Fahrer, der weiß, wohin die Reise geht. Unsere Persönlichkeit (PK) ist der Fahrgast, der auf dem Rücksitz Platz nimmt und nichts Anderes zu tun hat, als aus dem Fenster zu schauen und die Landschaft an sich vorbeiziehen zu lassen.

Wie entsteht menschliches Leben?
Im Samen des Mannes befinden sich DK und MM, aber nur dann, wenn es zu einer Zeugung kommen soll. Nur der eine Samenfaden, der einen DK und einen MM enthält (in Tor 6), macht das Rennen, weil er als einziger Richtung (durch den MM) besitzt. So kann sich das Ei bei der Frau öffnen und den Samenfaden hereinlassen (in Tor 59).

Auch, wenn keiner der Partner Tor 6 und/oder Tor 59 hat, kann es, durch die Aura der umgebenden Personen oder durch das Transitfeld, zur Zeugung kommen. So wurde schon manche Schwiegermutter – oder wer auch sonst immer sich in der Aura der empfangenden Frau befand und über die Tore 59 und 6 verfügte – zur unfreiwilligen Zeugungshelferin. Da Spermien bekanntlich bis zu 72 Stunden im weiblichen Körper überleben können, genügt ein solcher aurischer Kontakt innerhalb von drei Tagen nach dem Geschlechtsakt.

Nach der Zeugung beginnt der DK den Körper des Kindes aufzubauen. Zuerst wird die Kehle gebildet, anschließend das G-Zentrum, wo der MM platziert wird. Schließlich folgt das Ajna-Zentrum, dem späteren Sitz des DK. Dann geht es weiter mit dem Herz-Zentrum, der Milz, dem Wurzel-Zentrum, dem Solar Plexus und dem Sakral-Zentrum. 88° (= 88 Tage) vor Sonnenlauf der Geburt ist der Fötus in seiner Entwicklung fertig und der Neo-Cortex angelegt. Frühgeburten ändern nichts an dieser Formel. Jetzt ruft der MM den PK (Seele), der in seinem PK-Bündel (Seelen-Bündel) in der Atmosphäre der Planeten kreist, in den Körper hinein. Während der DK weiter an Größe zunimmt, hat der PK noch drei Monate Zeit, sich an sein neues Fahrzeug zu gewöhnen. Passen DK und PK gar nicht zusammen, kann es zu einer Totgeburt kommen.

Was geschieht im physischen Tod?

Zum Todeszeitpunkt kommen DK und MM im G-Zentrum zusammen und verlassen gemeinsam über Kanal 60-3 den Körper. Es ist die Glückseligkeit pur, wenn die beiden wieder miteinander vereint sind. Die Trennung der beiden, während unserer Inkarnation, ist es, was unsere Sehnsucht nach einem Seelenpartner anfacht, den wir aber fälschlicherweise immer im außen suchen und dort natürlich nicht finden können, denn er ist stets in uns: als MM in Tor 2 im G-Zentrum. Wenn wir das erkennen, können wir zur Selbstliebe erwachen. Jetzt gehen DK und MM in den Erdmantel, um sich mit dem Bündel der Designkristalle zu verbinden. Übrigens, die Stimme, die Ra das HDS brachte, kam aus einem DK-Bündel.

Der PK (Seele) geht zum Zeitpunkt des Todes nirgendwohin, denn der Tod befreit die Seele nicht vom Körper. Der MM sendet an das zugehörige Seelen-Bündel, das wie alle PK-Bündel in der Atmosphäre der Planeten beheimatet ist, die Nachricht, dass die Seele doch bitte abgeholt werden möge.

Die Seele muss also darauf warten, bis sie von ihrem Seelen-Bündel abgeholt wird. Das kann bis zu drei Tage dauern.

Um eine sichere Abholung zu garantieren, darf der tote Körper in diesem Zeitraum nicht unter die Erde, auch nicht verbrannt werden oder keine großen Distanzen zurücklegen. Ebenfalls müssen auf Obduktion und Organentnahme verzichtet werden. Das Seelen-Bündel kann nämlich sonst die Seele nicht erkennen, so dass sie nicht abgeholt werden und dorthin gebracht werden kann, wo sie hingehört. Es ist unbedenklich, den Leichnam zu kühlen oder einzufrieren.

Menschen, die vor Ablauf dieser drei Tage begraben werden, werden auf diese Weise buchstäblich lebendig unter die Erde gebracht. Wie rücksichtslos und lächerlich erscheint unter diesem Aspekt, die Nichteinhaltung dieser Dreitagefrist aus sogenannten organisatorischen Gründen. Die Homöopathin Rosina Sonnenschmidt sagt über den Umgang mit gerade Verstorbenen: „Der Transplantationswahn unserer Tage im Lichte der Sterbeenergetik betrachtet ist das Lebensverachtendste, dessen der menschliche Geist der Neuzeit fähig ist."

Kann der PK nicht korrekt abgeholt werden, endet er damit herumzuhängen. Das ist dann die „Zwischenwelt" der Elfen, Geister und Gnome. Damit ist dann meist auch die Möglichkeit für eine neue Inkarnation vertan. Es ist daher die Aufgabe der Hinterbliebenen, dafür Sorge zu tragen, dass der Körper des Verstorbenen drei Tage völlig in Ruhe gelassen wird.

Die Stadien des Sterbeprozesses

Bekommt der Sterbende den Raum, den er braucht, ist das Sterben etwas ganz Natürliches. Denn Sterben ist ein Teil des Lebens.

In jedem Monat beginnt ein neuer Sterbeprozess, weil der Mond, der in 28 Tagen alle 64 Hexagramme durchläuft, den Sterbeprozess regelt. Von daher ist Sterben allgegenwärtig. Der Sterbeprozess beginnt immer dann, wenn der Mond in Tor 10 in der 2. Linie steht. Insgesamt durchlaufen wir im Sterben 5 Stadien. Der gesamte Prozess dauert mindestens 25 Tage.

1. Stadium: Mond in Tor 10, 2. Linie, der Einsiedler
Der Sterbende zieht sich von den Mitmenschen zurück und erscheint den Außenstehenden als fremd. Er ist traurig und will alleine sein. Diese Phase dauert am längsten und geht am tiefsten.

2. Stadium: Mond in Tor 3, 4. Linie, Charisma
Der Sterbende braucht die anderen als Spiegel seiner schwindenden Lebenskraft. Die 4. Linie fixiert in Richtung Tod und der Sterbende realisiert, dass er sterben wird. Ist er in dieser Phase alleine, dann geht er in die dritte Phase voller Unruhe. Er braucht einen Verbündeten, der einfach nur bei ihm ist. Hier kann es mystische Erfahrungen geben, so dass geliebte bereits Verstorbene gesehen oder gehört werden können.
Nur in dieser 2. Phase wird dem Sterbenden selbst und den Menschen um ihn herum klar, dass man stirbt. Manche suchen in dieser Phase nach einer spirituellen Führung und fangen zum Beispiel an zu beten, obwohl sie zeitlebens Atheisten waren. Aber was sie hier wirklich brauchen, ist menschlicher Kontakt, lebendige, physische Präsenz.
Mitunter schickt der Sterbende die Leute auch weg, mag sie aber gleichzeitig in seiner Nähe haben. Das macht es für die Anwesenden schwierig, beim Sterbenden zu bleiben. Am besten: Nehmen Sie es nicht persönlich und bleiben Sie in seiner Nähe! Diese Phase kann mitunter nur 36 Stunden dauern.

3. Stadium: Mond im Tor 2, 2. Linie, das Genie
Der Richtungswechsel findet statt. Der Sterbende erlebt physische Erleichterung, mit der inneren Klarheit: „Ich brauche nie mehr zu arbeiten! Es gibt kosmische Ferien."

Die Bereitschaft zu gehen ist da. Es spielt keine Rolle, ob sich jetzt jemand um den Sterbenden kümmert oder nicht.
Hier wartet das natürliche Geschenk auf uns, dass wir im Innersten wissen, wie das Sterben funktioniert und dass das Sterben okay ist.

Wer Tor 3 oder Tor 60 in der 2. Linie hat, der sagt: „Alle müssen sterben, aber ich will, dass mit mir eine Ausnahme gemacht wird."

Wer Tor 2 oder Tor 14 im Neptun hat, der erkennt an, dass die Richtung geändert werden muss: Es muss in Richtung Tod gehen.

4. Stadium: Mond in Tor 29, 6. Linie: Verwirrung
Dies ist das einzige kollektive Tor im Sterbeprozess. Diese Phase dauert rund eine Woche. Ein Ja zum Tod ist nur dann möglich, wenn Menschen mit Tor 29 aus dem Sterbezimmer gehen. Dasselbe gilt für Tor 46. Tor 29 sagt nämlich immer Ja zum Leben. Es kennt kein Nein zur vitalen Lebenskraft. Diese Leute, die beide oder eines dieser Tore besitzen, egal ob Verwandte, Freunde oder Pflegepersonal, sollten sich von dem Sterbenden fernhalten. Sonst kann er nämlich nicht gehen.
Ein Klient von mir arbeitete eine Zeitlang als Rettungssanitäter und wunderte sich, dass die Leute nie starben, wenn er Einsatz hatte. Die Antwort war schnell gefunden. Dieses Phänomen ist häufig der Grund, warum Menschen monatelang in Krankenhäusern und Heimen dahinvegetieren. Der Sterbende durchläuft nämlich immer wieder den Zyklus vom 1. bis zum 4. Stadium.
Demnach ist vieles, was nach Wunderheilung aussieht, auf die genetische Veranlagung eines umgebenden Menschen zurückzuführen.

Wer Mars in Tor 29 oder Tor 46 hat, der stirbt normalerweise nicht nach dem Standardmodell (= Altersschwäche), sondern eher schnell durch Schock oder Unfall.
Bei Mars in Tor 29 und Tor 46 finden wir die Glaubensheiler. Sie können Menschen vom Tod zurückhalten. Es sieht dann so aus, als ob sie den Sterbenden geheilt hätten. Doch der bemitleidenswerte Sterbende muss immer wieder denselben Zyklus durchlaufen.
Sind solche Menschen bei Gruppenheilungssitzungen dabei, geschieht „Heilung", was der Heiler natürlich auf seine Fähigkeiten zurückführt, bei entsprechendem

Honorar für seine „Leistung". Deshalb ziehen viele Heiler die Gruppensitzung der Einzelsitzung vor. Die Wahrscheinlichkeit, dass jemand in einer Gruppe dabei ist, der diese zwei Tore hat, ist hoch, so dass „Heilung" über die Aura stattfinden kann. Hier würde es allerdings genügen, dass die Gruppe ohne heilerisches Brimborium still zusammensitzt.

Sind Sie mit einem dieser Tore oder beiden gesegnet, sollten Sie tunlichst keine Sterbebegleitung machen, weil sie durch Ihre Aura in den natürlichen Sterbeprozess störend eingreifen.

Bitte beachten Sie: Hat jemand diese beiden Tore, dann findet beim Sterbenden keine echte Heilung statt! Es vollzieht sich lediglich ein Sterbeaufschub.
Eine rein mutative Verbesserung der Gesundheit in Richtung Heilung kann natürlich dennoch jederzeit geschehen. Sie wird dann durch individuelle Kanäle im eigenen Chart oder in der Aura anderer bzw. im Transitgeschehen ausgelöst. So erklärt sich auch das Phänomen der Spontanheilung.
Dass genau solche Prozesse durch das Zusammensein mehrerer Menschen gefördert werden, weil dort mehrere individuelle Anlagen zusammenkommen, ist auch klar. Der Heiler kann natürlich auch selbst über individuelle Definitionen verfügen, mit den oben beschriebenen Wirkungen auf die Gruppe.

Wer Jupiter in Tor 29 oder Tor 46 hat, der springt auf und geht spazieren, obwohl er schon fast im Grab ist.

5. Stadium: Tor 14, 6. Linie: Demut
Wenn diese Phase erreicht ist, dann ist der Tod innerhalb der nächsten 28 Tage sicher. Der Sterbende fühlt sich von Last befreit. Die Persönlichkeit ist schon tot und kann den Körper beobachten. Jetzt ist der Sterbende alleine und nicht mehr den Kräften der Konditionierung seiner Umgebung ausgesetzt. In diesem Stadium ist das Erwachen zum reinen Sein möglich.

Manchen Menschen gelingt es bereits zu Lebzeiten, in diesen Zustand der Non-Dualität zu gelangen. Es sind die Menschen, die in aller Tiefe erkannt haben, dass es hinter der scheinbaren Dualität letztlich nur eine einzige Wirklichkeit bzw. ein einziges kosmisches Bewusstsein gibt. Die Rede ist hier von Advaita.

Die 6 Bardo-Stationen nach dem physischen Tod

Hier geht es um 6 verschiedene Arten von Erfahrungen.
Wenn der Leichnam drei Tage lang in Ruhe gelassen wird, kann die Seele des Verstorbenen die drei Bardo-Linien durchlaufen. Diese werden durch die Transitlinie der Erde zum Todeszeitpunkt festgelegt.
Wo immer sich die Linie der Persönlichkeits-Erde im Transitfeld zum Zeitpunkt des Todes befindet, da beginnt das Bardo. Dabei wird jeden Tag eine Linie durchlaufen. Das untere Trigramm (1.–3. Linie) ist persönlich, das obere Trigramm (4.–6. Linie) geht über das Persönliche hinaus.
Als Hinterbliebener kann man den Verstorbenen durch die 3 Bardo-Stationen geistig begleiten.
Meist ist es so, dass sich Menschen nach Nahtoderfahrungen bei dem Durchlaufen der ersten 3 Linien hinterher an nichts mehr erinnern können.
Die meisten Berichte kommen aus den Linien 4–6, woraus die allgemeine Erwartungshaltung entsteht, es müsse immer so ein. So erzählte uns unlängst auch ein Freund, wie sehr er enttäuscht gewesen sei, bei seiner Nahtoderfahrung nicht seine verstorbene Schwester gesehen zu haben.

Die 6 Bardo-Linien
1. Linie: Zeit: Man sieht in einer Sekunde sein ganzes Leben ablaufen. Vergangenheit und Zukunft werden als eins erlebt. Selbst die Enkelkinder können als alte Menschen wahrgenommen werden. Es ist eine tiefe persönliche Erfahrung, von welcher der Sterbende aber nicht weiter berührt wird.

Religionen arbeiten hierzu mit Angstmacherei: „Nur, wenn du lieb bist, kommst du in den Himmel. Bist du böse, erwartet dich die Hölle."
Die folgenden 2. und 3. Linie haben ein bisschen etwas von Himmel und Hölle.

2. Linie: Himmel: Hochsteigen und Schweben; dort ist es schön und freundlich. Wer in der 2. Linie stirbt, der hat das Gefühl, direkt in den Himmel zu kommen. Es ist die einzige spirituelle Linie, in der Freiheit von Schmerzen, Gedanken und Körperlichkeit erfahren sowie Leere, Vollkommenheit, Göttlichkeit und Licht erlebt werden können. Hier findet tiefe Spiritualität jenseits der materiellen Welt statt.

Es ist der Himmel, den die Religionen als Belohnung für die Einhaltung ihrer Gebote versprechen. Allerdings gibt es dort keinen Gott, keine Engel, keine anderen Menschen, auch keine 72 Jungfrauen, und dennoch ist es Himmel.

3. Linie: Hölle: Chaos, Horror-Show; die Schwierigkeit, das Materielle loszulassen. Hier erscheint alles sehr wirklichkeitsnah und ausgesprochen materiell. Die 3. Linie ist die dichteste Form der materiellen Welt. Es geht höllenhaft und chaotisch zu. Als Soldat im Zweiten Weltkrieg musste mein Vater oft miterleben, wie Kameraden starben. Er sprach davon, dass einige einen schweren Todeskampf gehabt hatten. Wahrscheinlich war an jenen Tagen die Erde in der 3. Linie. Wir kennen auch im persönlichen Umfeld einen Todesfall, wo die Sterbende einfach nicht sterben wollte. Als ich nachsah, zeigte sich, dass die Erde zu dieser Zeit in der 3. Linie stand. Viele Angehörige leiten aus dem Beispiel der Verstorbenen ab, dass sie selbst genauso sterben werden, was natürlich Unsinn ist, aber, aus reinem Nichtwissen heraus, gemutmaßt wird.
Es ist natürlich schwierig, in der 2. Linie zu sterben, also direkt in den Himmel zu kommen, und anschließend in der 3. Linie zu landen, mit ihren Teufelsfratzen. Aber, wir können leben, wie wir wollen, wir können es uns nicht aussuchen, wann wir sterben. Keine Wahl!
In der 3. Linie findet die Reinigung vom Materiellen statt. Die Hölle ist ein Bild für die Schwierigkeit, das Materielle loszulassen.

4. Linie: Durchgang: Man sieht das Licht am Ende des Tunnels. Der Tod wird als Durchgang, als Reise erlebt. Diese Phase wird als tiefe Harmonie erfahren. In einem meiner Kurse erzählte eine Teilnehmerin von ihrer Nahtoderfahrung. Sie sah dabei Licht und es war alles derart friedlich und harmonisch, dass sie gar nicht mehr zurück ins Leben wollte.
Als wir nachschauten, welche Linienqualität dieser Tag hatte, war es, wie vermutet, die 4. Linie.

5. Linie: Wiedervereinigung zwischen Lebenden und Toten oder zwischen Toten und Toten. Hier kann es sein, dass Sie erleben, wie jemand aus Ihrem Seelen-Bündel Sie abholt und nach Hause zu Ihrer Seelenfamilie bringt. Aber auch, wie Sie Kontakt mit einer noch lebenden Person aufnehmen.

Diese zweite Form der 5. Bardolinie durfte ich bei meinen Eltern erfahren. Mein Vater starb bei einer Herzoperation. Währenddessen war meine Mutter, die zu jener Zeit bereits an schwerer Demenz litt, zu Hause mit einer Pflegeschwester zusammen. Zu ihrer Überraschung erzählte ihr meine Mutter auf einmal, dass sie eine Neuigkeit hätte, ihr Mann wäre nämlich gerade gestorben. Die Schwester nahm meine Mutter nicht ernst, aber kurze Zeit später bestätigte sich das von meiner Mutter Gesagte. Allem Anschein nach hatte sich mein Vater von meiner Mutter verabschiedet und meine Mutter war in dem Augenblick geistig vollkommen klar. Natürlich stand zum Todeszeitpunkt meines Vaters die 5. Linie in der Transiterde.

6. Linie: Vision: Alles taucht auf, was Sie im Leben hätten sein können. Hier hat man die Weisheit zu erfahren, wie es im Leben hätte anders laufen können. Sie können zum Beispiel erkennen: „Mist, so hätte ich es machen sollen!"

Beispiel: Ein Mensch stirbt, wenn die Transiterde in der 2. Linie steht. Dann endet seine Bardo-Erfahrung in der 4. Linie. Das bedeutet schließlich, dass dieser Mensch in der 5. Linie wiederkommt, wenn seine nächste Inkarnation ansteht.
Mitunter kann das bis zu 1.000 Jahre dauern.
In dem Augenblick, in dem Sie zu Ihrem Bündel zurückkehren, inkarniert gleichzeitig eine andere Seele aus Ihrem Bündel.
Die Seelen-Bündel decken alle Lebensformen ab. Die meisten sind Insekten, Säugetiere und Pflanzen und nur wenige sind Menschen.

Viele Menschen durchlaufen diese 3 Stationen des Bardo nicht und ziehen somit keinen Nutzen aus ihren früheren Leben. Sie kommen dadurch spirituell zurückgeblieben zurück.
Auch wenn es uns so erscheinen mag, es gibt kein Leben nach dem Tod, auch keine persönliche Verbindung zu dem Verstorbenen mehr. Erst, wenn wir wieder in eine neue Form gerufen werden, geht das Spiel von vorne los. Doch der Verstorbene kennt uns nicht und hört uns nicht. Nichts Persönliches bleibt übrig. Er geht zurück in die Ganzheit, in das reine Sein, also in die Non-Dualität.

Immer wieder höre ich Angehörige sagen, dass sie das Gefühl hätten, der Verstorbene sei um sie, viele fühlen sich sogar durch ihn beschützt. Ich erkläre mir das dadurch, dass der Verstorbene in der Matrix seine Spuren hinterlassen hat. Mit dem Tod entschwindet er in die Zeitlosigkeit und wir bleiben als „Gefangene" von Vergangenheit, Gegenwart und Zukunft zurück, wo wir die zurückgelassenen Spuren des Verstorbenen noch wahrnehmen.

Auch kenne ich es aus eigener Erfahrung, dass sich an den Geburts- und Todestagen von nahestehenden Verstorbenen oft Ungewöhnliches zutragen kann. Zum Beispiel fangen die Orchideen, die ich nach dem Tod meiner Mutter übernommen habe, bevorzugt an diesen Tagen an zu blühen.

Ist das vielleicht ein Wink des Universums, wie sehr alle und alles kosmisch miteinander in Verbindung stehen und dass nichts aus Zufall geschieht?

Wenn Sie korrekt sterben, können Sie auch korrekt wiederkommen.

Teil 6 · Vom Wandel der Zeit

Das Leben bleibt ein Lernprozess bis zum letzten Atemzug.
[Jutta Limbach]

Die Mutation des Solar Plexus in 2027

Wir befinden uns derzeit in einer Übergangsphase, wenn man so will in einer Art Endzeit-Szenarium, nämlich auf dem Weg vom Kreuz der Planung zum Kreuz des Schlafenden Phoenix. Was bedeutet das?

Die etablierten Gemeinschaften und ihre Infrastrukturen werden wegfallen. Und der logische Drive, wissen zu wollen und neue Erkenntnisse zu sammeln, wird beendet sein und damit unser wissenschaftlicher und technischer Fortschritt. Sexualität, wie wir sie kennen, wird angesichts der zunehmenden Unfruchtbarkeit immer uninteressanter.

Die Menschen, die stark abstrakt angelegt sind, also in ihrer Körpergrafik Aktivierungen im Schaltkreis des Sinnfindens haben, werden weiterhin ihre Emotionen und Ismen pflegen und leben. Denn an ihnen geht die Mutation des Solar Plexus relativ spurlos vorüber. Ra sprach davon, dass sich 2027 die Türe schließt. Wer bis dahin nicht verstanden hat, wird nicht mehr verstehen. Es wird keine neuen Antworten mehr geben, wenn sie nicht bis 2027 gefunden worden sind. Bis 2027 können wir noch wissen.

Pluto, der astronomisch nicht mehr zur Familie der Planeten gehört, treibt diese Entwicklung voran und erweitert zunehmend das Potential der neuen Menschen, der Raves, und reduziert gleichzeitig die Möglichkeiten von uns Menschen. Pluto ist der Gott der Unterwelt und ein Türschließer. „Hu" in Ra Uru Hus Namen bedeutet Türschließer. Erinnern Sie sich an die gespenstischen „Hu! Hu! Hu!"-Anfeuerungs-Rufe der isländischen Fußball-Fans bei der EM 2016 in Frankreich, die Gänsehaut-Gefühle erzeugten? Für mich hat das symbolhaften Charakter. Sei Ihnen zum Trost gesagt: Die Planeten Uranus und Neptun dienen weiterhin uns Menschen.

Die Zeichen der Zeit sind unübersehbar. Sexismus an allen Ecken und Enden als Verzweiflungsaufschrei der schwindenden Fruchtbarkeit! Was glauben Sie, warum Buch und Film von „Fifty Shades of Grey" so extrem beworben wurden und so gut ankamen? Alles, was verschwindet, wird erst noch einmal mächtig übertrieben. Wie der Auspuff eines Autos, der erst noch einmal richtig laut wird, bevor er abbricht. Sich innerhalb einer Gemeinschaft nicht mehr verpflichtet zu fühlen, führt uns derzeit die EU in einzigartiger Weise vor Augen. Mussten all diese Menschen aus fernen Ländern als Flüchtlinge zu uns kommen, um uns zu zeigen, wie zerrissen die künstlich geschaffene und bürokratisch aufgeblähte Gemeinschaft der EU ist? Das Auseinanderbrechen von Familien durch Ehescheidungen oder Erbschaftsauseinandersetzungen können wir schon länger beobachten. Aber auch im Kleinen können wir sehen, wie Menschen sich zunehmend weniger an Abmachungen halten. So erzählte mir unlängst eine Freundin von einem Bekannten, der zu seinem Geburtstag eingeladen hatte: Von 20 geladenen Gästen waren lediglich drei zu seiner Feier erschienen, obwohl sie vorher alle zugesagt hatten. Bleibt zu hoffen, dass ihm eine große Kühltruhe zum Aufbewahren der gekauften Speisen zur Verfügung stand. Vor zehn Jahren wäre, glaube ich, so etwas weniger denkbar gewesen. Weitere Anzeichen für den Wandel der Zeitqualität werde ich in den nächsten beiden Kapiteln ausführen.

Das oben erwähnte Beispiel zeigt doch deutlich, wie sehr unser Weg immer stärker in Richtung Individualität geht, was grundsätzlich in Ordnung ist, weil unvermeidlich. Auch und gerade das Human Design System hält uns an, uns selbst zu leben und wenn die Milz-Autorität beispielsweise sagt: „Nein heute nicht! Ich bleibe lieber zu Hause." dann ist das okay. Ob das von den anderen für gutgeheißen wird, steht auf einem anderen Blatt, ist aber dem Individualisten im Grunde egal, muss ihm egal sein. Wenn wir korrekt leben und auch die PHS-Diät umsetzen, ist es sowieso fast unmöglich, sich zu einem gemeinsamen Essen mit anderen zu verabreden, denn jeder braucht etwas Anderes. Selbst unabhängig von dem Wissen um PHS, ist es heute schon sehr schwierig, mit anderen Menschen zusammen zu speisen. Der eine ernährt sich vegetarisch, der nächste macht die Paleo-Diät und viele haben Nahrungsmittelallergien oder -unverträglichkeiten, nehmen deshalb laktose- oder glutenfreie Kost zu sich. Hier gibt es noch jede Menge anderer Spielarten und es werden in den nächsten Jahren bestimmt noch neue Diät-Trends dazukommen. Diese Phänomene demonstrieren ganz deutlich, dass die Menschen immer individueller werden, ganz unabhängig davon, ob sie nun HD kennen oder nicht.

Nun aber zurück zum Thema der Mutation des Solar Plexus. Diese Ankündigung war Teil der Offenbarung des Human Design Systems, das 1987 in die Welt kam, durch eine mystische Stimme, mit Ra als Empfänger. Auslöser für die anstehende Mutation ist der Wechsel der Erdachse, die eine gedachte Linie zwischen den Polkappen ist.

Die Erde besitzt eine zweifache Rotation. Zum einen dreht sie sich in 24 Stunden einmal um sich selbst, das ist die schnelle Drehung. Zum anderen bewegt sie sich einmal in etwa 25.700 Jahren, dem sogenannten Platonischen Jahr, durch den gesamten Tierkreis und damit auch durch alle 64 Hexagramme. Es dauert 412 Jahre, bis ein Hexagramm durchlaufen wird. Hier treffen wir auf die langsame Drehung, die immer gegenläufig ist zur schnellen täglichen Drehung um die eigene Achse.

Die Mutation des Solar Plexus vollzieht sich in vier Phasen. Sie ist bereits in vollem Gange und wird im Februar 2027 abgeschlossen sein.

Die *erste Phase* der Mutation beginnt damit, dass im Tor 39 im Wurzelzentrum auf das Tor 55 im Solar Plexus, dem Tor der Fülle, Druck gemacht wird, in dem das Glas halb leer oder halb voll sein kann. Gleichzeitig wird auch Druck auf den Spirit ausgeübt, also auf die Geisteshaltung.

Die 55 sagt: „Hier ist eine Mutation, die etwas Neues bringt!" Im Kreuz des Schlafenden Phoenix haben wir ja das Tor 55 im Solar Plexus und das Tor 59 im Sakral-Zentrum. Das Tor 59 sagt dann: „Die Mutation verändert etwas Altes, nämlich die Fruchtbarkeit." Das Wurzel-Zentrum möchte immer das emotionale System anhalten. Tor 55 ist verliebt in die Liebe und kann sich nicht entschließen.

Tor 39 versucht Tor 55 zum Zubeißen zu bewegen, damit es bei etwas bleibt. Klickt Tor 39 in Tor 55 ein, hört der Wellenmotor auf und Tor 39 hört auf zu provozieren.

Das ist der Anfang von Bewusstheit, wo es bisher keine Bewustheit gab. Das Wurzel-Zentrum versucht immer den Solar Plexus zu fixieren, damit es von der jeweiligen Welle nicht mehr mitgeschwemmt wird. So macht es auch Tor 19 im Wurzel-Zentrum mit dem gegenüberliegenden Tor 49 im Solar Plexus und Tor 41 im Wurzel-Zentrum mit seinem gegenüberliegenden Tor 30 im Solar Plexus.

Tor 55, das launenhafteste von allen emotionalen Toren, ist am leichtesten fixierbar, weil es zum individuellen Schaltkreis gehört und deshalb offen für Mutation ist. Alles ist bereits in uns. Es braucht nur noch den richtigen Zeitpunkt, bis es herauskommen kann. Die Mutation findet in Kanal 3-60 statt. Dieser Kanal ist die Formatenergie des individuellen Schaltkreises des Wissens und das Lagerhaus, das unsere gesamten genetischen Informationen enthält.

Tor 60 kann die Mutation hervorbringen, die bereits in ihm geschlummert hat. Kommt sie im Tor 3 an, ist sie irreversibel. Das ist bei allen individuell angelegten Menschen der Fall, genau genommen bei allen Menschen, denn das Transitgeschehen oder die umgebenden Menschen können über die Aura jederzeit individuelle Anlagen liefern. So gesehen ist Mutation allgegenwärtig.

Wenn Tor 55 fixiert ist, also der Wellenmotor stehen bleibt, geht es zurück zur 39, dann zur 60 und schließlich zum Tor 3 im Sakral-Zentrum. Dann ist die Mutation vollzogen und wirkt sich auf Tor 59 aus. Welche Folgen hat das für uns? Unsere genetischen Rollen in der Sexualität werden verändert. Das Thema wird Unfruchtbarkeit heißen. Folglich werden wir unsere sexuellen Rollen anders ausleben als bisher. Da Tor 59 ein Rollentor ist, verändern sich auch die anderen Rollentore (27, 7, 13, 10, 1) und damit das ganze genetische Programm.

Jedes Tor wird im Sinne der genetischen Kontinuität transformiert. Das Thema Unfruchtbarkeit erzeugt Angst vor dem Aussterben. Der Umgang mit anderen verändert sich und daher wird eine neue Art von Intimität gesucht. Also die erste Phase beginnt mit der Einschränkung der Menschheit, sich nicht mehr fortpflanzen zu können.

Die *zweite Phase* der Mutation des Solar Plexus bezeichnete Ra als den „Tod der Sehnsucht." Erst wenn Tor 6 transformiert ist, wird der Solar Plexus transformiert sein. Tor 6 ist das große emotionale Sammelbecken aller emotionalen Ströme, die vom Wurzel-Zentrum in den Solar Plexus gehen. Deswegen diese große Bedeutung von Tor 6. Im Human Design Mandala steht dem Tor 6 das Tor 36 gegenüber. Tor 36 ist der Archetyp des Unbewusstseins. Dieser Strom des Fühlens wird niemals

Bewusstheit erfahren. Der Strom des Fühlens besteht aus Kanal 41-30, wo der Druck aus dem Wurzel-Zentrum aus der 41 kommt und in die 30 im Solar Plexus geht und dort in die 36 und schließlich seinen Auslass findet in der 35 in der Kehle. Dieser Strom ist von Sehnsucht getrieben. Er ist der menschlichste aller Wege, der Weg der Erfahrung mit Tor 36 als dem tiefsten Aspekt. Transformation bleibt in der 6 stehen und geht nicht in die 36 weiter. Die 36 wird ausgelassen. Der Strom des Fühlens erhält keine dieser Mutationsinformationen. Hier bleibt der Wellenmotor erhalten.
Die Raves, die ab 2027 allmählich zur Welt kommen werden, haben diesen Strom der menschlichen Erfahrung nicht. In der Mutation verschwindet in Kanal 59-6 die Sehnsucht als Aspekt von Bindung. Unsere Art, uns zu binden, womit wir im Laufe von Zehntausenden von Jahren Erfahrungen gesammelt haben, geht damit zu Ende. Eine neue Art von Intimität wird auftauchen. Wie diese aussehen wird, können wir uns jetzt noch nicht vorstellen.

Schließlich kommt die *dritte Phase* der Mutation. Tor 6 geht zu Kanal 37-40 weiter. Dieser Kanal der Gemeinschaft, in dem es darum geht, Teil eines größeren Ganzen zu sein, wird eine andere Funktion übernehmen. Wir müssen uns jetzt nicht mehr mit den Abmachungen beschäftigen sowie es uns im Moment noch ein großes Anliegen ist. Soziale Übereinkünfte brechen zusammen, die ein Versuch waren, die Welle anzuhalten. Tor 40 versucht Tor 37 zu fixieren. Das war der Deal in diesem Kanal nach dem Motto: „Ich arbeite für dich, dafür erwarte ich von dir, dass du mich liebst und ein guter Freund für mich bist".
In Zukunft geht es nicht mehr darum: Wenn ich dies tue, tust du jenes! Also hört der Deal, der Handel auf. Künftig wird es innerhalb von Bindungen keine Abmachungen mehr geben, auch wenn wir uns das im Augenblick nicht so richtig vorstellen können und mögen, so nach der Devise: Wenn du den Müll wegbringst, putze ich das Treppenhaus. Wir werden uns außerhalb von Abmachungen bewegen. Die Gemeinschaft wird sich ohne die Verzerrung der Welle begegnen können. Nicht jeder wird diese Mutation in sich tragen. Deshalb wird es immer noch Menschen geben, die in der Welle gefangen sind und deshalb Probleme haben werden, wenn sie nicht mehr über Abmachungen mit anderen in Beziehung stehen können.
Die Raves mit dem erwachten Solar Plexus sind nicht mehr emotional. Seit 1781 erwärmt sich der menschliche Körper, was Hand in Hand mit der Klimaerwärmung

geht und nicht nur Folge der Umweltsünden der modernen Zivilisation ist. Mutation braucht Abwechslung und vielfältige Anregung, um sich entwickeln zu können. Wie erfolgte diese Abwechslung für uns Menschen? Natürlich war es die Ernährung, die in ihrer Vielfältigkeit die Mutation gefördert hat. Eine Einschränkung in der Nahrung ist ein Weg in Richtung Aussterben. Die Pandabären, die nur eine Sorte Blätter fressen können, sind leicht auszurotten. Kanal 39-55 hat immer mit Nahrung zu tun. Wir finden hier auch alle Formen von Essstörungen. Stillstand der Welle bedeutet Auswirkungen auf das Essverhalten. Veränderungen der Abmachungen heißt auch Veränderung des Ernährungsverhaltens.

Noch muss Ernährung in starkem Ausmaß das Feuer des emotionalen Systems ausgleichen, und zwar solange, wie wir den Solar Plexus als Wellenmotor haben. Sowohl die Nahrungsaufnahme wie auch die Nahrungsmenge hängen mit der emotionalen Welle zusammen. Sie kennen bestimmt das Thema des Frustessens, Essen, um sich selbst zu trösten oder um sich zu belohnen, oder das gemeinsame Essen und Trinken mit anderen nach einer bestandenen Prüfung oder nach einem beruflichen Erfolg. Die Mutation endet im Tor 49, in dem es um die Sicherstellung der Nahrung für alle geht. Tor 49 ist das Tor der Prinzipien. Wenn jemand die Regeln nicht akzeptiert, können diese Menschen sehr ablehnend sein und denjenigen aus der Gemeinschaft ausschließen. Es ist auch das Tor des Metzgers, der das Tier töten kann, um das Überleben für sich und die Seinen zu sichern. Die Menschen- Kinder der Zukunft und die Raves werden ganz andere Nahrungsvorlieben haben als wir. Die kollektiven Schaltkreise sind von der Mutation ausgeschlossen. Die Mutation spielt sich im Individuellen und im Stamm ab. Die Sexualität verschwindet. Es geht künftig mehr darum, soziale Nähe zu haben und die gleiche Nahrung zu genießen. Tendenzen dazu sind jetzt bereits spürbar. Es gibt beispielsweise vegetarische und vegane Restaurants, wo sich Menschen treffen können, welche die gleiche Ernährungsweise bevorzugen. Es gibt aber auch Steakhäuser, wo Menschen zusammenkommen können, die Fleisch essen mögen.

In der *vierten Phase* der Mutation des Solar Plexus geht es vom Tor 6 ins Tor 49 innerhalb des Solar Plexus. Die Verbindung von Tor 19 und Tor 49 ist unterbrochen. Alle Säugetiere besitzen das Potential für Tor 19. So konnten sie sich über Tor 49 mit den Menschen in Verbindung setzen. Die Begegnungsmöglichkeit zwischen den Menschen und den Säugetieren wird verschwinden, weil wir nicht mehr so wie sie sein werden. Wir sind nicht länger Killeraffen. Diese Mutation wird unsere Beziehung zu den Säugetieren zwar beenden. Mit dem Wegfall der emotionalen Welle wird aber erfreulicherweise fast alle physische Gewalt aus der Welt verschwinden. Ohne emotionale Welle verändert sich die Art, wie wir miteinander umgehen. Die Raves werden definitiv keine Killeraffen mehr sein. Die Bruchstelle im Kanal 19-49 verursacht viele Probleme wie Autismus und emotionale Störungen.

Wenn Tor 49 abflacht, gibt es neue fixe Prinzipien: keine Heirat, keine Scheidung, kein Annehmen, kein Ablehnen. Das feste Prinzip braucht keine Unterstützung mehr und erfüllt nicht mehr die Bedürfnisse des Stammes. Das Schlachten hört auf, ist aber keine Frage der Moral, sondern Teil der Mechanik. Die Raves stehen nicht mehr im Wettbewerb mit den Tieren und deshalb brauchen sie diese dann auch nicht zu töten. Aus demselben Grund werden die Raves auch die Menschen nicht töten. Durch die Unterbrechung von Kanal 19-49 sind wir von dem Druck nach Gott befreit, von dem Druck nach dem richtigen Partner, nach Schutz und Territorium. Wir brauchen im Moment noch ein Territorium wie die Tiere. Denn wir tragen noch all diese Säugetierängste in uns.

Die Chemie von Tor 49 und Tor 55 ist identisch. Es ist die Codon-Gruppe Histidin. Dieses Codon wird alles verändern, weil es nicht menschlich ist. Es geht los mit Histidin im Tor 55 und es endet mit Histidin im Tor 49. Wir tragen das jetzt noch in uns: Die Tiere, die Götter, die Spiritualität. Das ist unsere menschliche Reise und unsere Begrenzung als Säugetier.

Die Menschen mit den 9 Zentren werden bis zum Ende auf dieser Erde hier sein. Die Raves haben den sogenannten autiven Schaltkreis (siehe weiter unten!). D. h., sie suchen nach den gleichen Wesen, die genauso sind wie sie. Von der Grundidee her wie in der Homöopathie, in der Gleiches mit Gleichem geheilt wird. Der homöopathische Gedanke ist vielleicht auch schon ein Hinweis auf das Künftige. Die Raves haben keine interaktiven Fähigkeiten, um mit Menschen wie uns zu kommunizieren.

Für uns sind die Raves wie Autisten. Die Aura ändert sich in ihrer Funktionsweise. Die Rave Babys können einander sofort erkennen, aber sie haben untereinander keine physische Verbindung. Ein Rave kann die Gleichheit im anderen sofort wahrnehmen. Der Kanal 3-60 fällt bei den Menschen weg. Er ist ausschließlich den Raves im autiven Schaltkreis vorenthalten.

Mit der Mutation des Solar Plexus entstehen neue Schaltkreise.
Zur Klarstellung soll gesagt sein: Jeder, der im 21. Jahrhundert zur Welt kommt, wird ein bestimmter Typ sein, bestimmte Tore der 64 Hexagramme aus dem I-Ging aktiviert und sein ganz individuelles Design haben und die dazugehörige Strategie. Bei den autiven Menschen, also den Raves, müssen nicht die autiven Tore im autiven Schaltkreis aktiviert sein.
Raves haben eine ganz normale Körpergrafik so wie Sie und ich. Man erkennt sie nicht an der Körpergrafik, sondern an ihrem Verhalten.
Woran erkennen Sie ein Rave Baby? An den Variablen (4 x rechts) und es wird ab etwa einem Jahr immer noch gleichzeitig atmen und trinken können wie alle Primaten und alle Babys bis zu diesem Alter. Das Rave Baby wird deshalb kein Bäuerchen machen.

Die Veränderung in den Schaltkreisen wird sich gleichzeitig auf alle auswirken. Also jeder wird die Veränderung im Schaltplan spüren. Typ und Strategie werden immer noch der Schutz sein, durch alle Prozesse gut hindurchzukommen.
Die meisten von uns haben Aktivierungen in verschiedenen Schaltkreisen.
Diese Mischung wird es auch in Zukunft geben. Jene Menschen, welche die Mutation nicht in sich tragen, dafür aber eine starke Aktivierung im autiven Schaltkreis haben, werden emotional auffallend flach sein, denn Gefühle sind ihnen fremd. Vom mutativen Potential werden sie jedoch keinen Nutzen haben können.
Wir erfahren diese Mutation gemeinsam. Einige von uns werden als Menschen sterben und als Raves wiederkommen. Die Veränderung wird spürbar sein.
Die abstrakten Menschen werden „verrückter" sein denn je. So, dass beispielsweise der 90-jährige Abstrakte meint, unbedingt Kokain nehmen zu müssen, um eine neue Erfahrung zu machen. Die Veränderung wird allen Menschen anzusehen sein und sich auf jeden auswirken.

Heb' Den Schleier

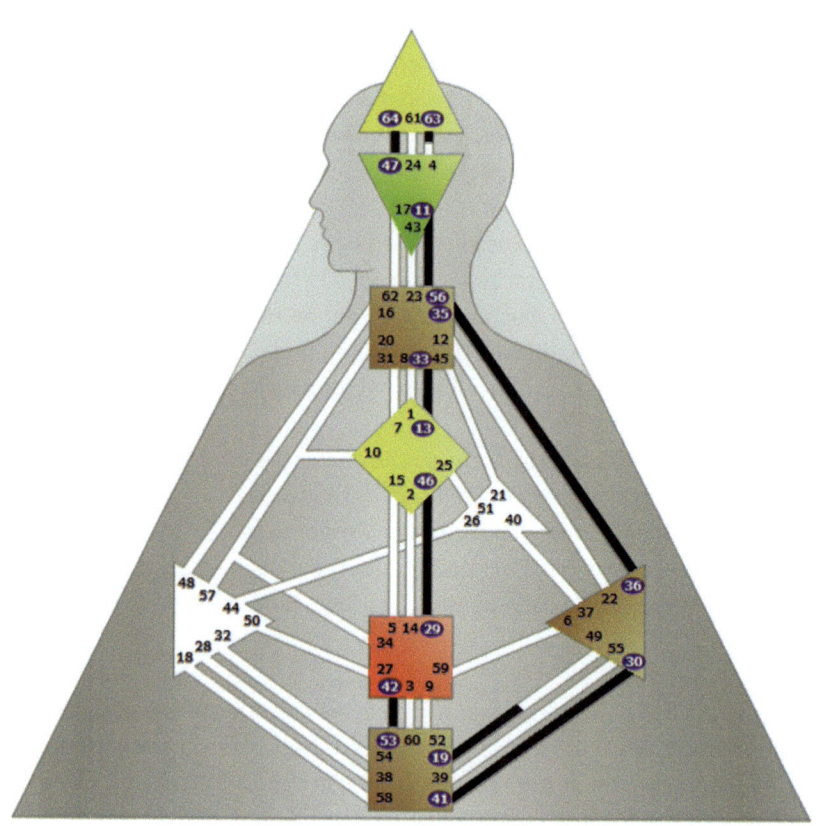

der Erfahrungsschaltkreis

Beginnen möchte ich mit dem *Schaltkreis der Erfahrung* (bisher abstrakter Schaltkreis des Sinnfindens). Tor 4 im Logischen, das im Verstand oben rechts liegt, wird als Opposition von Tor 49 (Tor 4 und Tor 49 stehen sich im HD-Mandala gegenüber) verschwinden. Dafür kommt Tor 63 zum abstrakten Schaltkreis. Also nicht nur Verwirrung (Tor 64), sondern auch noch Zweifel und Selbstzweifel kommen zum abstrakten Schaltkreis des Sinnfindens dazu.

Auch Tor 19 wird zu diesem Schaltkreis hinzukommen. Deshalb wird es eine starke Retro-Bewegung mit der letzten verzweifelten Suche nach Gott geben.

Dieser Erfahrungs-Schaltkreis ist chaotisch, wesentlich chaotischer als bei den abstrakten Menschen, die heute leben. Hier gibt es keine Belohnung mehr, weil dieser Weg an seinem Ende angelangt ist. Aus der Perspektive dieses Schaltkreises wird es mehr Chaos und Druck geben, besonders für die Menschen, die starke Anlagen in diesem Schaltkreis haben. Ra sprach hier auch vom nihilistischen Schaltkreis, der destruktiv und wild sein kann.

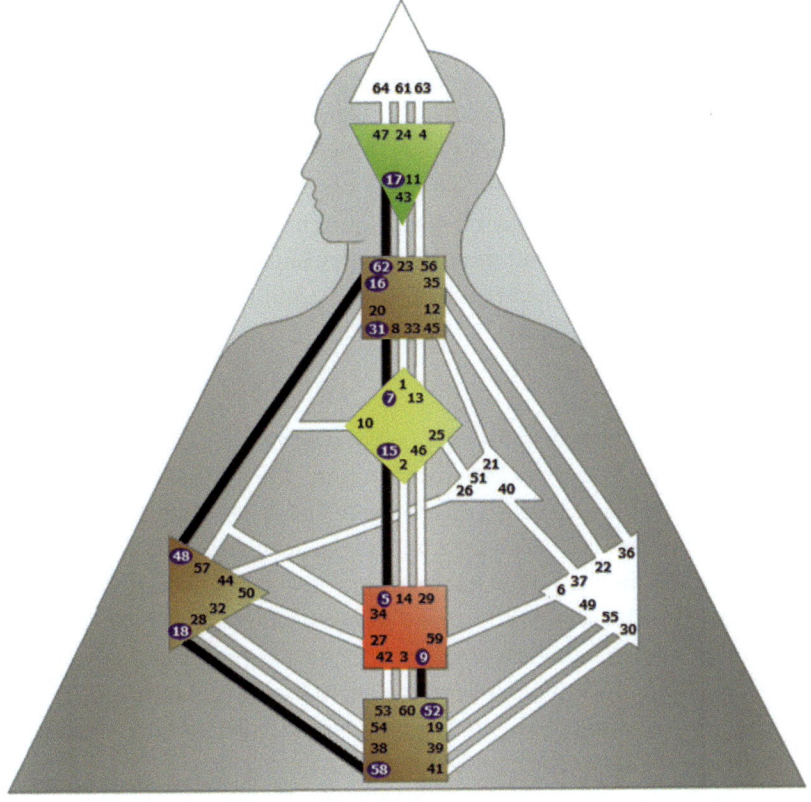

der kollektive Schaltkreis

Dann gibt es den *kollektiven Schaltkreis* (bisher logischer Schaltkreis des Verstehens), bei dem der mentale Druck weg ist. Ganz klar, denn Tor 63 gehört jetzt zum Sinnfinden und Tor 4 ist nicht mehr vorhanden. Der Perfektionsprozess ist am Ende.

Das Thema im früheren logischen und jetzt kollektiven Schaltkreis ist die Wiederholung. Wiederholen wir einfach, was wir jahrhundertelang gemacht haben: Das kennen wir. Damit machen wir weiter. Es wird nicht mehr nach logischen Antworten gesucht. Diese Menschen werden ein Gefühl von Schwermut und Untergang haben, aber sie können auch sehr cool sein, weil kein Solar Plexus mehr da ist und weil der mentale Druck fehlt. Sie müssen nun nichts mehr beweisen und können immer wieder dieselben Sachen wiederholen. Die Kollektiven werden sagen: „So ist es einfach!" Es kann auch viel mit Freude und Erleuchtung zu tun haben. Zu akzeptieren, dass die Dinge sind, wie sie sind, entspringt einer erleuchteten Geisteshaltung. Wenn Sie zum Beispiel Tor 4 haben und 2027 noch am Leben sind, werden Sie aufhören, Fragen zu stellen. Der Druck dafür wird weg sein.
Die Erfahrungsmenschen dagegen, die voller Verwirrung und Zweifel sind, werden in ihrer Wildheit und Bedürftigkeit einfach überschnappen.
Da haben es die Menschen mit dem kollektiven Schaltkreis etwas einfacher, weil sie von diesem mentalen Druck befreit sind und emotional gelassen sein können. Der Logiker wird endlich Frieden finden.

Schließlich gibt es den sogenannten *materiellen Schaltkreis* (bisher der kapitalistische/demokratische Strom des Ego-Schaltkreises). Diese Menschen werden dafür sorgen, dass genug Materie da ist, dass sich die Raves versorgen können.
Dieser Schaltkreis hat eine Resonanz zum autiven Schaltkreis, also zum Schaltkreis der Raves. Es wird einen enormen Rückgang in der Weltbevölkerung geben. Die Bevölkerung durch technische Mittel zu vermehren, wird sehr aufwändig und kostspielig. Die Menschheit muss sich ernähren können. Die Nachfrage nach Ressourcen ist enorm. Das Materielle ist dann der reine Kapitalismus, der nichts mehr mit dem Stamm zu tun hat, wie wir ihn heute kennen, der nach gemeinschaftlichem, unterstützendem und verantwortlichem Gleichgewicht strebt.
Es wird ein äußerst wettbewerbsorientierter Kapitalmarkt sein, der auf einer Wirtschaft aufbaut, die nichts mit unserer Wirtschaft der letzten Jahrhunderte zu tun haben wird.
Tor 44 im Milz-Zentrum kann das Tor 26 gegenüber noch abkühlen und somit die Hitze im Tor 26 im Ego im Gleichgewicht halten. Aber Tor 44 verliert zunehmend seine Fähigkeit des Abkühlens. Unsere Körper werden deshalb wärmer.

Teil 6 · Vom Wandel der Zeit

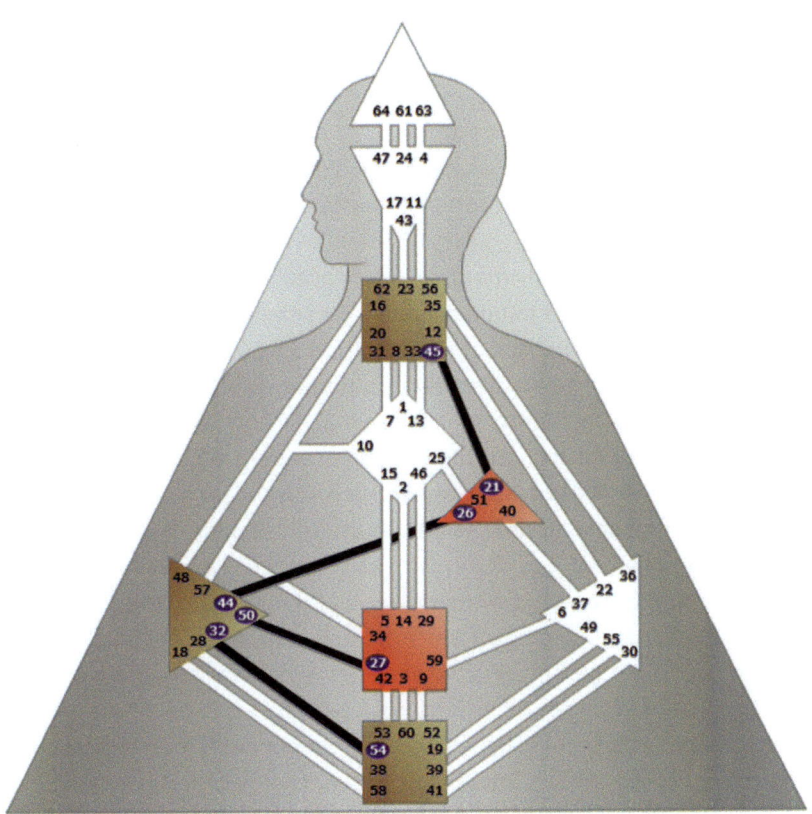

der materielle Schaltkreis

Wer die Ressourcen kontrolliert, der hat die Macht von Tor 45, die bestehen bleiben wird. Der Mensch wird Probleme haben, mit den Raves zu konkurrieren, weil in ihnen ein tiefer Drang nach Kontrolle der Ressourcen arbeitet, intellektuell, körperlich oder wie auch immer. Die Kontrolle des Territoriums, wie wir sie kennen, wird unwichtig. Das zeigt sich auch heute schon. Eines der größten Geschäfte ist zurzeit die Vermarktung der Ressource „Mensch" zum einen der Handel mit menschlichen Organen, zum anderen aber auch das viele Geld, das Schleuser damit einnehmen, Flüchtlinge aus Ländern, in denen Armut und Kriege herrschen, nach Europa zu bringen, ohne Rücksicht auf Verluste, so dass viele Menschen im Meer ertrinken oder in LKW-Transportern ersticken. Nicht zu vergessen sind auch die Ausbeutung der menschlichen Arbeitskraft, häufig von Kindern in Billiglohnländern, der Handel mit Hochleistungssportlern („Ablösesummen") sowie das Verleihen von Arbeitskräften über sogenannte Leiharbeitsfirmen.

Sobald die autive Mutation stattgefunden hat, sind unsere Sexualität und die Fortpflanzung, so, wie wir sie kennen, vorbei. Es besteht nur noch dann eine Chance für neue Babys, wenn es möglich ist, sich außerhalb der Sexualität zu vermehren. Der materielle Schaltkreis hat daran Interesse. Denn in ihm liegt Tor 44, das die Angst vor der Ausrottung hat. Die Raves mit dem autiven Schaltkreis kennen diese Angst nicht. Für die Vermehrung der Menschen ist Definition 27-50 am wichtigsten. Bei den Säugetieren ist sie die sexuelle, fruchtbare Intimität. Es ist ihr Instinkt, die Herde am Leben zu erhalten. Die Menschen mit Kanal 27-50 können und müssen die notwendigen Ressourcen finden, auf die eine oder andere Weise, um menschliche Wesen zu erschaffen. Diese Menschen werden sehr wichtig sein, denn wer die Baby-Machmaschine besitzt, der macht das große Geschäft. Die Welt ist ein Geschäft und wird es bleiben. In Zukunft wird es sehr teuer sein, Babys zu haben.

Kanal 45-21 kann schützen und dienen, aber erst dann, wenn wir nicht mehr biologisch sind. Auch hier findet eine Transformation statt, nämlich von „Ich habe" zu „Wir haben". Es ist ein betont besitzorientierter Schaltkreis ohne die emotionale und gemeinschaftliche Note, die er jetzt noch besitzt.

Kanal 45-21 entscheidet, mit welchen Anlagen ein neuer Mensch geboren wird. Der Selektionsprozess wird in Tor 21 stattfinden. Hier wird festgelegt, wann eine bestimmte Inkarnation in die Welt gebracht werden muss.

Raves und Menschen können nebeneinander her auf der Erde leben, aber nicht miteinander, weil sie zu verschieden sind. Für die Koordination sorgt der materielle Schaltkreis, aber nicht umsonst, sondern für einen Profit.

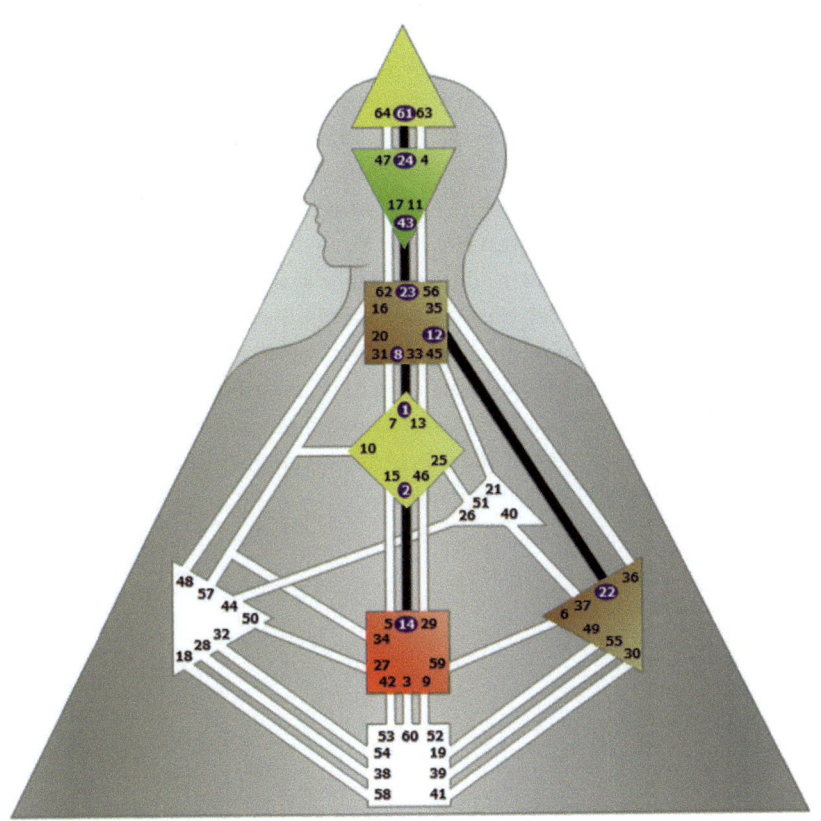

der individuelle Schaltkreis

Im *individuellen Schaltkreis* (bisher individueller Schaltkreis des Wissens) fallen einige Kanäle weg. Zum einen ist es die Format-Energie 3-60, also das mutative Format und der Kanal 39-55, der Kanal des Emotionen-Freisetzens. Zwei weitere Kanäle verschwinden ebenfalls aus diesem Schaltkreis, nämlich Kanal 20-57 und Kanal 28-38, die dann im sogenannten binären Schaltkreis auftauchen.

Im individuellen Schaltkreis finden wir die Menschen, die alleine sind. Als Individualisten sind sie dazu geboren, alleine zu sein. Sie möchten alleine sein und haben Solo-Auftritte. Sie sind die einsamen Wölfe und brauchen die anderen nicht, weil sie für sich alleine funktionieren. Dieser Schaltkreis arbeitet nicht in Gemeinschaft. Nur durch ihn wird es weiterhin so eine Art Kunst geben. Er wird Kunst und Musik bringen, doch nicht in der Art, wie wir sie kennen, sondern in einer ganz anderen Art. Keiner weiß, wie das sein wird. Aber der Individualist ist und bleibt ein Einzelgänger. Wir werden einen vollkommenen Zusammenbruch der Geschlechterunterschiede erleben. Davon spüren wir jetzt schon eine ganze Menge, spätestens seit dem Auftritt von Conchita Wurst aus Österreich, der 2014 den europäischen Song Contest gewonnen hatte. Das heißt nicht, dass wir mehr Klarheit in unserer Rolle haben werden, sondern das bedeutet, dass es kein Standard-Rollenvorbild mehr gibt. Das Individuum wird sich nicht mehr schuldig fühlen, wenn es keinen sozialen Beitrag leistet oder wenn es keine stabile Beziehung hat. Es wird ihm schlicht und einfach egal sein. Der Individualist wird nie Verbindungen eingehen, blüht dadurch aber auf. Es ist vergleichbar mit dem zölibatären Priesterstand. Es ist die genetische Sackgasse. Diese Menschen leben wie Eunuchen.

Teil 6 · Vom Wandel der Zeit

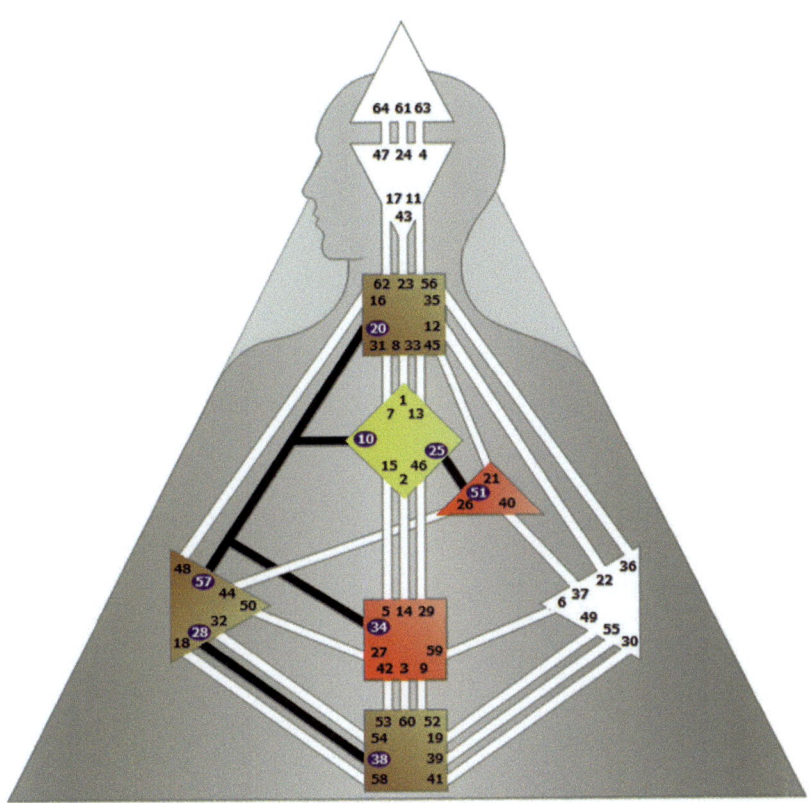

der binäre Schaltkreis

Nun möchte ich auf den *binären Schaltkreis* eingehen. Das sind die Menschen, die die Integrationskanäle und Kanal 28-38, den Kanal des Kämpfers und Kanal 25-51, den Kanal der Initiation haben. Diese Menschen streben nach der Zweierbeziehung. Die Integration funktioniert nur noch mit Tor 28. Man kann sich hier gegenseitig bestärken. Das Binäre braucht die Geschlechterbindung nicht, die aber trotzdem stattfinden kann. Es wird hier Paarbindungen geben, sowohl gleichgeschlechtlich wie auch gemischtgeschlechtlich. Das Geschlecht spielt keine Rolle mehr, weil es nicht um Fortpflanzung geht. Es geht nur mehr darum, die richtige bestärkende Kraft zu finden. Die Binären haben das größte Talent zu überleben, weil sie, wenn sie als Paar leben, wettbewerbsorientiert sind.

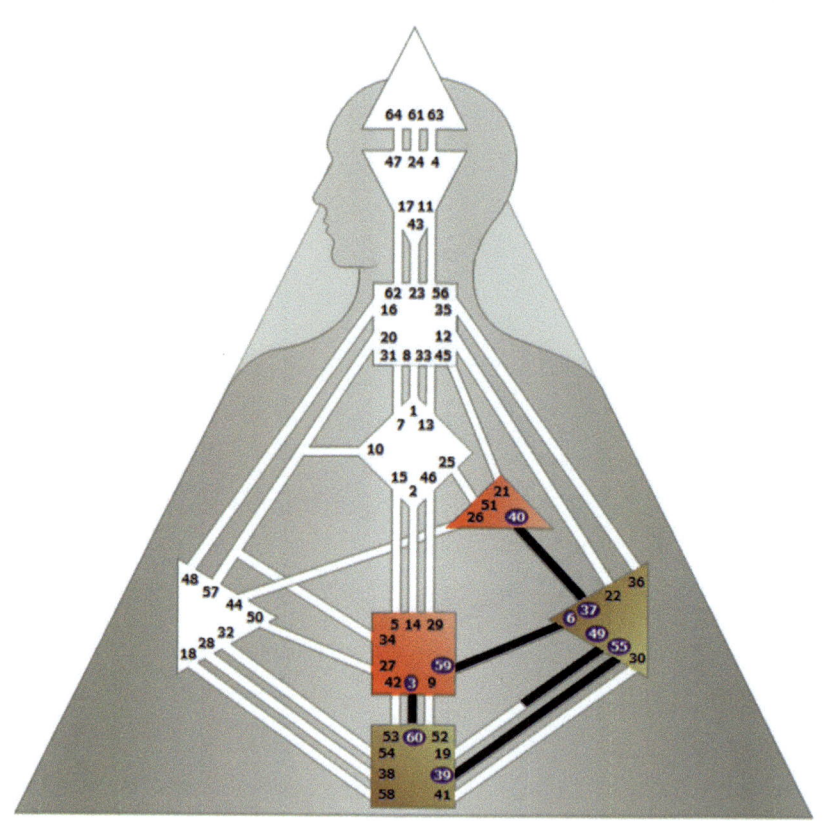

der autive Schaltkreis

Abschließend komme ich zum *autiven Schaltkreis* (der Schaltkreis der Raves, hervorgegangen aus der Mutation des Solar Plexus).
Er besteht aus den Kanälen und dem Tor, die von der Mutation des Solar Plexus betroffen sind, also die Kanäle 39-55, 3-60, 59-6 und 37-40 sowie das Tor 49. Ra sagte, dass er den autiven Schaltkreis nur schlecht beschreiben könne, weil er selbst genauso wie wir alle, als ein mentales Wesen beschränkt sei. Wir können nicht wissen, was emotionale Bewusstheit ist, genauso wenig, wie niemand wissen kann, wie der Verstand eines anderen funktioniert. Diese Menschen werden miteinander in Verbindung sein, ihr Bewusstseinsfeld wird sich weiter vertiefen, aber dort gibt es keine

Einzigartigkeit. Die Raves werden keine sozialen Wesen sein. Sie können nur aufsammeln und haben kein Bedürfnis mehr nach primitiver gesellschaftlicher Interaktion. Bewusstheit ist für sie überall.

Wir Menschen sprechen die Sprache der Milz und des Verstandes. Im Vergleich zur Bewusstheit der Raves sind wir Menschen primitiv. Diese autiven Kinder werden einen seltsamen Ausdruck in den Augen und Probleme mit den Zähnen haben. Die Ernährung wird fast ausschließlich flüssig sein, denn das emotionale System ist eng mit dem Flüssigkeitshaushalt des Körpers verbunden. Heute gibt es schon Menschen, die sich fast ausschließlich flüssig ernähren, indem sie beispielsweise Smoothies zu sich nehmen. Auch ein Hinweis auf Künftiges?

Bei den Raves geht es nie ums Überleben. Deshalb werden sie keine Angst haben. Angst ist etwas Menschliches. Auch kennen sie keine Zweifel und brauchen keinen Gott. Wie schrieb der römische Dichter Publius Papinius Statius vor 2.000 Jahren? „Primus in orbe deos fecit timor" (Die Angst hat die Götter in die Welt gebracht). Religion fällt nun tatsächlich nicht vom Himmel. Sie entwickelt sich, weil Menschen Verstand haben und Furcht vor dem, was sie nicht verstehen.

Ein Rave alleine ist eine behinderte Kreatur, das unfähig erscheint, sich selbst am Leben zu erhalten. Das Rave-Kind kann nicht konditioniert werden. Es ist die Aufgabe der Menschen, die Raves in Ruhe zu lassen und sie zusammenzubringen. Finden sich die Raves in einem Penta, haben sie strategisches Potential. Rave-Pentas sind materielle Mechanismen, ausgeklügelter als wir es jemals sein könnten. Raves, die in einem Penta leben, sind lebensfähig und brauchen keine Hilfe von außen. Sie brauchen keine Sprache. Sprache ist das Terrain der strategischen Menschen und war wichtig, um den Planeten zu erobern. Raves brauchen keine Kommunikation, denn sie verstehen sich im Penta ohne Worte. Die Interaktion im Penta verläuft über ein Frequenzfeld. Wir können das nicht verstehen. Taucht das allererste Penta auf, werden die Menschen wohl schockiert sein. Was dort abgeht, ist für uns vollkommen neu und absolut unvorstellbar.

Interessanterweise eroberte der Begriff „Rave" in 1989 den allgemeinen Sprachgebrauch. Nach Wikipedia sind damit Tanzveranstaltungen mit elektronischer Musik gemeint. Neue Namen tauchen ja nie zufällig auf. Ich möchte Sie auch gerne auf mein erstes HD-Buch hinweisen, in dem ich im Schlusskapitel auf die Charakterisierung der Raves näher eingehe.

Menschen, die jetzt leben und Tore oder Kanäle des autiven Schaltkreises haben, nehmen den Richtungswechsel mehr oder weniger wahr. Viele wollen aus Angst die Veränderung nicht wahrhaben und flüchten sich in irgendwelche seltsamen Retro-Geschichten. Nicht selten wird die „gute alte Zeit" des Kaiserreichs oder der Großfamilie heraufbeschworen, nach der Devise: „Früher war alles besser!"

Was ab 2027 stattfindet, ist der letzte große Schritt in der Evolution. Es ist die Evolution des Geistes im Sinne von Spirit, die sich über Histidin in den Toren 55 und 49 vollzieht. Es ist eine Evolution, welche mit dem Auftauchen spirituellen Bewusstseins einhergeht. Der Schaltkreis der Erfahrung (bisher abstrakter Schaltkreis) wird als einziger emotional bleiben. Eine der Folgen davon wird sein, dass die Welt viel ruhiger und stabiler wird. Obwohl der individuelle Schaltkreis mit dem Solar Plexus verbunden ist, wirkt sich die Emotionalität dieser Menschen wenig auf die anderen aus, weil sie Einzelkämpfer sind.

Die Evolution des Spirits bringt eine Friedlichkeit mit sich, die für uns ungewöhnlich ist, weil wir so etwas noch nie gekannt haben. Spannung und Chaos aus der emotionalen Welle werden verschwunden sein. Hat ein Mensch ein autives Tor am Solar Plexus, so hat er ein sehr flaches emotionales System ohne Höhen und Tiefen. Nach dieser Revolution, die zugleich eine Evolution ist, wird der Planet Erde als Ganzes viel friedlicher sein. Es geht hier auch nicht mehr um den Kampf zwischen Altem und Neuem. Das ist die menschliche Killeraffen-Mentalität. Die Vielfalt der Menschen auf der Erde wird immer größer und es wird egal sein, was der andere macht. Es gibt keinen Konkurrenzdruck mehr, die anderen umzubringen. Der materielle Schaltkreis wird die Stärke der Projektoren sein, um alles zu organisieren und zu verwalten.

Der Traum der Menschheit wird in Erfüllung gehen, allerdings für uns auf seltsame Weise, aber immerhin. Nach dem Übergang wird das Leben viel entspannter sein und nach weiteren hundert Jahren noch entspannter. Fast alle physische Gewalt wird aus der Welt verschwinden.

2027 werden wir die Übergangsphase abgeschlossen haben. All das Neue wird zunächst als Trends auftauchen, so auch neue Beziehungstrends. Sexualität wird keine so wichtige Sache mehr sein. Es wird seine Zeit brauchen, bis alles in Fahrt kommt. Allmählich wird alles auftauchen.

Ra sprach von einem drastischen Rückgang der Weltbevölkerung. Ob dies in absehbarer Zeit allein auf die Abnahme der Fruchtbarkeit zurückzuführen oder auch Folge eines kosmischen Ereignisses sein wird, darüber kann spekuliert werden.
Im Juni 2004 entdeckten US-amerikanische Astronomen den Asteroiden Apophis, der am 13. April 2029 in ca. 31.000 km Entfernung von der Erdoberfläche über den Ring der geostationären Satelliten hinwegfliegt. Durch die Erdnähe werden Bahn und Eigenrotation von Apophis erheblich verändert, der am 13. April 2036 der Erde erneut sehr nahekommen soll.
Über mögliche Auswirkungen, auch eines potentiellen Einschlags auf die Erde haben die Astro-Wissenschaftler noch keine endgültig gesicherten Prognosen.
Auf Wikipedia können Sie zurzeit Näheres darüber in Erfahrung bringen.

Übrigens, die Menschen, die zwischen 1936 und 1941 zur Welt kamen, sollen laut Ras mystischer Stimme Erbträger für die Raves sein. In rund 1.300 Jahren soll alles Leben auf unserem zauberhaften blauen Planeten vermutlich durch einen Asteroiden-Einschlag zerstört werden.
Wenn das keine Motivation ist, dankbar für die Existenz unserer wundervollen Erde zu sein und für unser einzigartiges Glück, jetzt hier sein zu dürfen! Menschen und Raves soll es bis zum Ende der Erde geben. Der Reinkarnationsreigen soll dann vorbei sein. Aber keine Sorge! Die Kristall-Bündel, darunter unsere Seelen, werden rechtzeitig in Sicherheit gebracht und dann zum Teil irgendwann und irgendwo in einer ganz anderen Form, genau genommen in einer unsterblichen Form, völlig neu inkarnieren können. Aber all das liegt in ferner Zukunft und soll uns heute nicht weiter beschäftigen.

Das klingt alles sehr phantastisch, im Grunde spannender als jeder Science-Fiction. Bedenken Sie: Vor 25 Jahren waren Smartphones und Tablets auch noch Science-Fiction. Wie sagt der Rheinländer so treffend? „Et kütt wie et kütt. Et hätt noch immer jot jejange."

Globaler Linienwechsel von der 1. zur 6. Linie

In 1961 kam die 1. Linie als Hintergrund-Frequenz in unser aller Leben. Für die erste Linie müssen die Dinge klar und eindeutig sein. Man braucht es, einer Sache oder Situation auf den Grund zu gehen. Gründlichkeit und Genauigkeit schaffen eine stabile Basis und suggerieren Sicherheit. Im Extrem erleben wir hier Bürokratismus und Erbsenzählerei, Eigenschaften die mitunter als typisch deutsch gelten.

Die erste Linie brachte eine inflationäre Vielzahl an echten oder selbsternannten Experten hervor. In allen Lebensbereichen, ob in Politik oder Wirtschaft, in Wissenschaft oder Sport, müssen Statements stets durch Aussagen von Experten untermauert werden. Politische Entscheidungen können nur noch nach Anhörung von Experten getroffen werden.

Inzwischen empfinden viele Menschen Überdruss gegenüber den Expertenmeinungen, weil gerade auch Experten immer wieder irren. In den Medien ist der Experte dauerpräsent. Häufig vermittelt er den Eindruck: Ich habe auch keine Ahnung, tue aber so! Heutzutage wird mancher als Experte gehandelt, der gerade mal ein Buch zum Thema gelesen hat, wenn überhaupt. Darüber hinaus gibt es Fachidioten und sogenannte Nerds, die nur ihr Fachgebiet im Fokus haben und alles andere ausblenden. Dass auf diese Weise keine tragfähigen ganzheitlichen Lösungen für die Zukunft gefunden werden können, erscheint offensichtlich.

Bei der ersten Linie muss alles seine Ordnung haben und ganz genau stimmen, am besten berechenbar sein (seit wann ist das Leben berechenbar?), sonst bangen wir um unsere hochgepriesene Sicherheit, die uns unsere Regierungen immer zugesagt haben.

Mit der ersten Linie kommen wir zurück zum Fundament. Wundert es Sie, dass wir in dieser Phase weltweit einen radikalen Anstieg des Fundamentalismus erleben? In Bezug auf Religion, Gesinnung, Ernährung („Steinzeit"-Diät) etc. Diese Entwicklung ist keine Auswirkung der Globalisierung, sondern Folge der herrschenden Hintergrundmelodie, der wir alle mehr oder weniger ausgeliefert sind.

Mit dem Versprechen, für Sicherheit zu sorgen, lassen sich Wahlen gewinnen, mehr denn je. Dass kurz vor dem Wechsel in die 6. Linie die Themen Gründlichkeit und Sicherheit maßlos übertrieben werden, machen die Fakten deutlich. Da wir in „postfaktischen" Zeiten leben – ein passenderes Wort des Jahres 2016 hätte es gar nicht geben können – werden die Attribute Gründlichkeit und Sicherheit auf die

Fahnen der selbsternannten Weltverbesserer geschrieben, indem eine Rosine aus dem Kuchen eliminiert und emotional aufgeladen wird, ohne das große Ganze im Blick zu haben.

So beschäftigt beispielsweise die sogenannte Reichsbürgerbewegung, die die Existenz der BRD leugnet, die Behörden mit kleinkarierten Haarspaltereien und einer Detailversessenheit, die problemlos die Brüsseler EU-Administration in den Schatten stellen.

Erste Linie bedeutet auch immer Angst, Angst vor allem. „Wenn Killeraffen Angst haben, sind sie gefährlich!" sagte Ra sehr treffend. Mit Killeraffen meinte er uns Menschen, da wir zu allem fähig sind. Die absolute Sicherheit kann es nicht geben. Wir Menschen belügen uns selbst, was die Sicherheit angeht. So liegt die Wahrscheinlichkeit, einem Terroranschlag zum Opfer zu fallen bei 1 zu 27.000.000. Wir schätzen Risiken falsch ein. Auch glauben wir im Auto sicherer zu sein als im Flugzeug, weil wir meinen, die Kontrolle zu haben. Aber die Statistik spricht eine andere Sprache: 2015 kamen 28 Deutsche bei einem Flugzeugunglück ums Leben, dabei starben 3600 Deutsche bei Autounfällen.

Auch die Illusion, dass das Internet unseren Horizont vergrößert, muss leider zu Grabe getragen werden, wie auch der Zeitgeist-„Experte" und Musiker Brian Eno mit folgenden Worten zum Ausdruck bringt: „Die große Verheißung des Internets lag in der Idee, dass mehr Information automatisch zu besseren Entscheidungen führen würde. Die große Enttäuschung liegt darin, dass mehr Information im Endeffekt mehr Möglichkeiten bietet, das zu bestätigen, was man ohnehin schon gedacht hat."

Alle Strömungen, die wir derzeit beobachten können, picken Einzelheiten heraus, überbewerten diese und transportieren sie dann einseitig übers Internet. Daraus basteln sie sich ihre Philosophie, gerade auch die Weltverschwörungstheoretiker und die Vertreter moderner Ernährungstrends, die uns seit einigen Jahren überschwemmen, ohne Rücksicht auf das große Ganze und die individuelle Veranlagung des einzelnen Menschen zu nehmen.

Je detailverliebter eine Organisation ist, umso mehr verbreitet sie Chaos, was letztlich Auflösungstendenzen zur Folge hat, egal, ob es sich nun um unsere etablierten Gruppierungen in Staat und Wirtschaft handelt oder um neu entstandene Weltanschauungen und Ersatz-Religionen. Natürlich passieren im Chaos mehr Fehler, was der Bildung von Vorurteilen zusätzlich Vorschub leistet. Dazu eine kleine Begebenheit aus meinem Leben: Ich schickte einer Bekannten eine Geburtstagskarte. Die Bekannte ist eine ältere Dame, die ihre altersbedingten körperlichen Probleme hat. Allerdings wohnt sie immer noch in ihrem Haus. Mit verschiedenen Hilfsdiensten ist das gut zu realisieren. Ungefähr einen Monat später kam die Geburtstagspost mit dem Vermerk „Unbekannt Verzogen" zu mir zurück, obwohl ich die richtige Adresse geschrieben hatte. „Aha," dachte ich. „Dann ist sie jetzt doch zu ihrer Tochter gezogen oder gar in einem Altenheim untergebracht, was ich für sie zutiefst bedauerte, liebte sie doch ihren Garten so sehr." Ich wartete ab und erfuhr schließlich, dass die Bekannte immer noch in ihrem Haus wohne und sich guter Gesundheit erfreue. Sogleich meldete ich mich bei ihr und berichtete von der zurückgeschickten Post und meiner Vermutung. Ich erzähle Ihnen diese Geschichte, um darzulegen, wie schnell wir voreilige Schlüsse ziehen, ohne wirklich eine Ahnung von einem Sachverhalt zu haben.

Sobald wir uns auf ein Detail konzentrieren, leben wir im fokussierten Verstand und übersehen dabei das große Ganze, um das es in Zukunft mehr denn je gehen wird. Wie die Linkshirnigkeit in ihrem begrenzten Fokus verzweifelt um ihr Überleben strampelt, lässt sich an der Vielzahl an bizarren gesellschaftlichen Entwicklungen ablesen.

Allerlei wird unter dem Deckmantel der Sicherheit und Korrektheit verkauft und am Ende geht es nur ums egohafte Recht-haben-Wollen und Kontrollieren, also um Machtausübung, und zwar aus purer Angst vor dem Unberechenbaren.

Die Entwicklung ist nicht aufzuhalten: Disziplin, Zuverlässigkeit, Genauigkeit, alles Eigenschaften, die uns in unseren menschlichen Gemeinschaften sehr weit gebracht haben, verschwinden zunehmend, gemeinsam mit der 1. Linie als weltumspannendes Thema Nummer Eins von der Bildfläche.

Um die mitunter anstrengende Zeitqualität der 1. Linie in den nächsten zehn Jahren gut zu überstehen, möchte ich als Tipp den Spruch des deutschen Fußball-Nationalspielers Philipp Lahm aufgreifen: „Man muss nicht immer das Salz in der Suppe suchen."

Ab 2027 hat die 6. Linie das Sagen. Das kommt daher, weil sich das Programm im Rad rückwärts dreht. Mit ihr stehen ganz andere Qualitäten im Vordergrund, die sich auch jetzt schon andeuten: Individualität, Selbstbezogenheit, Überblick, Weisheit. Größere Zusammenhänge können leichter erfasst werden und man macht sich mehr Gedanken um sich selbst als um die Welt. Die 6. Linie ist Beispiel und Vorbild, indem sie die Individualität perfektioniert.

Individualität heißt auch immer Kreativität, indem man an Dinge anders als gewohnt herangeht. Dieser Trend ist schon lange zu beobachten. Zum Beispiel dürfte hinlänglich bekannt sein, dass, je individueller Bewerbungsschreiben formuliert werden, umso größer die Chancen, den Job zu bekommen, sind.

Der Übergang von der 1. zur 6. Linie ist natürlich krass, weil der konzentrierte Blick vom Rundum-Blick abgelöst wird, und eigentlich beides schon bei den Menschen da ist, die in ihren Variablen aktive, fokussierte und passive, rezeptive Anteile in sich tragen.

Alles, was unter der 1. Linie gelernt wurde und das sind eine ganze Menge wunderbarer Dinge, kann jetzt nutzbringend in den Alltag eingebracht werden. Die blinde Anhängerschaft allerdings hört zugunsten eines gesunden Egoismus auf. Es wird nicht mehr in demselben Maße wie heute attraktiv sein, zu Gesinnungsgruppen und Mordkommandos wie den Dschihadisten und der IS dazuzugehören.

Europaweit ist die allgemeine Wehrpflicht ein Auslaufmodell. In den USA wurde die Wehrpflicht bereits 1973 abgeschafft, ein deutlicher Hinweis in Richtung 6. Linie als globales Thema, wo es aufhört, dass Menschen ehrenvoll für eine Sache sterben, die nichts mit ihnen zu tun hat.

Das Thema Abrüstung ist trotzdem noch nicht in den Köpfen der Regierenden angekommen, wenn man sich die Kosten ansieht, die weltweit für den Verteidigungsetat aufgewendet werden. Aber noch sind wir in der Übergangsphase von der 1. zur 6. Linie.

Menschen, die ein Profil mit 1. Linie haben, waren bisher bevorzugt. In 2027 beginnt die große Zeit für Menschen mit der 6. Profillinie.

In der 6. Linie können wir Weisheit im Leben erfahren. Es ist die Zeit, in der wir unsere eigene Autorität sind. Darin liegt kein Wert für die Welt und für die anderen. Als höchstes Gut gilt die Individualität. Passend dazu möchte ich Herbert Grönemeyer zitieren, der als reiner Individualist mit seiner Definition 3-60 (seine einzige), weiß, was es heißt, ganz eigen zu sein: „Ich war sehr zum Leidwesen meiner Eltern nie der Mensch, der einen Plan hatte. Ich kann wunderbar müßiggehen und unheimlich gut rumsitzen. Meine Art zu leben ist es, den Moment zu genießen und das Glück einfach mal dauern zu lassen."

Wenn wir in 2027 in den globalen Zyklus der 6. Linie eintreten, ist das einzigartige Beispiel gefragt und keine Kopien. Wenn die Infrastruktur nicht mehr trägt, können Menschen nur in ihrer Einzigartigkeit überleben, die in der 6. Linie am tiefsten zum

Ausdruck kommt. Es geht nur noch darum, korrekt zu sein, indem man an sich und seinem eigenen Prozess Interesse hat. All das hat nichts mit einem Handel zu tun, bei dem Geben und Nehmen im Gleichgewicht sind. Der Schatten der 6. Linie ist Heuchelei. Ab 2027 wird es aber nicht mehr so leicht möglich sein, mit einem So-tun-als-Ob durchzukommen. Die 6. Linie ist das Rollenmodell, das sein Eigenes beispielhaft lebt. Der Film, den wir Leben nennen, der voll von Frustration, Depression, Ernsthaftigkeit und Enttäuschung ist, ist nicht persönlich gemeint, obwohl ihn die meisten von uns noch persönlich nehmen. Können wir das erkennen, und die 6. Linie kann uns dabei die Augen öffnen, fällt all die Last von uns ab und wir lassen uns durch das Schauspiel, das uns geboten wird, köstlich unterhalten. Wie meinte Ra: „Jeder, der die 6. Linie trägt, trägt die Schönheit der Zukunft in sich." Menschen mit 6. Linie im Profil sind verletzlich. Die korrekte Ernährung durch PHS ist ein großer Schutz für diese Menschen. Die 6. Linie gibt allen Menschen einen Geschmack von Vollständigkeit. Sie ist ein Mysterium, das die Geisteshaltung transformieren kann.

Die erste Linie ist gründlich (große Vorhaben scheitern oft, weil ein kleines, aber elementares Detail vergessen wird), in ihrer Übertreibung ist sie jedoch pingelig und überkritisch, weil sie sich dann an jedem noch so unwichtigen Detail festbeißen kann. Die sechste Linie dagegen ist weitsichtig und großzügig, weil sie alles miteinbeziehen kann.

Die Entwicklung von der ersten zur sechsten Linie könnte man mit folgendem Spruch von Georg Christoph Lichtenberg überschreiben: „Der Weisheit erster Schritt ist: alles anzuklagen. Der letzte: sich mit allem zu vertragen."

Paradigmen-Wechsel

Jede Zeit ist von einem bestimmten Inkarnationskreuz geprägt, das jeweils 412 Jahre seine Wirkung entfaltet und damit seine ganz eigene Hintergrundmelodie hat. So können wir die großen Entwicklungsphasen der Menschheit nachvollziehen.

Das Kreuz der Planung bestimmt seit dem Jahr 1615 das Weltengeschehen. Es besteht aus den zwei logischen Toren 16 und 9, welche die Gabe beschreiben, sich mit Begeisterung auf Details zu konzentrieren. Diese Qualitäten läuteten die Industrielle Revolution ein. Sie waren der Startschuss für die wissenschaftliche Forschung, die einen großen technischen, hygienischen und wirtschaftlichen Fortschritt brachte. Die Logik, die mit den Toren 16 und 9 assoziiert ist, hat uns entwicklungsgeschichtlich sehr weit gebracht, enorme Arbeitserleichterungen und eine gigantische durchschnittliche Lebenserwartung beschert. Während heute ein Mensch ca. 84 Jahre alt werden kann, lag die durchschnittliche Lebenserwartung vor 100 Jahren in etwa halb so hoch. Human Design passt natürlich hervorragend in diese Zeitphase. Es lässt logische Details erkennen wie kein anderes System zuvor.

Tor 16 besitzt das Talent, seine Fertigkeiten im außen begeistert darzustellen, so dass das Kollektiv der Menschen Beifall klatscht. Das Thema Selbstdarstellung wird seit einigen Jahren enorm durch Auftritte in Fernseh-Shows und im Internet beflügelt, wie beispielsweise auf YouTube und in den „sozialen" Netzwerken. Das Erstellen von Selfies, die möglichst an alle Bekannte verschickt werden, dient ebenfalls der Selbstinszenierung, die in einem bestimmten Zusammenhang zum Tor 16 gesehen werden kann, aber nicht ausschließlich. Dazu später mehr.

Die 9 ist das Tor der Konzentration. Das logisch Perfekte muss nicht zwangsweise das Beste sein. Nomen est Omen. So ist es vielleicht kein Zufall, dass ausgerechnet im Kreuz der Planung „Konzentrationslager" errichtet wurden. Auch diese, eine der verachtenswertesten Formen der Logik aller Zeiten, speiste sich wie es für die Logik typisch ist, aus der Routine, die sich am eigenen Geschmack orientierte. Heute sprechen Tierschutzorganisationen von der KZ-Haltung der Nutztiere. So viel steht fest: Die moderne Massentierhaltung folgt ebenfalls einer eiskalten berechnenden Logik.

Dass Logik, noch repräsentiert durch die Tore 9 und 16, ihre ganz spezifischen Schwächen hat, lässt sich beispielsweise sehr gut am Medizinbetrieb und am World Wide Web ablesen. Es kann nur nach den Viren gesucht werden, die bekannt sind, inzwischen mitunter sehr effektiv. So kann das tödliche Ebola-Virus, nachdem es erkannt wurde, durch eine Blutwäsche herausgefiltert werden, eine großartige Leistung der gegenwärtigen Medizin. Aber was hilft es Ihnen, wenn Sie einen anderen gut getarnten Virus im Körper tragen, der noch nicht „aktenkundig" geworden ist? Mit den Viren, die uns das World Wide Web serviert, verhält es sich ganz ähnlich. Schutz ist nur vor denjenigen möglich, die bekannt sind. Und die Terrorfahndung ist oftmals nur deshalb nicht erfolgreich, weil die Algorithmen nach vorgefertigten Eingaben über die gesammelten Daten laufen. Sobald sich ein Täter minimal abweichend verhält, können ihn Terrorfahnder nicht mehr ausfindig machen. Da helfen all die Wahnsinnsdatenmengen, die gesammelt werden, keinen Schritt weiter.

Und Zukunftsprognosen scheitern deshalb, weil man die Vergangenheit hochrechnet und auf die Zukunft projiziert. Dabei wird der größte Unsicherheitsfaktor, nämlich der Mensch in seiner kreativen Unberechenbarkeit, gänzlich außer Acht gelassen und ebenso die Evolution, die nicht geradlinig verläuft.

Zum Kreuz der Planung gehören noch die Tore 37 und 40, die den Gemeinschaftskanal bilden, der uns Gemeinschaften aller Art brachte: Familien, Dörfer, Vereine, Städte, Betriebe, Firmen, Nationen, EU, UNICEF ... In Gemeinschaften werden großartige Leistungen vollbracht. Wozu Schwarmintelligenz fähig ist, nicht nur unter Fischen und Vögeln, sondern auch unter Menschen, beschreiben Dong-Seon Chang und Peter Wohlleben sehr eindrucksvoll in ihren Büchern.

Der fokussierte, zielorientierte Verstand macht Gemeinschaften erfolgreich. Menschen, die selbst das Inkarnationskreuz der Planung trugen, hatten in dieser Phase ihre große Zeit, wie zum Beispiel John F. Kennedy.

Mittlerweile gehört man mit logischen Gruppenqualitäten zu einer aussterbenden Spezies. Recep Erdogan hat ebenfalls das Kreuz der Planung. Ihm wird es längerfristig nicht gelingen, die Zeit zurückzudrehen und zu seinen Gunsten zu nutzen.

Hängen wir doch alle am Gewohnten, das uns Erfolg gebracht hatte, dennoch können wir die Zeichen der Zeit nicht leugnen und müssen uns fügen.

Wie ich weiter oben ausführte, werden sich Logik und mentales Verstehen langsam aber sicher als weltumspannende Themen verabschieden. Deshalb kommt es zu diesem letzten übertriebenen Aufbäumen des kritischen Verstehens und Auseinandersetzens, verbunden mit Zweifeln, das in den Wahnsinn treiben kann, wenn das, was erlebt wird, keiner logischen Argumentation mehr standhält. Wie ist beispielsweise die Wahl Donald Trumps zum amerikanischen Präsidenten mit Logik zu erklären?

Andererseits erleben wir auch das Aufblühen der Populärwissenschaften, in Form von Fernsehformaten und Büchern, in denen jedem (auch mir) schwierigste Sachverhalte erklärt werden können, als eine letzte Chance, die uns umgebende Welt zu verstehen, bevor nach 2027 das Interesse für derlei Themen erlischt. Selten kamen so viele neue und wirklich hochinteressante Bücher auf den Markt wie in unseren Tagen.

Bei den ganzen Quiz- und Ratesendungen im Fernsehen geht es auch um mentales Einzelwissen, was immer noch sehr gut bei den Menschen ankommt. Dass alles, jede Kleinigkeit, ob ich etwas kaufe, verkaufe oder bewohne etc., bewertet werden muss, ist ebenfalls ein Auswuchs der Logik, der sich hoffentlich dann in zehn Jahren wieder legt. Fast überall wird man mit unsinnigen Bewertungen belästigt, ein Zeiträuber sondergleichen. Wenn ich etwas bewerten soll, was ich gar nicht bewerten will, fühle ich mich, ganz ehrlich gesagt, mental vergewaltigt.

Dass Gruppierungen und Gemeinschaften im Kleinen wie im Großen auseinanderbrechen, brauche ich Ihnen nicht zu erzählen. Vereine sterben, weil sich kaum noch jemand ehrenamtlich engagieren will, so lautet der allgemeine Tenor. Aber viele Menschen sind auch nicht mehr bereit, sich den Vorgaben eines Rudelführers zu beugen, den sie persönlich nicht als Rudelführer akzeptieren, weil sie mit seinen Zielen und Vorgaben nicht einverstanden sind.

Während die ältere Generation (dazu zähle ich mich) noch Werte wie Loyalität verinnerlicht hat, haben heute viele Menschen kaum Probleme damit, sich illoyal zu verhalten. Der Generationenvertrag gehört immer mehr der Vergangenheit an. Und doch ist es eine Entwicklung, die zumeist die Älteren von uns schmerzlich wahrnehmen und die erst gelernt und akzeptiert werden muss. So sehr es weh tut, aber die Zeiten, in denen Geben und Nehmen im Gleichgewicht sind, kommen langsam zu ihrem Ende.

Diese Erfahrung musste auch Florian Homm machen, als er nach seiner Business-Karriere als gewiefter Hedgefonds-Manager im italienischen Gefängnis landete: „Ich hatte diesen unheimlich naiven Glauben, wenn man anderen Menschen beim Aufbau ihrer Karriere und ihres Vermögens helfe, würden sie dankbar sein und diese Unterstützung wertschätzen. Noch dümmer war, dass ich glaubte, diese vermeintlichen Freunde würden umgekehrt auch mir helfen, wenn ich mich in einer ähnlich prekären Lage befände. Wie konnte ich mich nur so täuschen?"
Andererseits ist es inzwischen leichter als in früherer Zeit, sich von der Sippe zu befreien, ohne gleich seine Existenzgrundlage zu verlieren.

Der unerwartete Rückzug der Briten aus der EU durch den Brexit und die Abgrenzung der USA durch das Erheben von Schutzzöllen nach Trumps Idee zeigen einen Trend, der laut Schweizer Ökonomen schon nach der Bankenkrise in 2008 begann. Seither haben viele Staaten Schutzmaßnahmen zur wirtschaftlichen Abschottung ergriffen, so Indien, Russland und die USA. Neue Lizenzen, Sicherheitsvorschriften und Zollregeln wurden aufgestellt, damit die Konkurrenz nicht ins Land kommt. Auch von Deutschland und anderen EU-Staaten werden protektionistische Vorkehrungen getroffen, um sich die Konkurrenz vom Leib zu halten. Also eine Trendwende ist erkennbar, die sich schon seit längerem von der Globalisierung wegbewegt.

Ab 2027 kommt mit dem Kreuz des Schlafenden Phoenix eine ganz neue Zeitqualität mit den drei individuellen Toren 20, 34 und 55 und dem Stammestor 59. Die Logik wird ganz von der Bildfläche verschwinden und die Stammesqualität von Tor 59 durchläuft die Mutation von der Fruchtbarkeit zur Unfruchtbarkeit. Die Individualität wird eine bis dahin nicht gekannte Bedeutung erlangen. Individualität heißt auch immer Kreativität, die Vince Ebert auf folgende Weise definiert: „Kreativität ist Freiheit. Man sieht etwas, was jeder sieht, und denkt etwas, was noch keiner gedacht hat." Kreativsein bedeutet stets, um die Ecke zu denken und unorthodoxe Zusammenhänge aufzubauen, eine Qualität, die auch ungewöhnliche Lösungen für die Zukunft finden kann, die aber jetzt noch niemand auf seiner Agenda hat. Wenn wir Persönlichkeiten betrachten, die das Kreuz des Schlafenden Phoenix haben oder hatten, erkennen wir, dass sie in ihrer Eigenwilligkeit ihrer Zeit weit voraus waren oder sind, als da wäre beispielsweise König Ludwig II. von Bayern, der aufgrund seiner Exzentrik nicht nur Freunde hatte.

Ein noch lebender Schlafender Phoenix ist Bob Dylan, der bekannt für seine unangepasste Art ist. Wurde ihm der Literatur-Nobelpreis 2016 als Fingerzeig für die Zukunft verliehen?

Sehen wir uns heute Menschen an, die im Kreuz des Schlafenden Phoenix geboren sind, dann können diese uns eine leise Vorahnung davon geben, was uns in Zukunft erwartet, doch mehr nicht. Wie sich tatsächlich die Zeitqualität des mutierten Schlafenden Phoenix ab 2027 äußert, können wir jetzt noch nicht wissen. Wenn in 2027 die emotionalen Wellen weitgehend zum Stillstand kommen, hat er nämlich eine ganz andere Qualität als heute.

Eine kleine Vorstellung von der neuen Hintergrundmelodie ab 2027 können Sie bekommen, wenn das Kreuz als Transit am Himmel steht. Das geschieht vier Mal im Jahr für fünf bis sechs Tage. An diesen Tagen gelingt nicht alles wie geplant. Warum? Was heißt denn Individualität? Keiner weiß, wann der Puls anspringt. Es regieren Unvorhersehbarkeit und Überraschung, zugleich öffnen wir uns leichter dem Neuen. Folglich herrscht mehr Chaos und es passieren mehr Flüchtigkeitsfehler als zu anderen Zeiten, weil wir ja auch immerzu am Tun sind, was die Qualität des individuellen Kanals 20-34 ausmacht.

Schauen wir uns doch unser Leben an: Wir haben weniger Zeit denn je. Nicht nur, weil wir so viel arbeiten. Beispielsweise verbrachten Jugendliche in 2016 durchschnittlich mehr als drei Stunden täglich im Internet, eine ganze Menge Zeit ist das.

Im Sommer 2016 hatten mein Mann und ich das Vergnügen, in einer Hotel-Lobby einer slowenischen Fußball-Erstliga-Mannschaft zu begegnen. Jeder der jungen Männer war mit seinem Smartphone beschäftigt. Individuelles Tun ging vor Gruppenaktivität. Ein bizarres Bild, das mehr und mehr unseren Alltag prägt! Es ist ein deutlich erkennbares Indiz in Richtung Schlafender Phoenix. Nicht nur unter Jugendlichen ist dieses Phänomen beobachtbar. Als wir beim Candlelight-Dinner waren – an jedem Tisch saß ein Paar quer durch alle Altersgruppen – zog spätestens nach der Vorspeise einer der Partner sein Smartphone heraus, das bis zur Nachspeise nicht wieder weggesteckt wurde. Und das Pokemon-Go-Spiel im Sommer 2016 ließ die zumeist Jugendlichen mit Augen aufs Display gerichtet einsam durch die Gegend stolpern. Ich versuchte einem Spieler, der mir auf dem Gehsteig begegnete, aus dem Weg zu gehen, doch ich konnte ihm nicht mehr ausweichen. Wir schrien beide auf, weil wir so erschraken. Aber es soll weitaus dramatischere Zusammenstöße gegeben haben.

Der Ausdruck der Individualität macht auch vor den Fitness-Studios nicht Halt. Geschätzte acht von zehn Aktiven tragen Kopfhörer, bestückt mit der Musik, die ihnen persönlich gefällt.

Die beiden Tore 59 und 55 vom Kreuz des Schlafenden Phoenix sind von der Mutation des Solar Plexus betroffen, d. h., sie verändern ihre gegenwärtige Bedeutung und werden wohl deshalb jetzt noch in all ihrer Übertreibung ausgelebt. Tor 55, das Tor der Leidenschaft, wird ab 2027 in seinem emotionalen Ausdruck flach sein. Aber noch geht es in ihm um die ganz starken Emotionen. Hier finden wir die beiden Extreme Hass und Liebe mit aller Leidenschaft. Das sind Emotionen, die uns derzeit überall begegnen. In den „sozialen" Netzwerken wie zum Beispiel Facebook, das alleine weltweit 1,8 Milliarden Nutzer hat, sind Hasskommentare an der Tagesordnung. Im Internet wird gehetzt, angepöbelt und bedroht. Bei einer Podiumsdiskussion in Berlin im Januar 2017 mahnte die Moderatorin Dunja Hayali: „Ich möchte nicht, dass im Internet eine war zone (Kriegsgebiet) entsteht." Wie sehr sich im Netz Politiker, Journalisten, Ehrenamtliche und unbescholtene Menschen meist anonym beschimpfen lassen müssen, ist historisch einzigartig. Wie sich die gesamte Medienlandschaft von Panikmache und Hysterie leiten lässt, ist jedoch nicht ganz neu.

Der Amoklauf in München im Sommer 2016 war von Massenhysterie geprägt. Wie polemisierte da ein Karikaturist einer deutschen Tageszeitung? „Kann Deutschland mit seiner allzu geringen Anzahl von Talkshows die Probleme der medial hysterisierten Bevölkerung lösen?"

Aber auch Begeisterung und Freude werden genauso hemmungslos zum Ausdruck gebracht. Dann war ein Urlaub nicht nur schön, sondern sehr, sehr schön und ein Konzert war nicht nur gut, sondern „endgeil". Dieses Wort mag ich ganz besonders, verbindet es doch die beiden Tore 59 und 55 in ihrer noch geltenden Bedeutung, und „end" passt auch sehr gut, kommen doch all diese Übertreibungen allmählich zum Ende.

Eine Freundin von mir spricht oft, wie ich meine, sehr zutreffend von der „emotionalen Besoffenheit" unserer Tage. Dazu zähle ich auch die aufwändigen, zumeist öffentlichkeitswirksamen Heiratsanträge und Junggesellenabschiede und natürlich die pompösen Hochzeiten in Weiß, die an Romantik nichts vermissen lassen. Oder hängt das auch mit dem Hang zum Fundamentalismus zusammen, ein Wiederaufleben der großen Hochzeiten aus der „guten alten Zeit". Die Scheidungszahlen bringen uns dann schnell wieder auf den Boden der Tatsachen.

Tor 55 hat aber auch das Potential für die korrekte Geisteshaltung. Jetzt haben wir mehr denn je die einmalige Chance, durch die entsprechende Gedankenhygiene zu einer Geisteshaltung zu finden, die es vermag, uns mit Gelassenheit durch unser noch verbleibendes Leben zu tragen. Denn Fülle ist ausschließlich eine Frage der Geisteshaltung, wie es im I-Ging heißt. Diese Chance sollten wir „nutzen", indem wir uns auf das Gute und den Vorteil einer Situation besinnen und uns dafür bedanken. Ab 2027 wird es vermutlich nicht mehr so leicht gehen, den Schalter einfach umzulegen. Versuchen Sie es einfach jetzt! Jammern auf hohem Niveau vergiftet nicht nur Ihr eigenes Leben, sondern auch das Ihrer Mitmenschen.

Nun möchte ich mich noch dem Tor 59 widmen, dem Tor der intimen Nähe, das ebenfalls der Mutation zum Opfer fällt und dadurch sein Gesicht verändert (ja vielleicht sogar verliert). Noch kämpft es ums Überleben, was sich darin zeigt, dass das Thema Sexualität überstrapaziert wird. Die am dritthäufigsten angeklickten Seiten im Internet sind Pornoseiten. Sämtliche Tabus, wie Sex mit Kindern, mit Tieren und vielleicht sogar mit Pflanzen (Pfeffer?), werden fallen gelassen. Haben Sie schon einmal darüber nachgedacht, warum es Hype ist, die Schambehaarung zu rasieren? Ich weiß es nicht, könnte mir aber vorstellen, dass es dem Sexualpartner das Gefühl geben soll, mit einem Kind den sexuellen Akt zu vollziehen. Denn normalerweise sind nur Kinder (und Asiaten?) unbehaart. Dem Ganzen setzt Mark Zuckerberg noch das Sahnehäubchen auf. Wer sich bei Facebook anmelden will (ich habe mich gerade noch rechtzeitig abgemeldet), muss sein Geschlecht angeben, dabei stellt er mehr als 60 verschiedene Geschlechter zur Auswahl, so ließ ich mir von Bekannten sagen. Anscheinend habe ich da etwas verschlafen. Die trendige Körperhaarentfernung kann unbewusst vielleicht auch damit zu tun haben, dass die Menschen sich weigern, erwachsen zu werden und sich dadurch vorgaukeln, ewig Kind sein zu können. Oder steckt etwa ein Sich-abgrenzen-Wollen von den (behaarten) Säugetieren dahinter, als „Vorspiel" für das Auseinanderbrechen der Beziehung zwischen Mensch und Tier? Nun will ich es aber an dieser Stelle gut sein lassen, mein Gedankenrad darüber weiterzudrehen.

Die Auflösung der Geschlechterrollen ist mit der Mutation von Tor 59 unausweichlich. Weist nicht schon die HD-Körpergrafik darauf hin, an der nicht abgelesen werden kann, ob es sich um einen weiblichen oder männlichen Menschen handelt? Ist doch immer wieder die Frage zu vernehmen: „Woran im Chart kann ich das Geschlecht erkennen?" In Zukunft geht es nicht mehr um die klassischen Geschlechterrollen, auch wenn wir „Old School People" uns das im Augenblick noch nicht so richtig vorstellen können und mögen. Aber wir brauchen nur das I-Ging anzusehen: Die Hexagramme bestehen aus Yin- und Yang-Linien, also aus weiblichen und männlichen Anteilen, die sowohl bei Männern wie auch bei Frauen angelegt sein können. Auch von dieser Warte aus spielt das Geschlecht keine Rolle.

Trotz aller sexuellen Freizügigkeit gibt es in unseren Gesellschaften ein bestimmtes Tabu, über das nur hinter vorgehaltener Hand gesprochen wird. Es hat ebenfalls mit Tor 59 zu tun und ist das Thema Unfruchtbarkeit, das immer weiter um sich greift. Alle Welt tut angesichts der Zunahme von Mehrlingsgeburten so erstaunt und überrascht. In den meisten Fällen sind sie jedoch die Folge von Hormontherapien, als ein Mittel der Wahl, doch noch Nachwuchs zu bekommen. Hat es schließlich geklappt mit der Schwangerschaft, wird der Babybauch für alle Welt sichtbar wie eine Trophäe vor sich hergetragen, auch eine relativ neue Erscheinung, die gut zur begeisterten Selbstinszenierung von Tor 16 passt, aber auch zur emotionalen Übertreibung von Tor 55. Diese kann jedoch auch als Gegenteil im Extrem beobachtet werden, indem dann eine ungewollte Schwangerschaft geleugnet und das Neugeborene gleich nach der Geburt „entsorgt" wird. Das kommt leider gar nicht allzu selten vor.

Ein Experiment mit Mäusen dürfte auch beim Menschen die Möglichkeit zur Fortpflanzung revolutionieren. Japanischen Forschern ist es nämlich gelungen, aus einfachen Hautzellen Eizellen herzustellen, auch von männlichen Tieren. Die gezüchteten Eizellen können dann mit dem Sperma eines anderen Mannes befruchtet werden, so dass ein Kind mit zwei Vätern entstehen könnte. So werden eines Tages schwule Paare Kinder bekommen können, deren biologische Eltern beide Männer sind. Allerdings zum Austragen würden sie jetzt noch eine Frau benötigen.

Aber auch der umgekehrte Weg ist möglich. Chinesische Wissenschaftler haben aus der Haut von Mäusen Spermien gewonnen. Auf diese Weise könnten zwei Lesben biologische Eltern eines gemeinsamen Kindes werden.

In Zukunft wird für die Zeugung von Kindern Sex immer weniger nötig sein. Diese Weise der Fortpflanzung könnte mehr Gleichheit zwischen den Geschlechtern bringen. Also gehen wir dank medizinischen Fortschritts unaufhaltsam in Richtung Auflösung der Geschlechterrollen, so dass das Thema Gleichberechtigung zwischen Mann und Frau vom Tisch ist?

Was glauben Sie, welche Seiten im Internet am zweithäufigsten aufgerufen werden? Ja, die über Katzen. Auch das erscheint mir symptomatisch für unsere Zeit. Wir Menschen sollen zwar sieben Mal intelligenter sein als Katzen, aber Katzen schlagen uns bei weitem, was Individualität und Unbestechlichkeit angehen. Und wir Menschen werden uns immer mehr in Richtung Eigenwilligkeit entwickeln, gemäß den drei individuellen Toren vom Kreuz des Schlafenden Phoenix, unsere Zukunftsmusik ab 2027. In diesem Punkt können die Katzen unsere größten Lehrmeister sein.

Hunde sind unsere Lehrmeister in Punkto Loyalität. Diese Eigenschaft passt gut zum Kreuz der Planung. Den Hund können Sie lieben, weil er ihnen nicht widerspricht und weil er tut, was Sie wollen. Diese Zeiten gehören ab 2027 der Vergangenheit an. Für Hunde ist Zugehörigkeit wichtiger als Freiheit, wie das noch bei vielen Menschen, gerade bei den älteren von uns, anzutreffen ist. Man nimmt lieber mit der niedrigsten Position in einer Hierarchie vorlieb, als alleine dazustehen. Das hat Nils Uddenberg sehr treffend beschrieben. Er vergleicht Hunde mit Polizeiangestellten oder Mitläufern: „Im schlimmsten Fall können sie das Gebaren eines Obergefreiten annehmen. Wer in einer Hierarchie weit unten steht, übt gern ein bisschen Macht aus, die ihm zugestanden wird, zum Beispiel, indem er kläfft." Vielleicht erkennen Sie in der Beschreibung den einen oder anderen Menschen oder gar sich selbst? Aber das ist bald Vergangenheit.

Die Übergänge von einem Weltenthema zum anderen sind nicht von heute auf morgen spürbar. Im Moment wirken beide, das Alte, das Kreuz der Planung verabschiedet sich mit aller Vehemenz, und das Neue, das Kreuz des Schlafenden Phoenix hat schon eine ganze Weile in aller Übertreibung den Fuß in der Tür. Dass dieser Umstand Menschen verwirren kann und nicht unbedingt zu Klarheit führt, ist gewiss ganz natürlich.

Gegenwärtig können wir Kanal 20-34 als Teil des Kreuzes des Schlafenden Phoenix noch in seiner archaischsten Form erleben, weil die Emotionalität bis 2027 weiterhin hohe Wellen schlagen wird. Tor 20 liefert uns eine Überbetonung der Äußerlichkeiten, wodurch das Äußere in den Fokus des allgemeinen Interesses gerückt wird. Die Frau muss schlank und faltenfrei sein, der Mann muskulös, also in jedem Fall muss der „schöne Schein" passen. Es geht ums Sehen und Gesehenwerden. Dass ein Umdenken im Gange ist, zeigt der Dokumentarfilm der deutschen Schauspielerin Nora Tschirner und der australischen Regisseurin Taryn Brumfitt „Ich bin schön!" (Mai 2017). In dem Film wird die gängige körperliche Selbstoptimierung in Frage gestellt, vermutlich als „Vorgeschmack" für die künftige Qualität von Kanal 20-34: In Selbstakzeptanz zu dem ganz Eigenen stehen. Dabei werden nicht mehr allgemeine Erwartungen bedient, indem nur das scheinbar Perfekte ins Schaufenster gestellt wird.

Voyeurismus begegnet man jedoch noch überall, so dass in Deutschland Unfallgaffer inzwischen bestraft werden. Oft wird nämlich anstatt Erste Hilfe zu leisten, im Weg gestanden und ein Foto „geschossen", das dann ins Netz gestellt wird. Im Fernsehen werden Formate bedient, in denen sich Menschen als potentielles „Next Top Model" zeigen können, als möglicher neuer Superstar oder als Bauer, der eine Frau sucht, um nur einige Beispiele zu nennen. In den beliebten Koch-Shows kann man sich nicht nur in der Fernsehöffentlichkeit zeigen, was man alles kochen kann, nein, es wird auch noch Tor 55, das eng mit Ernährung zusammenhängt, befriedigt. Auf der „kleinen Bühne" der Internet-Netzwerke kann jeder seinem ganz persönlichen Voyeurismus frönen, indem er Fotos hochlädt und verschickt, übrigens auch sehr häufig über das Essen auf dem Teller. Weniger nett ist es, wenn einer seine Ex-Freundin in Nacktpose „postet".

Tor 34 ist das Tor von Macht, Kraft und Gewalt. Mobbing ist inzwischen an der Tagesordnung und geht quer durch Schulklassen und Betriebe, genauso die Gewaltausübung gegenüber anderen, zumeist völlig unbeteiligten Personen, aber auch gegenüber Familienangehörigen. Gewalt ist allgegenwärtig. In einer früheren Übersetzung lautete die erste Linie von Tor 34: „Bully, der kleine Tyrann." Klingt lustig, solange Sie der unbeteiligte Beobachter sind.

Im Kanal 20-34 wird schließlich gezeigt, wie Gewalt ausgeübt wird, nicht nur in TV-Nachrichtensendungen, wo kriegerische Auseinandersetzungen zu sehen sind, auch das Fernseh-Unterhaltungsprogramm wird von Kriminalfilmen dominiert (beachten Sie nur, wie viele "Sokos" es inzwischen gibt!), die immer grausamere Bilder zeigen. Nicht zu vergessen sind auch unsere jungen Feldherren in Spe in den Kinder- und Jugendzimmern, die sich mit Computer-Ballerspielen volldröhnen und virtuell vielleicht schon mehr Menschen getötet haben als der größte Feldherr vergangener Zeiten.

Das Ganze ist noch steigerungsfähig, indem ins Netz gestellt wird, wie sich jemand in Wirklichkeit selbst umbringt oder wie einer Menschen quält und tötet.

Bitte verstehen Sie mich nicht falsch, ich möchte hier nicht anklagen, ich zeichne nur nach, wie blind diese Mechanismen ablaufen, die uns durch diese gegenwärtigen Zeiten des Umbruchs wie ferngesteuert lenken. Die Weltverschwörungstheoretiker sehen in dem aktuellen Wahnsinn politisches Kalkül und machen damit das, was mit Human Design endlich aufhören kann, nämlich die Schuld im außen zu suchen. Nein, es gibt keine Schuld und keine Schuldigen. Das kosmische Programm der Evolution läuft; nicht mehr und nicht weniger. Die einen werden vom Programm begünstigt, die anderen benachteiligt. Ist es etwa Ihr persönlicher Verdienst, dass Sie nicht in Syrien oder im Sudan geboren sind?

Ab 2027 wird es anders und nach und nach friedlicher, wenn im Kreuz des Schlafenden Phoenix der emotionale Stecker gezogen wird. Bleibt nur zu hoffen, dass despotische Staatenlenker bis dahin nicht ganz die Besinnung verlieren.

Wenn Sie bei sich bleiben, können Sie auch diese mitunter chaotische Zeit des Umbruchs genießen.

Tor 20, das Tor des Jetzt, im künftigen Kreuz des Schlafenden Phoenix ist nicht in der Vergangenheit und nicht in der Zukunft. Es ist mit allen Sinnen hier. Was das heißt, möchte ich mit einer Spruchweisheit von Thich Nhat Hanh unterstreichen: „Wenn wir tief in den gegenwärtigen Moment eintreten, verschwinden unser Bedauern und unsere Sorgen. Wir entdecken das Leben mit all seinen Wundern."

Tor 34 im künftigen Kreuz des Schlafenden Phoenix ist ein individueller Überlebensmechanismus, der, nach dem Zusammenbrechen unserer gewohnten Infrastrukturen, für den Einzelnen das Überleben sichert. Im Kanal 20-34 wird es also darum gehen, immerzu beschäftigt zu sein, um im Jetzt für sich selbst zu sorgen.

Wir haben uns so schön eingerichtet in der organisierten Welt. Es wird für uns eine kalte Dusche sein, wenn wir uns nicht mehr wie gewohnt schützen können, beispielsweise auch vor krankmachenden Viren und Bakterien, weil die medizinische Infrastruktur fehlt.

Verständlicherweise werden die Menschen, die vom Kreuz der Planung geprägt sind, an den Institutionen festhalten, so lange es irgendwie geht.

Wie hilflos sind wir geworden, was die grundsätzlichsten Dinge angeht. Noch leben wir in der Illusion, dass uns die gegenwärtige Infrastruktur ewig erhalten bleibt. Wir, in unserer Roboterkultur, sind hilfloser als die Armen in der Welt. Wir werden panisch, wenn Staubsauger oder Waschmaschine nicht mehr funktionieren. Wir sind deshalb auf den Zusammenbruch unserer Versorgungssysteme nicht vorbereitet. Unsere Überlebenschancen ohne Strom sind gleich Null.

Und es wird kein Interesse mehr da sein, sich gegenseitig zu helfen. Nicht, weil wir böse sind, sondern weil es in unseren Genen liegt und Teil des Programms ist.

Wir Menschen hatten mit all dem revolutionären Wissen, das in die Welt kam, so viele Vorteile. Die Neugierde wird verschwinden und der Mensch wird seine privilegierte Rolle verlieren. Als menschliche Rasse haben wir den Höhepunkt unserer Entwicklung erreicht. Wir werden von den Raves überholt, die vom kosmischen Programm unterstützt werden, weil sie eine Verbesserung von uns Menschen sind. Sie verkörpern das „Einssein", das, wohin die evolutionäre Richtung geht.

Keiner kann den Lauf des Weltenrades aufhalten. Gegenüber der Evolution sind wir alle machtlos.

Ist es nicht ein deutlicher Hinweis unserer ungewöhnlichen Zeit, endlich nach innen zu gehen und der individuellen Autorität zu folgen, wenn die Welt im außen immer chaotischer und unsicherer wird, auch weil wir den Bildern und „Wahrheiten", die uns im außen begegnen, nicht mehr trauen können? Überall können wir manipuliert werden, im Internet, in den Medien, am Telefon; Spezialisten für Computeranimationen – viele von ihnen stehen in Diensten der Filmindustrie – könnten mühelos Videos fälschen, um die Tatsachen zu verdrehen.

Bleiben Sie sich selbst treu, damit sind Sie am besten beraten. So können Sie Ihre individuelle Reise in all ihrer Schönheit auf unserem wunderbaren Planeten genießen.

Nachwort

Es wird so Vieles über Human Design geschrieben und erzählt, gerade auch in den „sozialen" Netzwerken, wo es viele großartige Beiträge gibt, andererseits aber auch jeder, der keine oder wenig Ahnung hat, seinen Standpunkt kundtun kann.

Wie sagte Ra immer: „Glauben Sie mir nichts, nur das, was Sie selbst ausprobiert und erkannt haben!" Das gilt natürlich auch für mein Buch.

Außerdem gibt es verschiedene Human Design Organisationen mit unterschiedlichen Angeboten. Vielfalt heißt auch immer Bereicherung, so dass für jeden Interessenten das Richtige dabei ist. Sie können im Netz alles finden: Bücher, mp3-Aufnahmen (auch Original-Kursmitschnitte von Ra), Analyse- und Kursangebote. Bestimmt gibt es auch einen Analytiker ganz in Ihrer Nähe.

In meinem Buch habe ich viele interessante Themenbereiche angesprochen, die durch das eine oder andere Kursangebot eines HD-Lehrers noch weiter vertieft werden können.

Über all die spannende Auseinandersetzung mit dem einen oder anderen Thema sollten Sie nicht vergessen, um was es primär im Human Design geht: sich selbst

Nachwort

zu leben, indem man der Strategie entsprechend seines Typs und seiner inneren Autorität folgt. Jegliche mentale Beschäftigung ist zwar faszinierend, führt aber zu keiner Verbesserung der Lebensqualität.

Beobachten Sie sich und Ihre Gedanken! Das kann aufschlussreicher sein als der großartigste Kinofilm und kostet Sie nichts, nur Ihre Aufmerksamkeit. Vielleicht gelingt es dann mit der Zeit, dass man sich selbst und sein Kopf-Kino nicht mehr so tierisch ernst nimmt, so dass das Leben spürbar leichter und lustiger wird.

Keiner von uns Menschen ist besser und keiner ist schlechter. Sie können nicht ich sein und ich kann nicht Sie sein. Seien Sie, wer Sie sind. Dann können Sie auf Ihre ganz eigene, einzigartige Weise durchs Leben gehen. Ich wünsche Ihnen ganz viel Heiterkeit und Frieden dabei.

Weiterführende Informationen unter:
www.humandesign-bayern.de
www.humandesignsystem.info
www.jovianarchive.com

Dank

Ich danke meinem Mann Hans für seine geduldige und liebevolle Unterstützung, denn ohne ihn hätte ich das Buch so nicht schreiben können. Er war stets ein wunderbarer Ratgeber und Motivator.

Mein Dank geht auch an all die Menschen, die mir im Laufe der letzten Jahre im Rahmen der Kurse und Analysen mit großer Offenheit begegnet und dadurch Teil meines Buches geworden sind.

Danken will ich auch meiner Familie, die mir viele Erfahrungsmöglichkeiten bot und bietet, ganz besonders danke ich Hanna für die offenen Gespräche.

Ferner danke ich Gertrud Kurz für ihre fortwährenden inspirierenden und unterstützenden Denkanstöße und ihren aufbauenden Zuspruch.

Ebenso geht mein Dank an Manrich Ashraf für den bereichernden Gedankenaustausch und seinen engagierten sprachlichen Feinschliff am Text.

Dank gebührt auch Hans-Werner Janssen für seine hilfreichen Verbesserungsvorschläge.

Markus Voll danke ich für die konstruktiven Tipps und seinen unermüdlichen Einsatz in der kreativen Gestaltung des Covers und der Grafiken.

Ein Dankeschön geht auch an Hannelore Steinert für ihre wertvolle Unterstützung bei der Textgestaltung.

Literatur

Berendt, Joachim-Ernst: *Die Welt ist Klang,* CDs, Jokers edition
Bode, Anne: *Die vergessene Generation,* Klett-Cotta, 2016
Brahm, Ajahn: *Der Elefant, der das Glück vergaß,* Lotos, 2015
Bryson, Kelly: *Sei nicht nett, sei echt!* Junfermann Verlag, 2012
Chopra, Deepak: *Wer Gott sucht, wird sich selbst finden,* Koha, 2012
Dong-Seon Chang: *Mein Hirn hat seinen eigenen Kopf,* Rowohlt Polaris, 2016
Ebert, Vince: *Machen Sich sich frei,* rororo, 2011
Ebert, Vince: *Unberechenbar,* Rowohlt Polaris, 2016
Grassinger, Martin: *Dream Rave,* HD-Online-Radio 2006
Homm, Florian: *225 Jahre Knast,* FBV, 2016
Hühn, Susanne: *Ich lasse DEINES bei dir,* Schirner Verlag, 2012
Ibrahimovic, Zlatan: *Ich bin Zlatan,* Piper
Jaud, Tommy: *Einen Scheiß muss ich,* Fischer, 2015
Jodorowsky, Alejandro: *Der Finger und der Mond,* schneelöwe, 2006
Keith, Lierre: *Ethisch essen mit Fleisch,* systemed
Kreisz, Marie-Luise: *Hilf dir selbst zur richtigen Entscheidung,* tao.de, 2014
Krappweis, Tommy & Werner: *Sportlerkind, Meine Jugend mit Seitenstechen,* Droemer/Knaur, 2016
Martenstein, Harald: *Nettsein ist auch keine Lösung,* C. Bertelsmann, 2016
Müller, Margit: *Vorlage zur Baby-Gebrauchsanweisung*
Mittermeier, Michael: *Die Welt der Anfänger,* Kiepenheuer & Witsch, 2016
Peseschkian, Nossrat: *Der Kaufmann und der Papagei,* Fischer, 2012
Raghunathan, Raj: *If You're So Smart, Why Aren`t You Happy?* Random House, 2016

Literatur

Ra Uru Hu: *Einführung in das Primary Health System,* Jovian Archive Europe, 2007
Ra Uru Hu: *Human Design und Partnerschaft,* Jovian Archive Corporation, 2009
Ra Uru Hu: *Mindscape,* Jovian Archive Europe, 2007
Ra Uru Hu: *Mutation 2027,* diverse Kurse
Ra Uru Hu: *PHS-Online-Kurs,* 2006/2007
Ra Uru Hu: *Rave Psychology Online-Kurs,* 2006/2007
Ra Uru Hu: *Rave Sociology Online-Kurs,* 2010/2011
Ra Uru Hu: *Spekulationen über die Solar Plexus Mutation 2027,* Jovian Archive Corporation, 2001
Rhodes, Steve: *Bhan Tugh,* 2014
Rhodes, Steve: *Die Prophezeiung des Ra Uru Hu,* 2012
Rudd, Richard: *Körper, Geist und Gene,* Ibera 2002
Stahl, Stefanie: *Das Kind in dir muss Heimat finden,* kailash, 2015
Stamateas, Bernardo: *Toxische Gefühle,* dtv premium, 2015
Storch, Maja und Frank, Gunter: *Die Manana-Kompetenz,* Piper, 2014
Sonnenschmidt, Rosina: *Exkarnation, der große Wandel,* Verlag Homöopathie + Symbol, 2012
Szekely, Dasa: *Coaching to go,* Ariston, 2012
Thich Nhat Hanh: *Du bist ein Geschenk für die Welt,* Kösel, 2010
Uddenberg, Nils: *Die Katze, die kam, um zu bleiben,* btb-verlag, 2015
Von Hirschhausen Eckart: *Wunder wirken Wunder,* Rowohlt, 2016
Wikipedia, meine einzig verwendete Quelle im Internet zur Klärung von Begrifflichkeiten und Hintergründen
Wohlleben, Peter: *Das geheime Leben der Bäume,* Ludwig, 2015
Wohlleben, Peter: *Das Seelenleben der Tiere,* Ludwig, 2016

Über die Autorin

Marie-Luise Kreisz, die 1955 in Oberstdorf zur Welt kam und dort auch aufwuchs, studierte in Augsburg und München Pädagogik. Viele Jahre arbeitete sie als Grund-und Hauptschullehrerin. Mit Ehemann und Katze lebt sie im Allgäuer Voralpenland.

1999 begegnete ihr das Human Design System. In den nächsten Jahren erfolgte die Ausbildung zur Human Design Analytikerin und Lehrerin. Ihre Begeisterung für Human Design ist ungebrochen. Bietet es doch ein weites Feld, welches das Leben in all seinen Ausprägungen und Möglichkeiten in ungeahnter Tiefe auslotet. Die Inhalte des vorliegenden Buches spiegeln den reichen Erfahrungsschatz der Autorin wider.